庄子说什么

韩鹏杰 著

天津出版传媒集团
天津人民出版社

果麦文化 出品

目录

序 1

序章 3

内篇

逍遥游 003
齐物论 019
养生主 055
人间世 066
德充符 098
大宗师 123
应帝王 163

外篇

山木 185
马蹄 212
秋水 224
达生 248
至乐 275

杂篇

说剑 291
列御寇 298
渔父 319

序
看似无情的庄子

年轻时读历史书，会觉得古人过得很苦。平均寿命就不长，还要经常遭遇战乱。出人头地的方法是科举考试，但因"户籍""出身"等原因连科考资格都没有的士子比比皆是，所以才会有范进中举喜极而疯的悲喜剧。我总是替古人担心，这么恶劣的环境，大家都是怎么熬过来的？

后来读了更多的书，才发现人的痛苦并不完全取决于外在的环境，而在很大程度上是我们内心思维方式的外在反映。现代社会比古代安全多了，机会也多多了，但谁能肯定我们现在就比古人更有安全感呢？

决定一个人思维方式的，是文化。中国古代的士子们进京赶考，行李里一般都要带两套书。一套是"四书"，即《大学》《中庸》《论语》《孟子》，这是考试的必备资料，考试前是肯定要下功夫的；另一套放在枕头下的，就是《庄子》，万一考不上，就靠它来安慰自己了。

所以中国人的人格构成中，绝不仅仅有儒家的刚毅勇猛，也一定有道家的逍遥物外。正是这一点弹性，让我们不会钻牛角尖，把自己逼上绝路。就连孔子本人，也曾经说过"道不行，乘桴浮于海"。《庄子》鼓励了陶渊明，也安慰了李白，陪伴了苏东坡，也启发了王阳明。

《庄子》其实比《论语》更入世。因为庄子比孔子更关心你，更关心作为一个人的你的生存和幸福。孔子希望我们前赴后继，"朝闻道夕死可矣"。而庄子看到了战国时的残酷现实，知道理想主义的努力无异于与虎谋皮。他想解决的是如何保命养生、如何在烂泥坑中逍遥自在地生活下去的问题。所以，一直有一种说法是：读《庄子》应该先读《人间世》，看清楚世事的凶险和不可为，最后再读到《逍遥游》，了解"无待"的境界和真意。

庄子羡慕那些无用的大树。它们在木匠看来不成材，却能一直活得很好。因为没有用，所以没人对它们有兴趣。这不就是无用之用乃大用吗？庄子拒绝成为如惠施一般的、庙堂上祭祀用的龟壳，更愿意拖着尾巴在泥坑里颐养天年。在不断有人因"996"过劳死的今天，难道不值得我们反思吗？

韩鹏杰老师曾经跟我说过，庄子是"眼冷心热"。看起来超然物外，讽刺孔子，编排颜回，但其实他的心比谁都热，他是替孔子和颜回着急。而古往今来能把哲理文章写成这样的，仅庄子一人尔。

在这本书里，韩老师给每个生僻字都注了音，并做了详细的解读。我建议你第一遍可以默默地读完，做到大致的理解。然后可以试着读出声来，这时你会被庄子华彩的文字、超绝的想象力所折服。如果说《道德经》加上标点就是短诗，那么《庄子》念出声来就是长诗！

感谢韩老师，写完了《道德经说什么》，又写了《庄子说什么》。现代人需要一座座桥梁，让我们和久已淡泊的传统相连接。失去连接的人是游子，找到信号的人是归人。

樊登

序章

各位读者好，自《道德经说什么》之后，我们又见面了。

这本书要给大家讲什么呢？我先来给大家排列几个成语：鲲鹏展翅、鹏程万里、凌云之志、扶摇直上、螳臂当车、坐井观天、蜗角虚名、蝇头微利、窃钩者诛、窃国者侯、相濡以沫、相忘于江湖……这些成语大家都很熟吧？而它们，都出自本书要讲的这个人：先秦道家的第二号人物——庄周。

我们尊称他为庄子。

如果在中国文化中选一个真正热爱自由的人，我们的首选往往是庄子；如果在我们的文化中选一个想象力最为丰富的人，那也是庄子。为什么说到庄子，我们都会有这样的印象呢？就让我们来细细地说一下这个奇妙的人吧！

庄子，可称为老子的私淑弟子。所谓私淑弟子，是指和老师没有师徒关系，却真正地继承了其思想的人。比如孟子比孔子晚生近两百年，却自称是孔子的学生。因为他的确继承了孔子的思想，是孔子地地道道的私淑弟子。同理，庄子比老子也晚生两百年左右，是老子思想的继承人，他自然也是老子的私淑弟子。司马迁在《史记》中说庄子："其学无所不窥，然其要本归于老子之言。"意思是庄子的学问虽然很广大，但是其精要和根本还要归于老子，是和老子一脉相承的。

我们上一本书讲了《道德经》，现在再来讲《庄子》，要注意二者之间的有机联系。通过庄子的著作，我们可以更好地了解《道德经》中的一些重点难点思想。借这本书，我们也有机会认识中国文化史上的一位巨人——大名鼎鼎的庄子先生。接下来，我们就以《庄子》这本书中的记述和权威的史学著作《史记》为依据，来给大家介绍一下庄子的生平。

在《史记》的"列传"中排第一的是两位著名的隐士，伯夷和叔齐；排第二的是齐国的两位著名宰相，管仲和晏婴，也就是管子和晏子；排第三的就是老子、庄子、申不害和韩非子。在《老庄申韩列传》中，有两百多字的篇幅记载了庄子的生平。可不要小看这两百多个字，因为老子在列传也只有四百五十余字而已。

让我们来看一下原文：

庄子者，蒙人也，名周。周尝为蒙漆园吏，与梁惠王、齐宣王同时。其学无所不窥，然其要本归于老子之言。故其著书十余万言，大抵率寓言也。作《渔父》《盗跖》《胠箧》，以诋訾孔子之徒，以明老子之术。《畏累虚》《亢桑子》之属，皆空语无事实。然善属书离辞，指事类情，用剽剥儒、墨，虽当世宿学不能自解免也。其言洸洋自恣以适己，故自王公大人不能器之。

楚威王闻庄周贤，使使厚币迎之，许以为相。庄周笑谓楚使者曰："千金，重利；卿相，尊位也。子独不见郊祭之牺牛乎？养食之数岁，衣以文绣，以入大庙。当是之时，虽欲为孤豚，岂可得乎？子亟去，无污我。我宁游戏污渎之中自快，无为有国者所羁，终身不仕，以快吾志焉。"

我们来翻译下这段短文：

庄子是蒙地人，叫周。他曾经担任蒙地漆园的小吏，和梁惠王、齐宣王是同一时期的人。他虽然学识渊博，涉猎、研究的范围无所不包，但他的中心思想却本源于老子的学说。他撰写了十余万字的著作，大多是托词寄意的寓言。他写《渔父》《盗跖》《胠箧》来毁谤孔子一派的人，以彰明老子的学说。《畏累虚》《亢桑子》一类的作品，则都空设言语，没有实事。庄子善于行文措辞和描摹事物的情状，用以攻击和驳斥儒家和墨家，即使是当世博学之士，也难免受到他的攻击。他的语言汪洋浩漫、纵横恣肆，以顺应自己的性情，所以从"王公大人"起，都无法重用他。

楚威王听说庄周贤能，派遣使臣带着丰厚的礼物去聘请他，以楚国的宰相之位许诺他。庄周笑着对楚国使臣说："千金，确是厚礼；卿相，确是尊贵的高位。可您难道没见过祭祀天地用的牛吗？喂养它好几年，给它披上带有花纹的绸缎，把它牵进太庙去当祭品。在这个时候，即使它想做一头孤独的小猪，还能办得到吗？您赶快离去，不要玷污了我。我宁愿在小水沟里身心愉快地游戏，也不愿被国君所束缚。我终身都不做官，要让自己的心志愉快。"

话虽短，却也曲尽其妙，我们一起来品读下。

出生地

"庄子者，蒙人也，名周。"大家一看就觉得奇怪了，因为《史记》里讲人的生平时，说到他的出生地，一般都要说得比较明确的。比如说到老子的出生地时，写的是"楚苦县厉乡曲仁里"，明确说老子是楚国人。可到庄子这里却没有提国别，只说是"蒙"这个地方的人。这下麻烦了，"蒙"又不是一个诸侯国，只是个地方，到底在哪儿呢？语焉不详。

关于庄子的故里，有三个地方到现在还在不停地争抢：第一个是河南商丘民权县；第二个是安徽的蒙城（他们还出了一款名叫庄子的酒）；第三个是山东的东明县、曹县等几个地方合起来。正如郁达夫有诗云："江山也要文人捧，堤柳而今尚姓苏。"人一有名，大家都抢，这是常见的现象。在这几个地方之中，河南商丘民权县关于庄子的研究做得还是比较认真的。他们花了相当长的时间，考察得比较细致，证据也相对令人信服。不管历史上庄子的故里究竟是安徽的蒙城还是河南的商丘，假若真要争抢起来的话，我想还是得先对自己这个地方的文化有感情、有热爱、有研究、有证据，才好说话吧。

那么，只说庄子是"蒙"这个地方的人，却没有说国别，比如说宋国蒙人之类的，这是为什么呢？熟悉历史的人应该都知道，宋国住的都是商朝的遗民。周武王灭掉商朝之后，就将剩下的商朝人集中在这个地方，以表示新朝的宽容。春秋时曾有宋襄公，也是春秋五霸之一，可知在历史的发展中，宋国也有过兴盛之时。庄子就生活在宋国的蒙地，他的文章里出现了很多宋国人的事。其实不仅庄子，韩非子的很多文章也都把宋国人作为嘲笑的对象。这事先按下不表，先说《史记》中为什么只说他是蒙人。

很多人研究后，有个比较一致的看法：庄子的文化背景明显是楚国的，他许多的讲话方式、思考方式都和屈原有相近之处。更重要的是，庄子的学问那么大，肯定是受过良好教育的贵族，如果他是宋国的贵族，那历史上一定有所记载。可事实上，他又不是宋国的贵族，再联系他文章的风格，推测他是由南方的楚国迁到北方的蒙地的，就比较合理了。

至于是什么原因让庄子从楚国迁到了宋国，或者说跑到了宋国，那一定是楚国发生了重大的变故，让他不得不离开自己的故土。所以，庄子的文章中充满了对自己故国的思念，其中就包括大鹏的"图南"："故九万里，则风斯在下矣，而后乃今培风；背负青天而莫之夭阏者，而后乃今将图南。"图南，一直往南飞！

如果我们检索楚国的历史，曾经发生过什么针对贵族的大事件呢？有这么一件事，确实改变了很多楚国贵族家庭的命运。当年楚悼王曾任用吴起变法，让楚国逐渐变得强大。吴起和商鞅一样，都属于那个时代变法中的知名人物，可是变法都有一个特点，那就是依赖于支持他变法的那个王，如果失去了支持变法的王，恐怕这个变法者就危险了，因为变法触动的是贵族的利益。商鞅在支持他的秦孝公去世后很快就被车裂了，吴起也难逃这个命运。

楚悼王去世之后，尚未安葬，楚国的贵族就群起追杀吴起。吴起无奈，只好跑到楚悼王的尸体旁边，因为他觉得楚悼王即便去世了也会保护他——这些楚国贵族追杀他时，如果刀剑兵刃落到了楚悼王的身上，那是要被灭族的！没想到，这些贵族对吴起实在是痛恨，乱箭齐发，将吴起射死在楚悼王的尸体旁边，楚悼王身上当然也中了不少的箭。所以楚国的王族秋后算账时，就将七八十家楚国的贵族统统灭族。大家猜想，庄子的家族恐怕也在灭族之列，他就在那时候逃到了中国的北方，低调地生活在"蒙"这个地方。

有意思的是，《史记》里这么一个不明确的记载，就让研究者们浮想联翩。这正表明了《史记》的科学性、严谨性，没有确定的证据，就不说庄子是哪国人。清楚这一点后，再联系《庄子》的文风，我们若是在楚文化的背景下来理解，里边的很多问题就都比较清晰了。

事迹

《史记》里接着说，庄子也做过官。做过什么官呢？做过"蒙"这个地方的漆园吏。严格来说，这不算什么官，就是个普通的公务员而已。这个"漆"也跟我们现在的"漆"不一样，庄子管理的是这个地方的"漆园"。后来，可能庄子觉得做这个漆园小吏也不自由，就不干了，辞职了。这是《史记》里关于他的职业背景的记载。

现在来说一下《史记》里关于他在世时间的记载。《史记》给我们列出来两个大家相对比较熟悉的人，一个是梁惠王，一个是齐宣王。《史记》中认为庄子和这两个人是同一时期的，再加上《庄子》书中记载的楚威王，用这三个人来给庄子的在世时间划段，那么庄子的生卒年就大致是公元前369年到公元前286年。

生平特点

《史记》里说到，庄子"其学无所不窥"。庄子这个人学问太大了，无所不至，没有什么地方他看不到，什么样的学问他都有，这个评价还是相当高的。大家都知道，在那个时候能得到一两本书读，就已经很不容易了，能够做到"其学无所不窥"的人，是很了不得的。那么，这学问到底从哪儿来？你只能归结到他从小接受的一种贵族式教育，只有这种完整的教育才会产生这样的学问。

"然其要本归于老子之言"，是说他的学问中精要根本的部分，还是归于老子的思想。所以我在前面说，从《史记》里我们也能看到，庄子是老子的私淑弟子，是真正继承老子思想的人。

"故其著书十余万言，大抵率寓言也。"《史记》说庄子著的书有十多万字,在那时候写十多万字可是不得了的事情,是要在竹简上一个字一个字地刻或写十多万个字呢!当然,我们现在看到的只有六万多字,这中间有四万多字都遗失掉了。以体裁而论,庄子的文章大抵都是寓言。寓言就是寄托之言,比如拿鱼啊,蝴蝶啊,大鹏啊,或者拿某个人物来寄托自己真正的思想。

当然,《史记》的这个说法还不是特别全面,因为庄子文章的体裁除了寓言之外,还有重言和卮言。重言,就是借助有身份地位的人为自己代言。比如庄子在文章中常借助黄帝、老子、孔子,甚至是尧、舜、禹这些名人为自己代言,加重语言的分量。还有卮言,就是漫无边际的话,能产生汪洋恣肆、浪漫无涯的效果,最后又能体现出他的思想,这是庄子文章说理的特色。当然,《庄子》中的人物也有很多是杜撰的,是根本不存在的。他把这些人物杜撰出来,为自己代言,从而表达自己的思想。

还有一点《史记》也提到了,庄子的文章老是攻击儒家、墨家,就连那时的一些学术大咖、一些身份很尊贵的人物也不能够幸免。因此,"王公大人不能器之",庄子也得不到重用。但其实这也是两方面的:庄子不想被他们用,"王公大人"也不想见到庄子,谁会想平白无故被庄子抢白一通、挖苦一通呢?

另外,《史记》里关于庄子老是攻击儒家、墨家的记载,恐怕也不是庄子本人所做,而是他的后学所为。知晓这一点,对于我们进一步了解庄子这个人,是非常重要的。

如果我们把庄子的生平概而言之,那我觉得最适合的是四个字:穷、傲、博、情。

穷

庄子这个人是真穷，倒不是装穷。

前面我们讲到，庄子做过漆园吏，到后来也不干了。那时候的知识分子若不做官，也还有一条出路，就是和孔子一样去教学生。孔子座下弟子三千，其中有大侠客子路，孔子经常游学，自然会遇到一些危险，而子路孔武有力，徒手可以搏虎，遇到危险有子路卫护，料也无妨；有大富翁子贡，老师的经济来源就有了保证；还有两个口才非常出色的人，一个就是刚才说到的子贡，还有一个就是大家熟悉的宰予，昼寝被老师怒骂的那个学生，这两个人口才极好，外交能力极高。所以孔子无论遇到什么外事干扰，即便是被围困的时候，都有学生冲锋在前，也就不需要花太多的心思来处理这些杂事。

庄子就不一样了，在《庄子》里我们只看到过一个学生的名字，估计他带的学生也不多，有名的就更加寥寥。带的学生少，收入自然不高，生活就出问题了。庄老先生穷得经常要靠编草鞋来贴补家用。所以说，庄子是真穷，不是装穷。

可能有读者会问，这句话背后的意思是什么呢？各位，在中国文化中有一个"潜规则"，那就是认为人只有穷，才能够把文章和诗写得更好，所谓"诗穷而后工"。所以很多人为了让别人认为自己的文章和诗写得好，就喜欢装穷，甚至装惨。可庄子不一样，庄子是真穷。我们来看一下《庄子》里关于庄子"穷"这个形象的描述。

有一次，庄子去见魏惠王，"庄子衣大布而补之"，他穿了一个破破烂烂的大衣服，上面打满了补丁，补丁摞补丁。"正𦈎系履而过魏王"，注意这个"𦈎"的写法，也有一个"系"字的部分，就是用麻绳系住。为什么见魏王时要系一下鞋带呢？可能是这鞋带断了，见魏王时系一下。也可能是见到魏王了，就把自己的鞋正一下，都能说得过去，但我还是觉得前面的更好。

庄子见过魏王，魏王上下打量了一下庄子，说："何先生之惫邪？"先生你怎么这么穷、这么潦倒啊？这里的"惫"就是颓废潦倒的意思。看庄子的回答："贫也，非惫也！"庄子就说：大王啊，我穷是穷，但我并不颓废潦倒啊！庄子在这里做了一个切割：贫是什么？那是外在，如果你精神也潦倒，那才是颓废。所以庄子就说："士有道德不能行，惫也！"是说我们这些知识分子，因为有道德而不能够去践行，精神就会感觉到潦倒；"衣弊履穿，贫也"，至于我现在衣服破烂，穿的鞋也不像样，只是穷而已，并不是潦倒。

仔细琢磨，庄子这个分类分得挺好的。正像苏东坡的两句诗："粗缯大布裹生涯，腹有诗书气自华。"普希金也有诗说："王子即使穿上褴褛的衣衫，也掩盖不住高贵的本色。"有时候人的外表如何，衣服穿得怎么样，并不代表人内心的精神世界就是如此。庄子把外在形象的贫穷和内在精神的贫瘠，做了一个很好的切割。

庄子接着讲：大王你不是问我为什么会这个样子，穿的衣服都破破烂烂的吗？"此所谓非遭时也"，这就像我们经常讲的一句话："时也命也。"庄子也是这个意思："那是因为我没有遇到好的时代啊！"

下面则是非常能体现庄子讲话风格的语句："王独不见夫腾猿乎？"大王你难道没见过灵巧腾跃的猿猴吗？如果它遇到了一些高大的树，比如楠树、梓树、豫樟树，它就会"揽蔓其枝而王长其间"。它腾高跳跃，挂在树伸展出来的枝丫上，就像这森林中的王，显得那么自信灵巧，就连水平最高的弓箭手，比如后羿和蓬蒙，也不能够轻视它。总之，如果有这些大树，你奈何不了它。

然后，庄子开始说反面：假如遇到的不是这些树，而是柘树、棘树、枳树、枸树这些杂七杂八的灌木呢？腾跃水平很好的猿猴，面对这些灌木时又会是什么样子呢？是"危行侧视"，小心谨慎地两边张望，别有什么东西剐着自己；是"振动悼栗"，心里忐忑不安，战战兢兢。所以"处势不便，未足以逞其能也"，所处的地方不灵便，就没有办法施展它的本事了。我们经常讲环境决定人，对于自然界的生物来讲，这种情况就更加明显了。猴子再有本事，如果都让它们在灌木丛中跳跃，结果也只能是"未足以逞其能也"。这就是庄子的类比。

这个类比讲完了，庄子就说，现在是怎样一种情况呢？"今处昏上乱相之间"，现在上面这些当官的都是为人昏乱、做事不明的人，庄子感到道德无法践行，所以在种情况下，"而欲无惫，奚可得邪？"这时要让他不疲惫、不潦倒，哪里能够做到呢？

从上面的这些话来看，庄子应该有两层意思：一方面是说，就现在这种情况而言，一个有道之人不贫是不可能的；另一方面是说，有道之人内心也会感到很焦灼，因为道德不能够践行。所以庄子说，这就像当初比干为了明志给纣王剖心一样，无可奈何的时候，你用这种方式也只能表达一下自己的志向心意而已，并不能够发挥太大的作用。这个时代正是一个"处势不便"的时代，所以像我庄子这样的人，虽然有大的本事，也不免落于这种"贫"，甚至有的时候是"惫"的状态。即便如此，庄子一开始就讲到，他依然保持着丰富的精神世界，所以他会说"贫也，非惫也"。说庄子穷没有问题，可庄子在穷的基础上，依然能够坚持自己内心的信念，哪怕很多人在这个时代都已经放弃了自己的精神追求。

我们来看第二个非常有名的事例，庄子向监河侯贷粮。庄子家贫，这在《史记》里已有定论，他需要借粮，就去找最有钱的监河侯了。在古代，治水是一件大事，监河侯就是管理河道的官，自然是肥缺。庄子"贷粟于监河侯"，向监河侯借小米，监河侯就对庄子讲，这事可以商量。为什么监河侯对庄子这么客气呢？各位可能不知道，古时候像庄子这样的人是不能得罪的，因为他们会讲故事、编段子，如果得罪了他们，他们编个段子不断地传扬出去，这事就不得了了。所以监河侯说："我将得邑金。"就是说这城里将会送给我一些报酬，等得到这钱，我就借给你三百金，可乎？这里监河侯就是在推托。所以后人也把这监河侯列入吝啬鬼之一，就跟西方文学中的葛朗台一样。

听到这话，庄子"忿然作色"，脸色一下就变了。他知道这个人是在推托，不想借给他，就开始讲故事：我昨天在来的途中，听到有人叫我，四处一看，发现车辙里有条鲋鱼（鲋鱼就是我们说的鲫鱼）。我就问它："鲋鱼鲋鱼，你怎么成了这个样子呢？"这个鱼就说（鲋鱼也说话了，反正庄子文章里谁都能说话，鱼也罢，鸟也罢，什么都可以）："我，东海之波臣也（波臣，就是水族，我是东海里边的水族）。君岂有斗升之水而活我哉（你能不能弄一斗水给我，让我也能活下来？现在我都快渴死了）？"我说："我且南游吴越之王（你等等，我将要去南边，等见了吴国越国的王之后），激西江之水而迎子（把这西江之水全部给你引过来，你再游回到河里海里去），可乎？"鲋鱼忿然作色曰："君失我常与，我无所处。吾得斗升之水然活耳，君乃言此，曾不如早索我于枯鱼之肆（我本来应该活在水中，现在就差这点儿水了，你不给我，还给我许那么远的一个诺，你干脆到那个卖鱼的地方去找我，我早就成了鱼干了）！"

庄子的意思是：等你有钱的时候，我早就饿死了。这便是庄子的语言特点，也便是他的生平特点——穷。这个故事又非常能体现他的第二个特点，那就是傲。

＊傲＊

说到穷，有两种情况：一种人穷志短、马瘦毛长；另一种是穷且益坚，不坠青云之志。庄子虽然穷，但是不改自己的青云之志，这就体现出他的第二个特点：傲！前面说过，庄子又被叫作"漆园傲吏"，这是后人送给他的一个很好的绰号。

那么，庄子的傲体现在哪些方面呢？再来看下《史记》这段关于他和楚威王的故事。"楚威王闻庄周贤，使使厚币迎之，许以为相。"楚威王对庄子非常地看重，觉得庄子这个人有本事，是个贤才。"使使厚币迎之"，备了重金，让他来楚国为相，面对这地位相当高的职位，庄周是什么态度呢？"笑谓楚使者曰：千金，重利；卿相，尊位也。"庄周笑着对楚国的使者说：这个千金嘛，确实是很高的报酬；这个卿相嘛，也是很尊贵的位置，这些我都是知道的。可接着，庄子又开始讲起了庄氏风格的故事。

"子独不见郊祭之牺牛乎？"这里涉及一个词叫"牺牲"。请注意，"牺""牲"两字都是"牛"字旁的，可知古代的"牺牲"就是把牛羊杀了祭祀，现在我们用的"牺牲"已经是一个升华了的新词。庄子说：你没看到郊祭的时候，被当作祭品的牛吗？"养食之数岁，衣以文绣，以入大庙。"把牛养了好几年，给它穿上了五彩缤纷的锦绣，然后送到太庙里去。"大庙"就是太庙。这时庄子就问使者："当是之时，虽欲为孤豚，岂可得乎？"它这时候想做只孤独的小猪，还能再有机会吗？

这段话的意思再明白不过了，是说：你看那牺牛多尊贵啊！装饰得那么漂亮，被养得那么精壮，可是最后却被一刀宰了，盛在银盘里，作为牺牲品拿去祭祀。这时它想做一只孤单的、活着的小猪，还有可能吗？这个道理大家都懂，所以，"子亟去，无污我。我宁游戏污渎之中自快，无为有国者所羁，终身不仕，以快吾志焉"。庄老先生开始下逐客令了：你快走吧！不要污染了我的地盘，不要侮辱了我的智慧；我宁愿在这污泥浊水之中，像那孤单的小猪一样，哪怕是打滚儿，也会感到快乐。我才不要被你们那些所谓的国事所羁绊，终身都不会在污浊的官场做官，要一直跟随我的志向。

这是《史记》里的记载。关于这件事，其他著作里也有记载，还被人演绎成不同的版本，但本质的意思都一样，都活脱脱地刻画出一个"傲骨第一"的庄子。比如《庄子·秋水》篇，就有跟《史记》几乎相近的一段。

先来看一下原文：

庄子钓于濮水，楚王使大夫二人往先焉，曰："愿以境内累矣！"庄子持竿不顾，曰："吾闻楚有神龟，死已三千岁矣，王以巾笥而藏之庙堂之上。此龟者，宁其死为留骨而贵乎？宁其生而曳尾于涂中乎？"二大夫曰："宁生而曳尾涂中。"庄子曰："往矣！吾将曳尾于涂中。"

再看下译文：

庄子在濮水钓鱼，楚王派两位大夫前往表达心意，请他做官。他们见到垂钓的庄子，就对他说："希望能用楚国全境的政务来劳烦您。"庄子拿着鱼竿，头也没回，说："我听说楚国有只神龟，死的时候已经有三千岁了，国王用锦缎将它包好，放在竹匣中，珍藏于宗庙的堂上。这只神龟，你们说它是宁愿为了留下骨骸以示尊贵而死去呢，还是宁愿活在烂泥里拖着尾巴爬行呢？"两位大夫说："自然是活在烂泥里拖着尾巴爬行。"庄子说："你们回去吧！我就像那只乌龟一样，宁愿在烂泥里拖着尾巴活着。"

这一段，对庄子的动作、神态和语言的描写可谓生动之极，描绘出一个向往自由、超然物外、不为世俗所羁，崇尚自然、珍爱生命、不为名利所动，不屑与统治者同流合污而又机敏善辩的庄子。

这段名篇的精彩处我们还需再着点笔墨。

首先说说濮水的事。濮水是古代水名，流经春秋时的卫地，上游一支在今日河南的封丘县，名城濮阳、濮州都从濮水得名。而从文化视角来看，这条河很大程度上是因庄子的缘故，才一直流淌在中华的文化长河里。

说两个实例吧。第一个例子是一首唐诗，是一个叫胡曾的诗人写的："青春行役思悠悠，一曲汀蒲濮水流。正见涂中龟曳尾，令人特地感庄周。"读了《史记》和《秋水》的故事，不解释大家也都会懂这首诗的。第二个例子是北京北海的著名景点"濠濮间"。这里的濠是濠梁，也就是《秋水》里"庄子与惠子游于濠梁之上"的濠梁；濮是濮水，也就是庄子垂钓的濮水。在宫廷里也有这样一个自然的园林建筑，用的正是道家的名词、道家的理念。

濮水的事说完了，再说说这两段不同的版本里留下的两个成语，一个叫"牺牛孤豚"，另一个就是"曳尾泥涂"，都是通过庄子的故事留下的成语。中国成语都有其出处，来自《庄子》的成语是非常多的，了解它们也是我们学习庄子文章的一个重要目的。

总之，庄子不肯去同流合污，不肯在朝堂不干净的时候为官。了解他的这个特点就会发现，我们不能想象在朱门大厦中会有庄子这样的人的足迹。尽管时代的风气就是这样，连孔子、孟子周游列国的主要目的也是"干仕"，也就是去找个官做，但对庄子来讲，这个风气关他什么事呢？庄子的形象就像在《庄子·刻意》篇里所说的："就薮泽，处闲旷，钓鱼闲处，无为而已矣！"他就在山林水泽之间，处于这种悠闲旷达的生活状态，钓着鱼，不肯去出仕为官。

其实，只要你喜欢，做学问、做官、做生意都没什么好坏差别。喜欢做学问就去做学问，喜欢做官就去做官，喜欢经商就经商，不必怕别人嘲讽。若是心里本来很想做官，嘴上却总说其实我不想做，这就是一种"人格分裂"了。庄子这个人就是不想为官，那他这样推脱也是没什么好指责的，顺应自己内心的想法，知道自己想要什么，这就是表里如一。

庄子也是个宅男，他一生很长的时间都生活在宋国，去过楚国一次，也到过齐国，其余时间都在宋国宅着。至于庄子《说剑》里说他见过赵文王，由于现在大家公认这篇文章是赝品，不是庄子本人所作的，甚至也不是他的后学所写的，跟庄学的思想不一致，所以以去赵国这件事是不靠谱的。庄子倒是去过鲁国，给鲁哀公讲过一段话，讽刺鲁国到处都是穿着儒服的人。他跟鲁哀公讲：大王你去问问这些人都有什么本事，敢穿儒服。结果在追问之下，就只剩一个人敢穿儒服了。读到这些地方，就会发现庄子这个人很不喜欢跟达官贵人交往，不肯摧眉折腰事权贵，对一些欺世盗名来"干仕"的人也很蔑视。

另外，我们上学时学的《惠子相梁》，也非常能够证明庄子的傲骨。庄子与惠子是一对相爱相杀的老友，惠子去世的时候，庄子感到非常的伤心，因为惠子是真正了解他的人。庄子没有几个朋友，真正的对头也只有惠子一个，所以后人杜撰了一段两人之间的故事，来体现庄子身上的傲。

说是有一次，庄子到了惠子做相的梁国，有人给惠子通风报信，还说："庄子比你水平高多了，来这里是要取代你的。"惠子害怕了，派人在国中搜了三天三夜。庄子听到这事就去找惠子，跟他讲有一种鸟叫鹓鶵（也是凤凰的一种），非竹子的果实不吃，非梧桐树不肯落脚。地下有一只猫头鹰，逮到了一只死老鼠，看见鹓䲴从天上飞过，还以为鹓䲴要抢它口中的死老鼠，于是就抬起头来向天上发出怪声。讲完之后，庄子就对惠子说：你就是那只猫头鹰，你这个梁国的相位就是那只死老鼠，而我是那天上的凤凰，你还以为我要抢你口中那个死老鼠吗？

虽然这一段应该是后人伪造出来的，但是也非常能够让我们了解庄子的形象。庄子对功名利禄的看法，都体现出一个字——傲！结论是：人可以没有傲气，但不可以没有傲骨！庄子、陶渊明、李白和苏东坡代表的就是这样的傲骨：安能摧眉折腰事权贵，使我不得开心颜。

博

上文说到了庄子的傲，他是漆园傲吏。庄子傲得有资本：首先就是庄子的出身，他来自楚国的名门望族；更重要的是庄子的才极高、学极博。《史记》里说庄子之学无所不窥，写《中国科学技术史》的李约瑟先生就认为，庄子的书中什么学问都有，甚至出现了生物学的知识。

说庄子博的另一个含义，是指庄子的格局，他那宽广博大的视野和胸怀。读庄子的书给人最大的一个启发是什么呢？就是扩展我们的格局，不仅要待在地面上，还要飞在空中，哪怕是躺在阴沟中，也要仰望星空！庄子的书里就经常写到这种远慕高举的故事。有人说，庄子之说大而无当，其实这个"大"本身便是一种大胸怀、大视野，它能够让我们站在高处，以宽广的视野来看待人生。

说到庄子文章中最著名的形象，那便是《逍遥游》中的那只大鹏了，它带给人们的就是一种远慕高举的博大胸怀。"北冥有鱼，其名为鲲，鲲之大，不知其几千里也。"鲲原意是指鱼苗，可是在庄子的文章里它变成了不知其几千里也的一条大鱼。"化而为鸟，其名为鹏，鹏之背，不知其几千里也。"鲲还不单是鲲，它还可以变化，它变作了一只鸟，这只鸟叫作鹏。鹏有多大呢？脊背就不知道有几千里了！"怒而飞"，怒就是努力振翅，努力地向高处飞。"其翼若垂天之云"，世上真有这么大的鱼、这么大的鸟吗？当然没有。但这都无关紧要，鲲与鹏的形象带给人的是一种宏大的视野、博大的胸襟。就是这只鸟，在海上涨潮起风时，借着海潮和风力，往南方的天池飞去。"鹏之徙于南冥也，水击三千里，抟扶摇而上者九万里。"大鹏飞到一定的高度，风也阻挡不了它，可以达到"绝云气，负青天"的地步，然后一直往南飞啊飞……

人们在生活中受到各种条件的限制，很多问题的产生都是因为我们看事情的高度不够、角度不对、宽度不足，所以常常纠结于一些愁烦。庄子的意思是在讲，假如你能像这只大鹏一样飞得那样高，到了没有什么东西能够阻挡你的时候，那还有什么问题想不开呢？拥有这种博大的人生格局，最难的事情也可以坦然面对。

比如死亡这件事，"纵有千年铁门槛，终须一个土馒头"，谁都逃脱不了一死的结局，那我们应该怎样来对待死亡呢？这就要说到庄子对待死亡的态度，那是一种真正的旷达！在我们中国的文化中，庄子是真正敢于直面死亡的人。很多哲人忌讳谈"死"这个字，但庄子不一样，他觉得死亡就是生命的一部分，所以在面对死亡时也可以把它当作一种修行。在《列御寇》这篇文章里所记载的庄子临终时的那段高论，闻一多先生说它也许完全可靠。虽然未必是实际发生的，却更能表现出庄子的这种特点和形象。

"庄子将死，弟子欲厚葬之。"庄子临终时，学生们商量着要厚葬他。可庄子反对说："吾以天地为棺椁，以日月为连璧，星辰为珠玑，万物为赍送，吾葬具岂不备邪？"你们干吗要给我厚葬呢？天地就是我的棺椁，日月都是连璧，星辰都是珠玑，万物都可以成为我的陪葬，我这个葬具岂不是非常完备了吗？

学生们对老师说：厚葬可以免得天上飞的秃鹫把您的肉给吃了。庄子就说：你们把我埋在地底下，那棺材烂了，地下的蝼蚁把我的肉都吃没了，最终不还是剩下一具白骨吗？放在地上，为鹰鹫食；放在地底，为蝼蚁食，你们为什么要把秃鹫的嘴边食夺了给蝼蚁呢？这不是很偏心吗？这话多幽默啊！被秃鹫食还是被蝼蚁食都是一样的，但你们这样做是不是太偏心了、太想不开了？

这大概是我们中国的文化里对待死亡最超迈、最豁达的态度，所以说拥有这样一种博大的格局和胸怀，我们对这人世间的很多事物也就能有一个更加深刻的理解。当然，在庄子的文章中，关于这种博大格局的故事和观点比比皆是，有的滑稽，有的激烈，有的高超，有的甚至很辛辣，但每一个都象征着庄子超迈的人格、博大的胸怀。

自然也会有很多人不解，觉得自己不懂庄子的东西。这很自然，庄子的世界我们很多人都不懂。民国时期，有个著名的教授叫刘文典，他就说从古到今只有两个人懂庄子，一个是庄子本人，一个就是他自己。从另外一个角度来看他的意思，就是能够懂庄子的人确实不多。这样的庄子有时也感觉到很寂寞。如果让我来形容庄子的这种感觉，那我觉得这样一句话非常合适——庄子会说：人生的这杯酒，我干了，你随意。

* 情 *

上边我们讲庄子生平的特点，说了三个字：穷、傲、博。就庄子整个的性格和人格特点而言，还有一个字也要加上，那就是"情"字。用这个字来概括像庄子这样一位诗人里的哲学家、哲学家里的诗人，是最恰当不过的了。

说到这个"情"字，我们首先会想到《诗经》里的情，那里边多是征人思妇的情，是他们思念家乡家人的真情实感。然后再是中国的第一个诗人屈原，那是仁人志士的情：路漫漫其修远兮，吾将上下而求索。但说到庄子的情，就不这么简单了。如果要用最简洁的语言来概括，那就是对道、对无、对自由的一种真诚的热爱。再把庄子和老子做一个比较，我们会发现庄子更加重情。我们可以以《道德经》的第二十五章和《庄子·大宗师》里的一段话为例。

《道德经》第二十五章："有物混成，先天地生，寂兮寥兮，独立不改，周行而不殆。"道在天地形成之前就浑然存在了。注意这四个字"先天地生"，再注意下面这四个字"寂兮寥兮"。寂就是无声，寥就是无形，了解到了老子对于道的看法，我们再来看庄子对这个问题的认知。在《大宗师》里，有一段话非常有名："夫道，有情有信，无为无形，可传而不可受，可得而不可见，自本自根，未有天地，自古以固存。神鬼神帝，生天生地，在太极之先而不为高，在六极之下而不为深，先天地生而不为久，长于上古而不为老。"去掉一些意思相同的语句之后，我们看到这段话的根本是说：道这个东西有情，是可以验证的，但它无为无形。想一下寂兮寥兮，再想一下无为无形、可传而不可受、可得而不可见，就能知道：道是无形的，隐于万物的背后，先于天地而存在。

把这两段话做个比较，我们会发现它们几乎是异曲同工之妙！可庄子所言却多了一个"情"字。有大智慧的人都会认识道的存在，信仰道的实有，也就是庄子讲的有信，庄子是那样热忱地爱慕它。所以说，庄子在这里又从一个哲学家向一个诗人迈进了一步。

有诗便有情，就庄子而言，我们可以用清朝的一位学者胡文英的话来做一个总结："眼极冷，而心肠极热。""眼极冷"则是非不管，"心肠极热"则感慨万端。这段话非常有趣，一方面就说庄子这个人心肠极热，所以他还会被很多的事情牵绊住；另一方面呢，眼睛极冷，对很多事情他又不横加干预。当然，这段话的意思也还可以再做深入的解读。

庄子也不是不动手，你看他写了那么多的文章，也教了一些弟子，我觉得这就是他的一种视野。

我们常说一个人认清了生活，还能对生活充满热爱，才是一个真正的勇士和强者。所以不要把庄子想得那么消极，我觉得庄子便是这样一个认清了生活又非常热爱生活的人。别看他在文章里对生死的态度是那么的旷达，但只要是读过《庄子》的人都能感受到他对自然的向往、对春天的热爱、对生命的留恋。读庄子的文章，常常能看到他对神秘的怅惘、对圣睿的憧憬、对广阔天地无边无际的一种企慕，这使他成了一个最真实的"道是无晴却有晴"的诗人。

从哲学的角度来讲，现实和理想总归存在着一些矛盾，有人对现实不满、失望，便会有一种想要远慕、高举、飞升的感觉。比如李白的"举杯邀明月，对影成三人"，又比如苏东坡的"我欲乘风归去，又恐琼楼玉宇，高处不胜寒"。李白被叫作谪仙人，是从天上贬到人间来的，东坡则把月宫当作故乡，在他们身上有一点是共通的，那就是现实生活仿佛就成了一个旅馆、寓所。庄子也一样，大有"旧国旧都，望之畅然"之感，也是一个站在异乡眺望故乡的人。这个故乡，不一定是一个地理上的位置，更应该理解为一种精神上的故乡。

庄子的情是一种客中思家的情。他运用思想，与其说是在寻求真理，毋宁说是在眺望故乡、咀嚼旧梦。从根本上讲，这就是一种浪漫的态度、诗的情趣，虽然有些神秘莫测，可依然能够让人感觉到那种无边无际的情感的环抱。所以我们说，庄子既是诗人里的哲学家，又是哲学家里的诗人，是一个站在异乡眺望故乡的人。庄子的文章给我们最大的一个感触，就是看不出思想和情感的分界，一种莫名的情感有意无意之间就环抱了我们，实可谓"善抱者不脱"啊！

对于庄子有情，后人有很多有趣的故事。比如，宋朝有个人叫唐子西，是苏东坡的铁粉，也是四川眉山人，所以大家老拿他跟苏东坡做比较，赠他雅号"小东坡"。苏东坡被贬到惠州，唐子西也曾经被贬到惠州。他和东坡一样，爱酒爱庄子，在惠州给各种酒取了很多"庄化"的名字：温和一点的叫作"养生主"，劲烈一点的叫作"齐物论"。后人评价说，这个人真是善于饮酒又善于读《庄子》。确实如此，庄子的文章里充满了各种温度的情感，总会使我们陶醉，就像人生的一杯美酒，体会到了，才能够感受到其中的一些深厚的情感。

说了庄子这个人，再来说说我们是如何解读《庄子》这本书的。在道教中，庄子被封为"南华真人"，这本书也被称为《南华真经》，全书有三十三篇、六万多字。历来都认为内七篇是出自庄子本人，《外篇》是庄子和学生合著，而《杂篇》多是由后学所写。我也认可这个说法，所以采取的解读方式也是以内七篇为主来讲庄子的思想。具体而言，对《内篇》的《逍遥游》《齐物论》《养生主》《人间世》《德充符》《大宗师》《应帝王》都做比较详细的解释，而对于《外篇》的十五篇则选择《马蹄》《秋水》《山木》，《杂篇》的十一篇则选择《渔父》《说剑》等名篇进行讲解。白居易有诗云："犹嫌庄子多词句，只读逍遥六七篇。"本书力求让读者能更好地了解庄子。

内篇

逍遥游

　　《逍遥游》被列为道家经典《庄子·内篇》的首篇，在思想和艺术上都可作为《庄子》一书的代表。《逍遥游》的主题是追求一种绝对自由的人生观：按庄子的想法，只有忘却物我的界限，达到无己、无功、无名的境界，无所依凭而游于无穷，才是真正的"逍遥游"。

　　《逍遥游》一文可分三大部分（其中一、二部分为一大部分，为阅读方便分为两块）。

　　第一部分先是通过大鹏与蜩、学鸠等小动物的对比，阐述了"小"与"大"的区别，用"鲲""鹏"来寓言"大"，用"野马""尘埃"来寓言"小"，从而知道我们世人所知的层面仅仅是认知的"小"，而真正的"大"是我们未曾去探索的。这其中又举例现实中"覆杯水于坳堂之上"，并以芥草与杯在坳堂不同的呈现来进一步说明。故而最后得出"小知不及大知，小年不及大年"的结论，而这便是"此小大之辩也"。在大小基础上讨论逍遥之难：无论是不善飞翔的蜩与学鸠，还是能借风力飞到九万里高空的大鹏，甚至是可以御风而行的列子，它们都是"有所待"而不自由的。其巧妙性在于对比了许多不能逍遥的例子，说明怎么样才能达到"无己""无功""无名"的逍遥之境，从而引出并阐述了"至人无己，神人无功，圣人无名"这个文章的主旨。

　　第二部分至"窅然丧其天下焉"，紧承上一部分进一步阐述，说明

"无己"是摆脱各种束缚和依凭的唯一途径，只要真正做到忘掉自己、忘掉一切，就能达到逍遥的境界，也只有"无己"的人才是精神境界最高的人。

余下为第三部分，论述什么是真正的有用和无用，说明不能为物所滞，要把"无用"有用化，进一步表达了反对积极投身社会活动，志在不受任何拘束，追求优游自得的生活旨趣。

"逍遥游"也是庄子哲学思想的一个重要方面。全篇一再阐述"无所待而逍遥"的主张，追求精神世界的绝对自由。本篇是《庄子》的代表篇目之一，也是诸子百家中的名篇，充满奇特的想象和浪漫的色彩，寓说理于寓言和生动的比喻中，形成独特的风格。

一

北冥[1]有鱼，其名曰鲲[2]。鲲之大，不知其几千里也。化而为鸟，其名为鹏[3]。鹏之背，不知其几千里也。怒而飞，其翼若垂天之云。是鸟也，海运[4]则将徙于南冥。南冥者，天池也。

《齐谐》[5]者，志怪者也。《谐》之言曰："鹏之徙于南冥也，水击三千里，抟[6]扶摇[7]而上者九万里，去以六月息[8]者也。"野马[9]也，尘埃也，生物之以息相吹也。天之苍苍，其正色邪？其远而无所至极邪？其视下也，亦若是则已矣。

且夫水之积也不厚，则其负大舟也无力；覆杯水于坳堂[10]之上，则芥为之舟；置杯焉则胶[11]，水浅而舟大也。风之积也不厚，则其负大翼也无力。故九万里则风斯在下矣，而后乃今[12]培风[13]；背负青天而莫之夭阏者，而后乃今将图南。

蜩与学鸠[14]笑之曰："我决[15]起而飞，抢榆枋，时则不至，而控[16]于地而已矣，奚以之九万里而南为？"适莽苍[17]者，三餐而反，腹犹果然[18]；适百里者，宿舂粮；适千里者，三月聚粮。之二虫又何知！

　　小知不及大知，小年不及大年。奚以知其然也？朝菌不知晦朔[19]，蟪蛄[20]不知春秋，此小年也。楚之南有冥灵[21]者，以五百岁为春，五百岁为秋；上古有大椿[22]者，以八千岁为春，八千岁为秋。而彭祖[23]乃今以久特闻，众人匹之，不亦悲乎！

注释：

1. 冥：通"溟"，指广阔幽深的大海。

2. 鲲：本指鱼卵，此处借用为表大鱼之名。

3. 鹏：乃古"凤"字，《逍遥游》借用为表大鸟之名。

4. 海运：海水运动、涨潮。

5. 《齐谐》：志怪类书。

6. 抟（tuán）：盘旋上升。

7. 扶摇：旋风。

8. 息：气息，这里指风。

9. 野马：云雾之气变化腾涌成野马的模样。

10. 坳（ào）堂：屋前地上的洼坑。

11. 胶：粘住。

12. 而后乃今："今而后乃"的倒装，相当于"这时……然后才"。

13. 培风：乘风。

14. 蜩（tiáo）与学鸠：蜩，蝉。学鸠，一种小灰雀，文中泛指小鸟。

15. 决（xuè）：迅疾的样子。

16. 控：落下来。

17. 莽苍：指迷茫看不真切的郊野。

18. 果然：饱的样子。

19. 晦朔：农历中月末一天为晦，月初一天为朔。

20. 蟪蛄（huì gū）：即寒蝉，春生夏死或夏生秋死。

21. 冥灵：传说中的大龟。

22. 大椿：传说中的古树名。

23. 彭祖：颛顼之元孙，传说中的长寿者。

　　果然是庄文如海、气象万千，这想象真是无边无际啊！

　　本文开篇就讲了两个非常大的形象：一条大鱼、一只大鸟。说到大鸟奋起而飞的时候，那张开的双翅就像遮天的云彩。它等到海上涨潮了、起风了，就随着汹涌的波涛，扶摇直上至九万里的高空，之后准备再往南飞。大鹏起飞需要一定的条件，得有风。有大风，飞到九万里以上，再没什么东西能阻碍它，也就不需要什么条件了。如庄子所说，这就是"无待"，是一种"飞翔的自由"，也可以说是对绝对自由的向往。

　　庄子讲话的方式，古人概括为三种：一是寓言，带有寄托意味；二是重言，借别人的话来让自己的话显得郑重其事；三是卮言，就是漫无边际的话。接下去这段话叙述的方式，便是一个重言。庄子说齐国有一本书叫《齐谐》，专门记载怪异的事情。这本书里记载鹏鸟迁移到南方的大海，翅膀拍击水而激起三千里的波涛，借着海面上急骤的狂风之势盘旋而上，直冲九万里的高空，然后离开北方的大海，乘风飞了六个多月的时间才抵达南海。

　　有趣的是，接下来这段话和文章似乎也没多少关联："野马也，尘埃也，生物之以息相吹也。"春日的林泽原野上蒸腾着的犹如奔马的雾气，低空里浮动着沸沸扬扬的尘埃，这都是大自然里各种生物的气息吹拂所致。其实我们把这段话去掉，也不影响对文章的理解，这就是所谓的卮言，是庄子讲话的特殊风格。这让我们在读庄子的文章时感觉非常有趣。他为人自由自在，行文也自由自在，像是写着写着，想写点别的好玩的，写完再回到正文接着论述，却不令人感到散乱。这便是真正的高手，怪不得鲁迅说他的文章"晚周诸子之作莫能先也"。

庄子接着总结说，这个大鹏想要往高飞的时候，它得需要一定的条件："风之积也不厚，则其负大翼也无力。"假如这水面上风积累得不厚，那大鹏也飞不起来。意思是说，大鹏一飞九万里，需要海上涨潮这个条件。

讲完了"水击三千里，抟扶摇而上者九万里"的大鹏，故事中出现了两个"小角色"——蜩与学鸠，也就是寒蝉与小灰雀。它们嘲笑大鹏，说：我们一飞也就只有榆树和檀树的树枝那样高，即便落下来也没什么事，你为什么要飞到九万里的高空，还要继续往南飞呢？

关于它们的疑问，文中有一段精彩的评论，可以看作是庄子的回答：要是到迷茫的郊野去，带上三餐就可以往返了，而且肚子还是饱饱的，因为你去的地方很近。要是到百里之外，就要用一整夜的时间准备干粮。那到千里之外呢？三个月以前就要准备粮食。寒蝉和灰雀，这两个小虫哪里懂得这些道理呢？这段议论是说大鹏的远大志向，寒蝉和小灰雀是没有办法去领悟的。所以从认识上来说，小聪明赶不上大智慧，短命的比不上长寿的。

庄子怎么知道是这样呢？下面这段议论就更加出名了："朝菌不知晦朔，蟪蛄不知春秋。"清晨出现、傍晚就死去的菌类不会懂得什么是月底和月初，寒蝉也不懂得什么是春秋，因为它在春天出生，秋天之前就死掉了，这都是短寿的。而像冥灵大龟和大椿古树，则是长寿的。还有最长寿的彭祖，人们如果与他相比，那岂不是可悲可叹吗！上述寒蝉、蓬间雀一类的小东西，有的是由于能力的限制，有的是由于时间和空间的限制，没有办法理解很多事情。就像"坐井观天"的井底之蛙，只能了解井口那么大的一片天。

汤[1]之问棘[2]也是已："穷发[3]之北，有冥海者，天池也。有鱼焉，其广数千里，未有知其修[4]者，其名为鲲。有鸟焉，其名为鹏，背若太山，翼若垂天之云，抟扶摇羊角[5]而上者九万里，绝云气，负青天，然后图南，且适南冥也。斥鴳[6]笑之曰：'彼且奚适也？我腾跃而上，不过数仞而下，翱翔蓬蒿之间，此亦飞之至也，而彼且奚适也？'"此小大之辩[7]也。

故夫知效一官[8]，行比一乡[9]，德合一君，而征[10]一国者，其自视也，亦若此矣。而宋荣子犹然笑之。且举世而誉之而不加劝，举世而非之而不加沮，定乎内外之分，辩乎荣辱之境，斯已矣。彼其于世，未数数[11]然也。虽然，犹有未树也。夫列子御风而行，泠然[12]善也，旬有五日而后反。彼于致福者，未数数然也。此虽免乎行，犹有所待[13]者也。

若夫乘[14]天地之正[15]，而御六气[16]之辩[17]，以游无穷者，彼且恶[18]乎待哉？

故曰：至人无己[19]，神人无功[20]，圣人无名[21]。

注释：

1. 汤：商汤。
2. 棘：汤时的贤大夫，《列子·汤问》篇作"夏革"。
3. 穷发：传说中极荒远的不生草木之地。发，指草木植被。
4. 修：长。

5. 羊角：一种旋风，回旋向上如羊角状。

6. 斥鴳（yàn）：池沼中的小雀。

7. 辩：通"辨"，分辨，分别。

8. 知效一官：才智胜任一个官职。

9. 行比一乡：品行合乎一乡标准。

10. 征：取信。

11. 数数：汲汲于名利的样子。

12. 泠然：轻盈美好的样子。

13. 待：凭借，依靠。

14. 乘：遵循，凭借。

15. 正：本，这里指自然的本性。

16. 六气：指阴、阳、风、雨、晦、明。

17. 辩：通"变"，变化的意思。

18. 恶（wū）：何，什么。

19. 至人无己：道德修养最高尚的人能达到忘掉自己私欲的境界。

20. 神人无功：精神世界完全能超脱于物外的人不追求建树功业。

21. 圣人无名：思想修养臻于完美的人不追求名誉地位。

  在庄子的文章里，有的人是实有其人，但话却未必是他讲的话，这里的商汤和棘都实有其人，而上边这段话就是以他们为"重言"。

  "大鹏和蓬间雀"的故事，引发了中国哲学史中纷纷扬扬的"小大之辩"，后人也经常用这个形象来表达自己的一些志向。比如李白的"大鹏一日同风起，扶摇直上九万里"；比如毛泽东的："斥鴳每闻欺大鸟，昆鸡长笑老鹰非"，还有他的《念奴娇·鸟儿问答》："鲲鹏展翅九万里""吓倒蓬间雀，怎么得了？"都是拿大鹏和蓬间雀相比，来体现出小志向与大志向的不同。

如果只理解到这一层，还只是浅层次的理解。庄子文章里的齐万物，就是讲究万物平等。具体到这件事上，是说大鹏有大鹏的志向，要一飞九万里；蓬间雀也有蓬间雀的志向，虽说每次只飞几丈高，但它也可以自由起落啊！它不像大鹏那样，还得满足那么多的条件才能够怒而起飞。

这里的关键并不在于小和大，而在于蓬间雀对大鹏的嘲笑，这是庄子最反对的。你飞你的，我飞我的，大家各安其事，这是道家的一种境界。燕雀不知鸿鹄之志，鸿鹄也不知燕雀之志，只要尽了力，便好了。但一个"笑"字，便暴露了蓬间雀的浅陋，这才是庄子的深刻之处。

紧接着出现的宋荣子也实有其人，是战国时期一个非常有名的学者。当然，庄子是拿他来说事，这话也不一定就是他讲的。说起宋荣子这个人，境界已经蛮高的了。就算世上的人都赞誉他，他也不会因此而越发努力；就算世上的人都非难他，他也不会因此而更加沮丧。因为宋荣子能清楚地划定自身和外物的区别，能够辨别出荣誉和耻辱的界限。对于这大千世界，他也从不急急忙忙地去追求些什么。但即便如此，庄子还是认为他没能达到最高的境界。

为什么呢？看上文那个"宋荣子犹然笑之"，他还在嘲笑上述那些人。庄子认为：你宋荣子自己做得很好，这很可以，但是你不要老去瞧不起别人、嘲笑别人，这样即便我给了你很高的评价，也还是认为你没有达到最高点。因为你对于是非的问题，对别人的一些做法，常常还是抱着一种嘲讽的态度。人家才智胜任一个官职，品行合乎一乡，道德能让国君满意，能力足以取信一国之人的人，也有他的意义和价值。宋荣子嘲笑他们，也就说明他没有达到道的最高境界。

《逍遥游》接下去提到的列子，就是在《杂篇》里提到的列御寇，他是介于老子和庄子之间的道家代表人物。列子很潇洒，能驾风行走，样子轻盈美好。庄子从大鹏说起，说到宋荣子和列子，境界都很高了，但依然不是他所说的逍遥！即便是能驾风行走的列子，也还是有所依凭，所以也不是真正的自由自在。

讲完了这些不逍遥的形象，究竟什么样才是真正的逍遥呢？真正的自由，只能源于人的内心世界，叫"独与天地精神相往来"。所以庄子就说，能够遵循宇宙万物的规律，把握六气的变化，遨游于无穷无尽的境域，这样的人还依赖什么呢？大鹏有依赖，得海上起风；列子有依赖，得有小风。那人在内心里自由地翱翔，还需要什么、依赖什么呢？所以说，道德修养高尚的至人，能够达到忘我的境界；精神世界完全超脱物外的神人，心目中没有功名和事业；思想修养臻于完美的圣人，从不去追求外在的名誉和地位。

读到这儿，我们就清楚了，庄子前面列举的东西都是铺垫，真正的逍遥其实是内心自由自在的翱翔。对于事业、功名等外在，他都想通过自己潜力无限的精神世界予以摆脱。概而言之，就是无己。无己是摆脱各种束缚和依凭的唯一途径。只要真正做到忘掉自己、忘掉一切，就能达到逍遥的境界。也只有无己的人，才是精神境界最高的人。

问题是，有这样的人吗？有，就是《逍遥游》中的许由。他是中国文化中著名的隐士，也可以说是最早的隐士。

二

尧让天下于许由[1]，曰："日月出矣，而爝火[2]不息，其于光也，不亦难乎！时雨降矣，而犹浸灌，其于泽也，不亦劳乎！夫子立而天下治，而我犹尸[3]之，吾自视缺然，请致天下。"

许由曰："子治天下，天下既已治也，而我犹代子，吾将为名乎？名者，实之宾也。吾将为宾乎？鹪鹩巢于深林，不过一枝；偃鼠饮河，不过满腹。归休[4]乎君！予无所用天下为。庖人[5]虽不治庖，尸祝[6]不越樽俎[7]而代之矣！"

肩吾问于连叔[8]曰："吾闻言于接舆，大而无当，往而不反。吾惊怖其言，犹河汉而无极也；大有径庭[9]，不近人情焉。"连叔曰："其言谓何哉？"曰："'藐姑射[10]之山有神人居焉，肌肤若冰雪，绰约若处子；不食五谷，吸风饮露；乘云气，御飞龙，而游乎四海之外；其神凝，使物不疵疠[11]而年谷熟。'吾以是狂[12]而不信也。"

连叔曰："然。瞽[13]者无以与乎文章[14]之观，聋者无以与乎钟鼓之声。岂唯形骸有聋盲哉！夫知亦有之。是其言也，犹时女也。之人也，之德也，将旁礴[15]万物以为一，世蕲[16]乎乱，孰弊弊[17]焉以天下为事！之人也，物莫之伤，大浸稽[18]天而不溺，大旱金石流，土山焦而不热。是其尘垢秕糠，将犹陶铸尧舜者也，孰肯以物为事！宋人资章甫[19]而适诸越，越人断发[20]文身，无所用之。尧治天下之民，平海内之政，往见四子[21]藐姑射之山、汾水之阳，窅然[22]丧其天下焉。"

注释：

1. 许由：古代传说中的高士，字武仲，隐居于箕山。

2. 爝（jué）火：炬火，木材蘸上油脂燃起的火把。

3. 尸：庙中神主，这里用其空居其位，表虚有其名之义。

4. 休：止，算了的意思。

5. 庖人：厨师。

6. 尸祝：主持祭祀的人。

7. 樽俎：这里代指各种厨事。成语"越俎代庖"出于此。

8. 肩吾、连叔：庄子为表达的需要而虚构的有道高人。

9. 径庭：径，门前小路；庭，堂外之地。"径庭"连用，表示差异很大。成语"大相径庭"出于此。

10. 藐姑射（yè）：传说中的山名。

11. 疵疠（lì）：疾病。

12. 狂：通"诳"，虚妄之言。

13. 瞽（gǔ）：盲。

14. 文章：花纹、色彩。

15. 旁礴：混同的样子。

16. 蕲（qí）：祈、求的意思。

17. 弊弊：忙忙碌碌、疲惫不堪。

18. 稽：及，达到。

19. 章甫：古代殷地人的一种礼帽。

20. 断发：不蓄头发。

21. 四子：指王倪、啮缺、被衣、许由四人，都是《庄子》文中虚构的得道高人。

22. 窅（yǎo）然：怅然若失的样子。

尧打算把天下让给许由。

许由可以说是早期道家思想的一个代表，拿他这样一个大家都佩服的人来讲话，分量就大得多了。

许由就对尧讲：你天下治理得很好了啊，还要我去替代你，那我是为了"名"这种次要的东西吗？你还是打消念头回去吧，我的生活已经足够好了。我就像那小鸟一样，占一个树枝便足矣；我就像那鼹鼠一样，喝饱一肚子的水就已经足够了。你还是治你的天下，我还是种我的地。这里是借许由之口，说出道家一个重要的思想和境界：要无为而不是越俎代庖。在这一段中，有一句话很经典："鹪鹩巢于深林，不过一枝；偃鼠饮河，不过满腹。"意思是所需很少，不贪就很幸福，由这句话还演化出成语"巢林一枝"。当然，成语"越俎代庖"也是出自这段，意思是主祭的人跨过礼器去代替厨师办席，告诫我们不要超出自己业务范围去处理别人所管的事。

至于肩吾跟连叔讲这件事，抱怨接舆信口乱说，连叔则认为接舆没有乱说，是肩吾小知不及大知，见识浅薄，境界太低，才不懂大道，是才智上的盲聋。而那些神人呢？他们已经与自然融为一体，是大德的化身。像尧这样的圣人，去参见他们后，也感到怅然若失，像丢了天下，他们才是大道的化身啊！

如果说许由的故事，肩吾和连叔的故事，看起来还有些抓不住重点，那接下来的这个微型故事，正好可以作为上述两个故事的总结。

宋国人在战国时代常被人们作为智商低的形象来嘲讽，这个故事也是拿宋人说事。说宋人认为帽子是有用、有价值的东西，于是想去越国卖帽子，但这只是宋国人自己的狭隘想法，越人无拘无束的，自然无需帽子来做无谓的虚饰。尧治理天下而天下太平，自以为很行了，见到"四子"才知道治理天下这事拘束了自我的自然，不得逍遥。所以，尧治理天下、安定海内之后，颇为自得地去见这些神人，最后也感到怅然若失。因为他知道自己所做的这些事情和他们比起来，还是低了一个境界。这里所主张的依然是老子的不妄为、不多为、有所不为的无为而治的政治智慧。其主旨犹如《道德经》第六十三章所说：为无为，事无事。最好的作为是无为，最好的做事方法是无事。

三

惠子[1]谓庄子曰："魏王贻我大瓠[2]之种，我树之，成，而实[3]五石；以盛水浆，其坚不能自举也；剖之以为瓢，则瓠落[4]无所容。非不呺然[5]大也，吾为其无用而掊[6]之。"

庄子曰："夫子固拙于用大矣。宋人有善为不龟[7]手之药者，世世以洴[8]澼[9]絖[10]为事。客闻之，请买其方百金。聚族而谋曰：'我世世为洴澼絖，不过数金；今一朝而鬻技百金，请与之。'客得之，以说吴王。越有难，吴王使之将；冬，与越人水战，大败越人，裂地而封之。能不龟手一也，或以封，或不免于洴澼絖，则所用之异也。今子有五石之瓠，何不虑以为大樽[11]而浮乎江湖，而忧其瓠落无所容？则夫子犹有蓬之心也夫！"

惠子谓庄子曰："吾有大树，人谓之樗[12]。其大本拥肿[13]而不中绳墨，其小枝卷曲而不中规矩，立之涂，匠者不顾。今子之言，大而无用，众所同去也。"

庄子曰："子独不见狸狌乎？卑身而伏，以候敖[14]者；东西跳梁[15]，不辟高下，中于机辟[16]，死于罔罟。今夫斄牛[17]，其大若垂天之云。此能为大矣，而不能执鼠。今子有大树，患其无用，何不树之于无何有之乡，广莫之野，彷徨[18]乎无为其侧，逍遥乎寝卧其下；不夭斤斧，物无害者，无所可用，安所困苦哉！"

注释：

1. 惠子：名施，宋国人，做过梁惠王的相。惠施是庄子好友，也是先秦名家代表。《庄子》中所写惠施与庄子的故事，多为寓言性质，并不真正反映惠施的思想。

2. 瓠（hù）：葫芦。

3. 实：结的葫芦。

4. 瓠落：又写作"廓落"，很大的样子。

5. 呺（xiāo）然：庞大而又中空的样子。

6. 掊（pǒu）：砸破。

7. 龟（jūn）：通"皲"，皮肤受冻开裂。

8. 洴（píng）：浮。

9. 澼（pì）：在水中漂洗。

10. 絖（kuàng）：丝絮。

11. 樽：本为酒器，这里指形似酒樽，可以拴在身上的一种凫水工具，俗称"腰舟"。

12. 樗（chū）：一种高大的落叶乔木，但木质粗劣不可用。

13. 拥肿：今作"臃肿"，这里形容树干弯曲、疙里疙瘩。

14. 敖：通"遨"，遨游。

15. 跳梁：即"跳踉"，跳跃、蹿越的意思。

16. 机辟：捕兽的机关陷阱。

17. 氂（máo）牛：牦牛。

18. 彷徨：徘徊，优游。

最后这个故事很有趣，惠施嘲讽，庄子解答。我们从中不难看出，庄子写文章喜欢运用对话的形式。其对话的题材有比喻、有故事，生动而形象化的语言运用于哲理散文的写作之中，把思想和形式结合得如此完美，妙不可言。

上文这两段给我们举了两个例证。第一个是惠子的瓠，也就是大葫芦。在庄子的文章里边，惠子经常出现，给庄子送个垫脚石，让庄子把自己的思想表达出来。惠子说：魏王送我大葫芦种子，我将它培植起来以后，结出的葫芦实在是太大了呀！我是不是应该因为它没有什么用处，就把它砸烂了呢？看得出来，这是在讽刺庄子大而无当。庄子就说：你实在是不懂如何使用大东西。宋国有一个善于调制不皲手药物的人家，有个游客听说了这件事，愿意用百金高价收买他的药方，这家人贪小便宜就卖给他了。这游客得到了药方，来游说吴王，正好吴军在冬天跟越军水上交战，因为有了这个不皲手的药方而大败越军，于是吴王便划割土地封赏了他。

你看，本来一个小东西只能在家里用，现在却派上大用场了。这意思不是很明确吗？庄子说药方是同样的，有人用它获得封赏，有人却只干些小事，这是使用的方法不同。如今你惠子有五石容积的大葫芦，你怎么不考虑把它做成腰舟，浮游于江湖之上，却反过来担心葫芦太大，无处可容？看来你真是心窍不通啊！惠子老说庄子大而无当，而庄子就说惠子不懂得用大的东西，更不懂无用之用。

第二个例证就是《庄子》中经常出现的不成材的"散木"。《逍遥游》最后一个故事讲的是"樗"，也就是大树。惠子对庄子说：我有棵大树，人们都叫它樗，它的树干疙里疙瘩，拿墨斗一量，不直；树枝弯弯扭扭，也不适合圆规和角尺取材的需要。虽然就生长在路旁，木匠却连看都不看一眼。现今你的言谈大而无用，就像这个树一样，大家都会鄙弃它的。

庄子就说：野猫和黄鼠狼那么绞尽心思，不曾想最后还是落入猎人设下的机关，死于猎网之中。还有一种很大的牛，本事很大，可是它不能捕捉老鼠。现在你有这么一棵树，你却担忧它没有什么用处，你为什么不把它栽种在什么东西都不长的地方，栽种在无边无际的旷野里，然后你就能悠然自得地徘徊于树旁，悠游自在地躺卧于树下。你不是说它没用么？就算没用，但这棵大树既不会遭到刀斧的砍伐，也没有什么东西会伤害到它，哪里还会有什么困苦呢？

庄子在其他文章里边也讲到过类似的故事，他说桂树可以食用，所以就被砍掉了；漆树也有用处，所以就被割得千疮百孔、伤痕累累。你说这大树没用，它却能够这么长久地存在，也没有什么东西会伤害它，这是无用还是有用？可见有时候，无用反而会有大用。

以上便是庄子在《逍遥游》里讲的这几个故事。用寓言、重言和卮言，传达了这些道理。总而言之，这篇文章充满了想象和浪漫的色彩，他把说理融于寓言和生动的比喻中，形成了独特的风格，这也是庄子哲学的一个重要特点。

全篇一再阐述他"无所待而逍遥"的主张，追求精神世界的绝对的自由，正因为如此，他更喜欢在想象的世界里，渴望"独与天地精神相往来"，期待人的精神世界可以超脱于任何束缚之外，获得"自由的飞翔"和"飞翔的自由"。按道家之意趣，无功利之心，不受任何束缚，就能够得到上述这种悠游自得的、逍遥自在的生活志趣，是一种值得期待的境界。所以"逍遥游"本质上是一种人生的审美态度。

齐物论

　　《齐物论》是庄子的又一代表篇目。在庄子的文章里,《齐物论》占据的位置非常高,被认为是《庄子》最难懂的文章,也最能体现庄子"齐万物""齐是非""齐生死""逍遥游"的核心思想。

　　先来解题。《齐物论》包含着两个意思,一个是齐万物,简称齐物,推崇万物一齐,从道的高度来看没有差别;一个是齐是非,简称齐论,强调是非一途,从道的高度来看也是没有差别的。

　　当然,要理解《庄子》,不能只局限在这个齐万物、齐是非的表面意思,因为齐万物表达的最核心的思想是万物平等,这是很伟大的思想智慧;而齐是非表达的核心思想则是宽容,强调不能总是把自己的观点强加给别人。世界万物包括人的品性和感情,看起来是千差万别的,归根到底又是齐一的,所以我们不应该总是把自己的是非强加给别人,不要认为自己高人一等。这是我们读庄子的《齐物论》时,理应得到的最核心的启示。

　　《齐物论》一文的基本逻辑是:人的看法、观点,看起来是千差万别的,但世间万物既然是齐一的,所以言论归根到底也是齐一的。就像那自然界的风,吹到各种各样的东西上,发出来声音虽然是不一样的,可是归根到底它都是风,来源是一样的。"夫吹万不同,而使其自己也,咸其自取,怒者其谁邪?"就是这个意思。在论的问题上也没有什么是非的不同，这就是齐论。齐物、齐论，合在一起就是本篇的主旨。

老子、列子和庄子，是道家的"三圣"，其核心代表人物还是老子和庄子，并称"老庄"。如果我们比较一下庄子的哲学和老子的哲学，有一点重要的不同，那就是庄子更加关注人的内心世界、精神世界。道家的哲学主要讲万物的本源，宇宙的规律，人生的境界，《道德经》更强调的是万物的本源和宇宙的规律，而《庄子》则更强调人生的境界。可以说，《齐物论》便是一篇专论"境界"的文章。不管是"境"还是"界"，其实都涉及一种宽广的问题。人生在世最容易陷入的一个误区，就是以自我为中心。倘若我们每个人都以自我为中心，那由此便会产生种种烦恼和争执。就像庄子在这篇文章里所针对的先秦时代的那么多的思想派别，儒家啊，墨家啊，等等，不都是"以是其所非而非其所是"吗？别人不同意我，那便是你错了，这就是思想上的独断论。

举一个例证，在孟子那个时代有两个流派也是显学，一个是墨子的学问，有很多的信徒、追随者；另外一个是杨朱，就是那个"拔一毛而利天下，不为也"的杨朱，他也有很多的追随者。孟子是怎么看待这两个人的呢？墨子讲求兼爱，所有人都平等友爱，孟子就说：大家都兼爱的话，你把你父亲放在哪里呢？你对你父亲应该有更高的一种爱才对。否则你这是无父啊！杨朱做一切都是为了自己，就是拔一毛而利天下也不去做，孟子就说：你把君王放在哪儿呢？你这是无君啊！

"杨氏为我，是无君也。墨氏兼爱，是无父也。"说这两个学术大咖无父无君已经够狠的了，而孟子的下一句话是什么呢？"无父无君，是禽兽也。"他把墨子和杨朱直接骂作禽兽，这不就是用自己的思想强行地去指责别人吗？这在当时是一种普遍的风气。了解了这样的一个背景，才知道在《齐物论》里为什么有那么多涉及儒墨之争的内容。在这样一个学术背景下，我们再来看《齐物论》，就能够更为清晰地了解它的意义了。

《齐物论》内容有些杂，我们分八个部分来讲解，方式依然是尽量通过文中的故事来体现《庄子》的思想。

一

南郭子綦[1]隐[2]机[3]而坐，仰天而嘘，嗒焉[4]似丧其耦[5]。颜成子游[6]立侍乎前，曰："何居乎？形固可使如槁木，而心固可使如死灰乎？今之隐机者，非昔之隐机者也。"子綦曰："偃，不亦善乎，而[7]问之也！今者吾丧我，汝知之乎？女[8]闻人籁[9]而未闻地籁[10]，女闻地籁而未闻天籁[11]夫！"

子游曰："敢问其方。"子綦曰："夫大块[12]噫气[13]，其名为风。是唯无作，作则万窍怒呺。而独不闻之翏翏[14]乎？山林之畏佳[15]，大木百围之窍穴，似鼻，似口，似耳，似枅[16]，似圈，似臼，似洼者，似污者[17]；激者，謞者[18]，叱者，吸者，叫者，譹者，宎者[19]，咬[20]者。前者唱于，而随者唱喁[21]。泠风则小和，飘风则大和，厉风济[22]则众窍为虚。而独不见之调调、之刁刁乎[23]？"

子游曰："地籁则众窍是已，人籁则比竹[24]是已。敢问天籁。"子綦曰："夫吹万不同，而使其自己也，咸[25]其自取，怒[26]者其谁邪？"

注释：

1. 南郭子綦（qí）：一说为楚昭王庶弟，字子綦，住在城南，故号南郭。
2. 隐：依凭。
3. 机：通"几"，几案。

4. 荅（tà）焉：遗弃形体的样子。

5. 耦：身，形体。

6. 颜成子游：子綦弟子，姓颜成，名偃，字子游。

7. 而：通"尔"，你。

8. 女：通"汝"，你。

9. 人籁：人吹箫管所发出的声音。

10. 地籁：风吹众窍所发出的声音。

11. 天籁：指天地间万物自鸣之声。

12. 大块：大地。

13. 噫（ài）气：饱后出气。引申为风灌众窍，满则逆出作声。

14. 翏（liù）翏：长风之声。又作"飂飂"。

15. 畏佳：通"崔崔"，山势高峻参差的样子。

16. 枅（jī）：柱上横木，此指横木上的方孔。

17. 污者：下凹的水洼。

18. 謞（xiào）者：箭射出的声音。

19. 实（yǎo）者：风吹入孔穴的声音。

20. 咬：切齿之哀切声。

21. 于、喁（yú）：风吹树动的舒缓声及前后相和的声音。

22. 济：指风过去。

23. 调调、刁刁：风吹草木晃动摇曳的样子。

24. 比竹：指并合在一起可以发出声响的、不同形状的竹管。

25. 咸：全。

26. 怒：发动。

　　这一段的核心是颜成子游和南郭子綦先生这两个名人的对话。前面说过，这叫重言。子游看着南郭子綦靠着几案而坐，仰首向天缓缓地吐着气，那离神去智的样子真好像精神脱出了躯体，就问："何居乎？形固可使如槁木，而心固可使如死灰乎？今之隐机者，非昔之隐机者也。"意思是说："这是怎么啦？形体诚然可以使它像干枯的树木，精神和思想难道也可以使它像死灰那样吗？你今天凭几而坐，跟往昔凭几而坐的情景大不一样呢。"成语"心如死灰"便出自此。

南郭子綦对子游讲的一大段话，关键是"吾丧我"——我把我自己给忘掉了，我进入到这种境界了。所谓"丧我"就是破除以自我为中心，不是什么事都从自我出发了。庄子借南郭子綦之口要讲的，是我们人类的认识有狭隘封闭的局限，所谓"井底之蛙不可以语天""蟪蛄不知春秋，夏虫不可以语冰"是也，我们受到了时间、空间乃至于多方面的限制。现在我把我自己忘掉了，这样就破除了以自我为中心的偏见，把我们人类的认识从狭隘封闭的局限中提升出来，以广大的、超脱的、开放的心灵来关照万物，来把握人类的存在。

广而言之，从老子到庄子告诉我们一件事，就是我们不要经常只以自我的眼睛来看世界，而应该以道的眼睛来看世界。以道来观察万物，这样我们就站在一个更高的角度，拥有一种更大的格局，对万事万物的评价才会有一种更加宏阔的视野，摆脱狭隘、无知与傲慢。

南郭子綦给子游举了风的例子：风有天籁、地籁、人籁的不同表现，可不管有多少种，它们都有着共同的根源。这种共同的根源，我们是没有办法去完全完美地追寻到的。如果只把其中一个表现看作是它的本源，就是对这个事物的一种误解。

《齐物论》中写风的部分很著名，被认为是绝妙好辞。老、庄都是道家代表人物，老子善写水，以水喻道；而庄子则更善写风，或者说对风更加情有独钟。在上文中庄子把声音分为三籁：一个是人籁，是指人吹箫等乐器所发出的音响；一个是地籁，是指地表各物形成孔窍发出的声音，属于自然的声音；天籁是最高的境界，所谓"泠风则小和，飘风则大和，厉风济则众窍为虚"。这是在描写了"地籁"之音后，庄子对大自然风行天下、鼓动万物这一常态所做的归纳。"山林之畏隹，大木百围之窍穴"，自然所发出的万万之声，虽各有不同，变化无常，但都是在"大块噫气"——天风——的吹荡下发出的。各物因其自然状态而自己发出的声音，是天地间声响中的一种。重点是，天籁的发声全凭自己，完全摆脱了外力的约束，是天然的，因而这种不依赖任何外力的自然声响最美，胜于地籁及人籁。这一观点反映出庄子标举自然之美，贬抑人造艺术的主张。

当然，庄子讲风的意图在于说，籁不管有地籁、天籁，其本源都是一样的。所谓"夫吹万不同，而使其自己也，咸其自取，怒者其谁邪？"意思是说，风吹孔窍发出万种不同声音，但使孔窍发声的是风自己呀。这些声音都是风造成的，怒吼声除了风声还有谁呢？风正是天籁共同的根源，虽然这共同的根源没有办法完美地追寻到，但如果只把其中的具体表现，也就是某一类声音当作根源，那就是对事物的误解了。

二

大知闲闲[1]，小知间间[2]；大言炎炎[3]，小言詹詹[4]。其寐也魂交[5]，其觉也形开。与接为构[6]，日以心斗。缦者，窖[7]者，密[8]者。小恐惴惴，大恐缦缦[9]。其发若机栝[10]，其司[11]是非之谓也；其留如诅盟[12]，其守[13]胜之谓也；其杀[14]若秋冬，以言其日消也；其溺之所为之，不可使复之也；其厌[15]也如缄，以言其老洫[16]也；近死之心，莫使复阳也。喜怒哀乐，虑叹变慹[17]，姚[18]佚启态。乐出虚，蒸成菌。日夜相代乎前，而莫知其所萌。已乎，已乎！旦暮得此，其所由以生乎！

非彼无我，非我无所取。是亦近[19]矣，而不知其所为使。若有真宰，而特不得其眹[20]。可行己信，而不见其形，有情[21]而无形。

百骸、九窍、六藏，赅[22]而存焉，吾谁与为亲？汝皆说之乎？其有私焉？如是皆有为臣妾乎？其臣妾不足以相治乎？其递相为君臣乎？其有真君[23]存焉？如求得其情与不得，无益损乎其真。

一受其成形，不忘以待尽。与物相刃相靡，其行尽如驰，而莫之能止，不亦悲乎！终身役役[24]而不见其成功，苶[25]然疲役而不知其所归，可不哀邪！人谓之不死，奚益？其形化，其心与之然，可不谓大哀乎！人之生也，固若是芒乎？其我独芒，而人亦有不芒者乎？

注释：

1. 闲闲：广博豁达。

2. 间间：明察细别。

3. 炎炎：气焰盛人。

4. 詹詹：啰里啰唆。

5. 魂交：精神交错。

6. 搆：通"构"，交合。

7. 窖：深沉。

8. 密：缜密。

9. 缦缦：神情沮丧。

10. 栝（kuò）：箭末扣弦处。

11. 司：通"伺"，伺机。

12. 盟：誓言。

13. 守：沉默。

14. 杀：肃杀。

15. 厌（yā）：通"压"，闭塞。

16. 洫（xù）：败坏。

17. 慹（zhí）：恐惧。

18. 姚：通"摇"，不稳重，轻浮躁动。

19. 近：彼此接近。

20. 朕（zhèn）：通"朕"，端倪、征兆。

21. 情：真，指事实上的存在。

22. 賅：齐备。

23. 真君：对个人而言，"真君"就是"真我""真心"；对社会而言，"真君"就是"真宰"。

24. 役役：即"役于役"。意思是被役使之物所役使。

25. 茶（nié）：疲倦困顿。

    长长的一段论述，庄子描述了人之百态。才智超群的人广博豁达，只有一点小聪明的人才会局限在细节的观察上，斤斤计较；合乎大道的言论就像猛火一样气焰盛人，而被智巧局限的言论则会琐细无绪、没完没了。他们这些人在睡着时神魂交合，醒来后身心开朗；跟外界交际呼应，整天钩心斗角。有的疏懒迟缓，有的高深莫测，有的言辞谨慎。因小的惊惧惴惴不安，因大的惊恐失魂落魄。他们说起话来，就像利箭从弩机里发射出来，既迅捷又尖刻，无端的是非正由此产生；他们将自己的心思深藏不露，像对待盟约誓言一样坚守不渝，其实是在持守胸臆，坐待胜机；他们像秋冬的草木一样衰败，这说明他们日渐消毁；他们沉湎在自己从事的各种事情里，无法再恢复到原本的情状；他们的心灵闭塞，像被绳索缚住一般，这说明他们已经衰老颓败，没法恢复生气。他们欣喜、愤怒、悲哀、欢乐，他们忧思、叹惋、反复、恐惧，他们焦躁轻浮、奢华放纵、情张欲狂、造作弄态，就像乐管里发出乐声，又像地气蒸腾成菌类。这种种情态日夜更替，却不知道是怎么萌生的。最后，庄子说：算了吧！一旦懂得这一切发生的道理，就能明白这种种情态发生、形成的原因——不正是人们以自我为中心的狭隘吗？

接下去，庄子又以人的身体举了个例子，提出了一连串的问题。他说众多的骨节、眼耳口鼻等九个孔窍、心肺肝肾等六脏，全都齐备地存在于你的身体里，你跟它们哪一部分最为亲近呢？你对它们都同样喜欢吗？还是对其中某一部分格外偏爱呢？难道每一部分都只会成为仆属吗？难道仆属就不足以相互支配了吗？还是会轮流支配对方呢？难道又果真有什么"真君"存在其间吗？这许许多多的问题发散开来，似乎找不到任何一个完满的回答，但庄子实际上想要强调的，是无论寻求到这些问题的究竟与否，那都不会对其真实的存在有任何的增益和损坏。

接下来的这句话有些伤感。"与物相刃相靡，其行尽如驰，而莫之能止，不亦悲乎！终身役役而不见其成功，苶然疲役而不知其所归，可不哀邪！"是说这人啊，跟外界环境或相互对立，或相互顺应，他们的行动全都像快马奔驰，没有什么力量能使他们止步，这不是很可悲吗？他们终身承受役使却看不到自己的成功，憔悴疲惫，不知自己的归宿在哪里，这不是很可哀吗？是啊，一辈子忙忙碌碌的，做什么呢？"役役"，做别人的奴隶，做物质的奴隶，做自己身体的奴隶。正如庄子所言，我们好像终身都在服役。然而成果在哪里？庄子说得太悲凉，我们却要正确地理解。那就是即便我们看透人生，也依然应该乐观前行，做好自己的家庭、社会角色，那便是我们的成就与归宿。

以此段中的事情推而广之，那争论不休的诸子百家，不也是如此吗？庄子以此为例，描绘了陷入自我中心误区的世人种种的心理状态和行为。大家看这些人，天天都用自己的观点攻击别人，他们所执着的我不过是假我，就像风吹万窍，却以为自己的声音是唯一的风的声音。这正是《齐物论》的核心"齐物"的观点：客观事物存在这样那样的区别，但万物一体，而且都在向其对立的一面不断转化，因而又都是没有区别的。

三

夫随其成心而师之，谁独且无师乎？奚必知代而心自取者有之？愚者与有焉。未成乎心而有是非，是今日适越而昔至也。是以无有为有。无有为有，虽有神禹[1]且不能知，吾独且奈何哉！

夫言[2]非吹也。言者有言，其所言者特未定也。果有言邪，其未尝有言邪？其以为异于鷇音[3]，亦有辩[4]乎，其无辩乎？

道恶乎隐而有真伪？言恶乎隐而有是非？道恶乎往而不存？言恶乎存而不可？道隐于小成，言隐于荣华[5]。故有儒墨之是非，以是其所非而非其所是。欲是其所非而非其所是，则莫若以明。

物无非彼，物无非是。自彼则不见，自知则知之。故曰彼出于是，是亦因彼。彼是方[6]生之说也。虽然，方生方死，方死方生；方可方不可，方不可方可；因[7]是因非，因非因是。是以圣人不由[8]而照[9]之于天，亦因是也。是亦彼也，彼亦是也。彼亦一是非，此亦一是非，果[10]且有彼是乎哉？果且无彼是乎哉？彼是莫得其偶[11]，谓之道枢[12]。枢始得其环中[13]，以应无穷。是亦一无穷，非亦一无穷也。故曰莫若以明。

以指喻指之非指，不若以非指喻指之非指也[14]；以马[15]喻马之非马，不若以非马喻马之非马也。天地一指也，万物一马也。

注释：

1. 神禹：神明大禹。

2. 言：此处指诸子的争辩。

3. 鷇（kòu）音：雏鸟破壳后的叫声。

4. 辩：通"辨"，分辨、区别。

5. 荣华：木草之花，这里喻指华丽的辞藻。

6. 方：始，随即。

7. 因：遵循，依托。

8. 不由：不用。

9. 照：观察。

10. 果：果真。

11. 偶：对，对立面。

12. 枢：枢要。

13. 环中：环的中心，指要害。

14. 指：诸子百家中名家所用概念，即指组成事物的要素。所以此句意思是：事物的要素并非事物本身，而事物的要素只有在事物内才有它的存在，故有"指之非指"的说法。

15. 马：跟上句的"指"一样，同是当时论辩的主要论题。名家公孙龙有"白马非马"之说。

齐物的观点再进一步，则是齐论：各种各样的学派和论争都没有价值。所谓"道隐于小成，言隐于荣华，故有儒墨之是非"，像儒家、墨家都是肯定对方所否定的东西，而否定对方所肯定的东西，这就陷入为对错而争对错的误区。所以庄子认为"欲是其所非而非其所是，则莫若以明"，不如用事物的本然去加以观察而求得明鉴，这种"莫若以明"的方法才是循道的认识。

在庄子看来，人生所追求和拥有的应该是真实的自我，也就是文中的真君真宰，也就是摒弃了各种偏见和成见，达到了丧我的精神境界，也就达到了道的境界。关于文中那段绕口令一样的话，我们再多解释几句：任何事物都有彼此两个方面，就像东和西一样。如果没有东，怎么去定义西？如果没有西，怎么去定义东？所以任何事物都不只是彼或此一个方面，而是都有两个方面，所以"物无非彼，物无非是。自彼则不见，自知则知之"，是说站在那边是看不见这一边的。要了解这个地方，你就要站在自己的这个角度，就是自知则知之，但这也只能了解这一面而已，只能看到彼此之间的差别。可是庄子认为，其实这两者之间是联系在一起的，分不开的。就像一个循环，没有东也就没有西，没有西也就没有东，东西可以相反却不可以相无。

世界上的事情就是这样，而且彼此之间也不是固定不变的，他们都在发展变化，所以才说"方生方死，方死方生；方可方不可，方不可方可"，生跟死也是这样，快速地变化。可以和不可以，也就是对和错也在这样不断地变化。既然世界变化这么快，那么不仅站在这个角度，是很快就转化为非，从整个发展的角度来理解也是如此。所以说"彼亦一是非，此亦一是非"，这就是庄子的相对论，物理学上也有相对论，哲学上也有相对论，这是很重要的一种思想与智慧，它反对的就是独断论。

站在哲学的角度，我们做一个总结，就是说人们把如此多的精力都放在争斗上，各家执己之词，攻击别家，庄子却认为事物有此就有彼，他把彼此的关系比喻成一个圆圈，认为二者循环往复。别人关注对错差异时，庄子认为这些差异是源自人们的成见，世界上的万事万物都存在着"彼"与"此"、"是"与"非"的关系，它们相互依存又相互转化，所以对于万事万物的评判是没有永久的、终结的和全面的结论的。是和非也都来自个人成见，因为每个人都有自己的成见，都有自己的一套是非标准，以此来肯定别人或否定别人，这种肯定与否定从事物的本性来说都是片面的。所以我们应当了解事物具有"彼"与"此"的对立性，处理事物时，不要带有个人偏见和好恶地去判断事物的是与非，应从事物的本性出发，洞察事物的本来面目，做出公正合理的结论，这就是"道通为一"。

四

可乎可，不可乎不可。道行之而成，物谓之而然[1]。恶乎然？然于然。恶乎不然？不然于不然。物固有所然，物固有所可。无物不然，无物不可。故为是举莛[2]与楹[3]，厉[4]与西施，恢恑憰怪[5]，道通为一。

其分[6]也，成[7]也；其成也，毁[8]也。凡物无成与毁，复通为一。唯达者知通为一，为是不用[9]而寓诸庸。庸也者，用也；用也者，通也；通也者，得[10]也；适得而几[11]矣。因[12]是已。已而不知其然，谓之道。

劳神明[13]为一[14]而不知其同也，谓之"朝三"[15]。何谓"朝三"？狙[16]公赋芧[17]，曰："朝三而暮四。"众狙皆怒。曰："然则朝四而暮三。"众狙皆悦。名实未亏而喜怒为用，亦因是也。是以圣人和之以是非而休乎天钧[18]，是之谓两行[19]。

古之人，其知有所至矣。恶乎至？有以为未始有物者，至矣，尽矣，不可以加矣。其次以为有物矣，而未始有封[20]也。其次以为有封焉，而未始有是非也。是非之彰也，道之所以亏也。道之所以亏，爱之所以成。果且有成与亏乎哉，果且无成与亏乎哉？有成与亏，故昭氏[21]之鼓琴也；无成与亏，故昭氏之不鼓琴也。昭文之鼓琴也，师旷[22]之枝策[23]也，惠子之据梧[24]也，三子之知几乎，皆其盛者也，故载之末年。唯其好之也，以异于彼；其好之也，欲以明之。彼非所明而明之，故以坚白之昧[25]终。而其子又以文之纶[26]终，终身无成。若是而可谓成乎？虽我亦成也。若是而不可谓成乎？物与我无成也。是故滑疑[27]之耀，圣人之所图[28]也。为是不用而寓诸庸，此之谓以明。

注释：

1. 然：这样。

2. 莛（tíng）：草茎。

3. 楹（yíng）：堂前木柱。

4. 厉：通"疠"，指皮肤溃烂，这里用来表示丑陋的人。

5. 恢恑（guǐ）憰（jué）怪：意指千奇百怪的各种事态。

6. 分：分开、分解。

7. 成：形成，生成。"成"和"分"是相对立的概念，原本的事物被分解了，就意味着新事物的诞生。

8. 毁：毁灭，毁丧。"毁"与"成"也是相对立的概念，新事物通过分解而生成了，就意味着原事物本有的状态必定走向毁灭。

9. 为是不用：为了这个缘故而不用。

10. 得：中，合乎常理。

11. 几：接近。

12. 因：顺应。

13. 神明：心思，指精神和才智。

14. 为一：认识到事物是浑然一体、不可分割的道理。

15. 朝三："朝三""暮四"和"朝四""暮三"的总和皆为"七"，说法虽然不一，却无损于实质，都归结为"一"。

16. 狙（jū）：猴子。

17. 芧（xù）：橡子。

18. 天钧：自然而均衡。

19. 两行：外在的自然世界与自我的精神世界各自发展。

20. 封：疆界。

21. 昭氏：即昭文，善于弹琴。

22. 师旷：晋平公时有名的乐师。

23. 枝策：用策击打节拍。

24. 据梧：靠着梧桐树高谈阔论。

25. 昧：指竖白的诡辩。

26. 纶：指昭文的琴技。

27. 滑（gǔ）疑：纷乱，指各种迷乱人心的辩说。滑，通"汩"，扰乱。

28. 图：亦作"啚"，疑为"鄙"字之误，表摒弃。

　　先来看下"道通为一"，庄子认为世上一切小与大、丑与美、千差万别的各种情态或各种事物，都是相通而又处在对立统一体内的，所以从道的高度出发，都具有某种共同性。

　　关于"和之以是非而休乎天钧，是之谓两行"，意思是：认识到齐是非的道理，优游自得地生活在自然而又均衡的境界里，这就叫物与我各得其所、自行发展。其实就是要站在道的高度"以道观物":对别人的做法给予宽容,用平等的方式对待万事万物。对我们人类而言,最大的问题就是人类绝对中心主义,什么都是以人类为中心,我掠夺自然、破坏自然那是应该的,我是优等民族,我歧视、杀戮"劣等民族"是理所当然的,我没有感觉到什么样的耻辱和羞耻。别忘了,"民吾同胞,物吾与也"——人类都是同胞,自然万物都是我们的朋友,这就是庄子高扬的境界:"天地与我并生,而万物与我为一!"

"朝三暮四"的故事很能帮助我们理解这"道通为一"和"行"。养猴人给猴子发橡子,说早晨发三升,晚上发四升,猴子们都发怒了;然后说早晨四升晚上三升,猴子们都高兴了。庄子说,"四加三"还是"三加四",这本质上是一样的,可是猴子有喜有怒,跟这个情况不是很像吗?庄子讲朝三暮四这个故事的本意很清楚,也很有意思。这个故事的意思就是说实质不变,可是用改换数目的方法,使人感觉到变了,使人上当了。在庄子的著作中,他多次强调这样一个问题,其实有的时候本质没变,但是做点花活,搞点推销,弄点宣传,大家却感觉不一样了。这实质上不也是一种上当受骗吗?所以庄子说:"劳神明为一而不知其同也,谓之'朝三'。"大家竭尽心力去求那个一,却不知道其本来就是相同的,就像"朝三暮四"与"朝四暮三"在总数上、本质上没有变,都是七升,只是顺序不同而已。

庄子这个比喻太好了,太有趣了!我们很容易就被引走了,只管他这个故事,而忘记他在全篇里头引用这个故事的道理。故事也要讲语境,他在这个全篇文章里引这个故事,到底要说什么呢?

《道德经》第四十二章里讲"道生一,一生二,二生三,三生万物",道就是一,一就是道最重要的特点,所以大家都遵循这个道体的一。万事万物都是由这个一所分化产生的,但是因为大家观念不同,老注意现象就被这个现象骗了。所以各家有各家的看法：儒家有儒家的看法，墨家有墨家的看法，法家有法家的看法，各种说法都不同，应用的方法也不同。被现象迷住了，就会被迷惑忘记了本原，这就是庄子要讲的重点。这个重点我们把握住了，也就明白庄子讲的这个比喻。像什么呢？就像我们大家熟悉的佛经里讲的那个"盲人摸象"的道理。大象，就是那一头，但是众盲摸象，各执一端，摸到的部位不同，对大象到底是什么的说法也都不一样。道体虽然只有一个，但因为大家都在追求这个道，理论知识越来越进步，辩论也因此越来越多，个人的私心、思想的偏见也越来越明显。最后的结论就是："是非之彰也，道之所以亏也。道之所以亏，爱之所以成。"

在庄子的文章里，经常强调我们要了解事物的本质，而不要被现象所迷惑，可实际上很多人是怎么做的呢？"道隐于小成，言隐于荣华"，这个名言太好了，是说很多人得意于小成而失大道，很多人被语言所骗，就像那猴子一样。想来我们人世也是如此，经常被甜言蜜语所欺骗，很多话明知道是假的还是喜欢听。就像有人来奉承时，明知道是给戴高帽子，但是心里还是喜欢。

正因如此，庄子才说："故有儒墨之是非。"儒家跟墨家，相互争辩，你说你对，我说我对，总是认为自己是对的，去攻击对方。庄子认为这是不高明的，不如站在一个更高的角度，用更高的智慧来对待这个事情。否则，彼此都拼命争论这个是非，都想让自己的是非被别人所接受，老想让自己这个东西说得越来越明白，可最终却在岔路上越跑越远，也就越来越偏离了大道，就会像下文说的"滑疑之耀"一样。

本段中最后一节，要理解得具备些哲学修养，是说这万物的两面是会相互转换的，事物总是处于运动变化中。《老子》说"反者道之动"，意思是万事万物都有向相反方向运动变化的力量,到了一个极端之后就会反其道而行,沿着另外一个方向前进,这就是我们常说的物极必反。物极必反的思想是道家思想的精髓,道家思想不仅是一种辩证的思想,看到了事物的两面性,并且两个方面是对立和统一的,更重要的是它看到了事物的两个方面是会相互转换、时刻都在运动变化的,而这种运动变化的规律就是"势"。所以要顺势而为,这非常重要。庄子在《齐物论》中对这种思想进行了生动细致的阐释:

"古之人,其知有所至矣。恶乎至?有以为未始有物者,至矣,尽矣,不可以加矣。其次以为有物矣,而未始有封也。其次以为有封焉,而未始有是非也。是非之彰也,道之所以亏也。道之所以亏,爱之所以成。"这段话是说:"古时候的人,他们的智慧达到了最高的境界。如何才能达到最高的境界呢?那时有人认为,整个宇宙从一开始就不存在什么具体的事物,这样的认识最了不起,最尽善尽美,而无以复加了。其次,认为宇宙之始是存在事物的,可是万事万物从不曾有过区分和界限。再其次,认为万事万物虽有这样那样的区别,但是却从不曾有过是与非的不同。是与非的显露,对于宇宙万物的理解也就因此出现亏损和缺陷,理解上出现亏损与缺陷,偏私的观念也就因此形成。"进一步了解则应知,有人认为万物存在,可是万物从不曾有过区分和界限。再进一步,有人认为万事万物虽有这样那样的区别,但是却从不曾有过是与非的不同,也没有高下的区别。

《庄子》接着举例:昭文善于弹琴,师旷精于乐律,惠施乐于靠着梧桐树高谈阔论,这三位先生的才智可以说是登峰造极!正因为他们都享有盛誉,所以他们的事迹得到记载并流传了下来。但是这样就可以称为成功吗?毕竟有些不该被彰明的东西彰明于世。而这昭文的儿子虽然继承了父亲的事业,却终生都没有什么作为,这样的话,可以称作成功吗？若是算成功，我这样没有成就的人，也可以说是成功了。若是像他们这样劳神费力获得成就的不可以称作成功的话，那么，无论是他们还是我这样的人都不能称之为成功。

为什么会这样说呢？在庄子看来，判定昭文等人成功的标准是出于对弹琴、音律及辩论的喜爱，其结论必然带有一定的局限性。像庄子这样喜爱一事无成的呢？是不是就可以认定最一事无成者就是成功的人呢？

进而言之，庄子认为，人生之事，其实都无所谓成功不成功，终成过眼云烟，所谓"是非成败转头空"是也，这些表象都是靠不住的。那么，人生到底该追求什么呢？庄子给的答案是："是故滑疑之耀，圣人之所图也。"

所谓"滑疑之耀"，是说那些惊世骇俗的理论。而这些令人迷乱的东西，圣人是不允许它存在而危害于世的。个人爱辩论，可以。但要强加于别人，强行推动自己无聊的爱好，成为天下人的爱好，那就不好了。总之，庄子认为，比如公孙龙的《坚白论》一类各种迷乱人心的巧说和炫耀性的辩言，都是圣哲的人所鄙夷、摒弃的。各种无用均寄托于有用之中，我们不应该执着于成功不成功这样平庸的道理，而是要用清明的心去理解和观察，以平等、宽容、达观之心，超越"滑疑之耀"，达到"与道合一"。

五

今且有言于此，不知其与是类[1]乎，其与是不类乎？类与不类，相与为类，则与彼无以异矣。虽然，请尝言之。有始也者，有未始有

始也者，有未始有夫未始有始也者。有有也者，有无也者，有未始有无也者，有未始有夫未始有无也者。俄而有无矣，而未知有无之果孰有孰无也。今我则已有谓矣，而未知吾所谓之其果有谓乎，其果无谓乎？

天下莫大于秋豪[2]之末，而大山[3]为小；莫寿于殇子[4]，而彭祖为夭。天地与我并生，而万物与我为一。既已为一矣，且得有言乎？既已谓之一矣，且得无言乎？一与言为二，二与一为三。自此以往，巧历[5]不能得，而况其凡乎！故自无适有，以至于三，而况自有适有乎！无适焉，因[6]是已。

夫道未始有封[7]，言未始有常[8]，为是而有畛[9]也。请言其畛：有左有右，有伦有义[10]，有分有辩，有竞有争，此之谓八德[11]。六合[12]之外，圣人存而不论；六合之内，圣人论而不议。春秋经世先王之志，圣人议而不辩。故分也者，有不分也；辩也者，有不辩也。曰：何也？圣人怀[13]之，众人辩之以相示也。故曰：辩也者，有不见也。

夫大道不称[14]，大辩不言，大仁不仁，大廉不嗛[15]，大勇不忮[16]。道昭而不道，言辩而不及[17]，仁常而不成，廉清而不信，勇忮而不成。五者园而几向方矣[18]。故知止其所不知，至矣。孰知不言之辩，不道之道？若有能知，此之谓天府[19]。注焉而不满，酌焉而不竭，而不知其所由来，此之谓葆光[20]。

注释：

1. 类：同类、相同。
2. 豪：通"毫"，毫毛。常以秋毫之末喻事物微小。
3. 大山：泰山。
4. 殇子：未成年而死的人。

5. 历：历数，计算。

6. 因：顺应。

7. 封：界线。

8. 常：定论。

9. 畛（zhěn）：田间界路，引申为界限。

10. 义：通"仪"，等级。

11. 八德：八种。

12. 六合：天、地和东、西、南、北四方。

13. 怀：指有道的胸怀，不区分物我和是非的界限。

14. 称：宣扬。

15. 嗛（qiān）：通"谦"，谦逊。

16. 忮（zhì）：伤害。

17. 不及：达不到。

18. 园而几向方矣：求圆却近似于方，比喻事与愿违。

19. 天府：宇宙。

20. 葆光：藏光而不露。

本段的核心，一个是关于"大小之辩"。文中讲，天下最大的是什么呢？是秋毫之末，就是秋天时草叶干枯后的那个末梢。而天下最小的是什么呢？是泰山。大家一听就很惊讶。他还说，刚出生就死去的小孩寿命最长，而传说中有八百岁的彭祖，反而算作夭折。

庄子为什么要讲这些有违常识的话？他其实是在强调从道的角度来看，这两者差别不大。因为"天地与我并生，而万物与我为一"，只要我们活着，就跟天地一样永存。人的生命，也是精神不灭的，也在不断地流转。万物和我是一样的，与我是平等为一的。既然都一样了，都统一到道那里了，还用得着那么多的争论吗？儒也罢，墨也罢，法也罢，用得着那么多的废话吗？站在更高的角度来理解，以达到和天地并生、与万物为一，这就是庄子的放言，这就是庄子的奇言，意义是让我们能有更广阔的胸襟。

人只要存在了，生命的质量是最重要的，而并不在于活了多久。人跟万物合一了，也就能够把万物当作自己的朋友，并没有高低贵贱之分。所谓"以道观之，物无贵贱"，我认为庄子的《齐物论》，"齐物"讲的是平等，"齐论"讲的是不把自己的对错强加给别人，这才是"齐物论"的真谛。

第二个核心是"葆光"，这可看作是《道德经》第五十八章"光而不耀"的进一步展开。两者意思都是隐蔽其光，比喻才智藏而不露。

"葆光"里面强调三点：一是和光同尘。《道德经》第四章和第五十六章中都有"挫其锐，解其纷；和其光，同其尘"，我们之前讲过，这种重复出现的句子就是重点，所以要细细品味。举两个例子说明一下：第一个，"水至清则无鱼，人至察则无徒"，在特别清澈干净的水里，是没有鱼的，鱼生存需要的微生物、动植物这些条件什么都没有，被捕捉的风险还大大增加了，哪儿还有鱼呢？人也是如此啊，对别人过分严厉苛刻，就没有同伴了，所以要和光同尘。再举一例，我们都知道伟大的爱国诗人屈原，他仕途失意，一天，他在江畔感慨："举世皆浊我独清，众人皆醉我独醒。"这世上的人都是污浊的，只有我是清白正直的。大家都喝醉了，只有我是清醒的。旁边的老渔翁听了就唱了首小歌："沧浪之水清兮，可以濯吾缨；沧浪之水浊兮，可以濯吾足。"水干净的时候可以用来洗我的冠缨，冠缨就是指帽带，水浑浊的时候呢，可以用来洗我的脚，讲的也是要能够审时度势，外圆而内方，同流而不合污，要学会"混兮其若浊"。

二是韬晦。"韬",剑衣也(《说文解字》),也就是宝剑的剑鞘。"晦"就是把光芒隐藏。一把明晃晃的宝剑放入了剑鞘,不单是为了保护它,更重要的是隐藏其光芒,不到关键的时候不要拔出来。一旦脱颖而出的时候,就要保证它一击必中。所以平时要把锋芒收敛起来,要懂得深藏不露。

三是"用其光,复归其明"。用道的光芒,来了解具体事物中的规律、规则,复归到事物光明的、明智的状态,我们才能走在光明的大道上。

当然,光而不耀也罢,葆光也罢,首先是要有光,没有光想耀也耀不成。其次,不管我们有什么,德也罢,财也罢,才智也罢,都不要老想着去张扬炫耀。正如《道德经》第二十七章和第三十八章所云"善行无辙迹""上德不德,是以有德",真正有德的人,做有德之事也从不张扬炫耀,这就是道家的"光而不耀"和"葆光"的重要内容。

上文中有名句值得一记。"夫大道不称,大辩不言,大仁不仁,大廉不嗛,大勇不忮。道昭而不道,言辩而不及,仁常而不成,廉清而不信,勇忮而不成。五者园而几向方矣。"意思是:最了不起的大道是不必言说的,因为真理完全表露出来的时候,就不算是真理了;最了不起的辩说就是不去辩说,因为再能言善道也总有表达不到的地方;最具仁心的人是不必向人表示仁爱的,因为仁爱之心经常流露,反而成就不了仁爱;最廉洁清正的人是不必表示谦让的,因为廉洁到清白的极点,反而显得不太真实;最勇敢的人是从不伤害他人的,勇莽到了随处伤人的地步,也就不能称为真正勇敢的人了。庄子列举了这五种情况,告诉我们这样的行为就好像本来是想要求圆,最后却几乎成了方,反而背道而驰了。这讲的,其实也是葆光之道。

六

　　故昔者尧问于舜曰："我欲伐宗、脍、胥敖[1]，南面而不释[2]然，其故何也？"舜曰："夫三子者[3]，犹存乎蓬艾[4]之间。若不释然，何哉？昔者十日并出[5]，万物皆照，而况德之进乎日者乎？"

　　啮缺问乎王倪[6]曰："子知物之所同是乎？"曰："吾恶乎知之！""子知子之所不知邪？"曰："吾恶乎知之！"

　　"然则物无知邪？"曰："吾恶乎知之！虽然，尝试言之。庸讵[7]知吾所谓知之非不知邪？庸讵知吾所谓不知之非知邪？且吾尝试问乎女：民湿寝则腰疾偏死[8]，鳅然乎哉？木处则惴栗恂惧[9]，猿猴然乎哉？三者孰知正处？民食刍豢[10]，麋鹿食荐[11]，蝍蛆[12]甘带[13]，鸱鸦耆鼠，四者孰知正味？猿猵狙以为雌[14]，麋与鹿交，鳅与鱼游。毛嫱、丽姬[15]，人之所美也，鱼见之深入，鸟见之高飞，麋鹿见之决骤。四者孰知天下之正色哉？自我观之，仁义之端，是非之涂，樊然[16]殽乱，吾恶能知其辩！"

　　啮缺曰："子不知利害，则至人固不知利害乎？"王倪曰："至人神[17]矣！大泽焚而不能热，河汉冱[18]而不能寒，疾雷破山、飘风振海而不能惊。若然者，乘云气，骑日月，而游乎四海之外，死生无变于己[19]，而况利害之端乎！"

注释：

1. 宗、脍、胥敖：国名，皆是小国家。

2. 释：通"怿"，喜悦。

3. 三子者：上述三国的国君。

4. 蓬艾：两种草的名字。"存乎蓬艾之间"比喻国微君卑，不足与之计较。

5. 十日并出：古代有十日并出的寓言，比喻阳光普照世间。

6. 啮（niè）缺、王倪：传说中的古代贤人，在《庄子》里，啮缺是许由的老师，王倪是啮缺的老师。

7. 庸讵：怎么。

8. 偏死：偏瘫，即半身不遂。

9. 惴栗恂惧：四字都表恐惧之意。

10. 刍豢：用草喂养，这里代指家畜、牲口。

11. 荐：美草。

12. 蝍蛆（jí jū）：蜈蚣。

13. 甘带：以小蛇为食。带，小蛇。

14. 猿猵（biān）狙以为雌：即"猿以狙猵为雌"。猵狙，一种类似猿猴的动物。

15. 毛嫱、丽姬：皆是古代著名美人。

16. 樊然：杂乱的样子。

17. 神：神妙不可测。

18. 沍（hù）：冻结。

19. 无变于己：对于自己全无变化。

《齐物论》最后由数个小故事组成，虽然都不长，却都很有趣味与哲理。

品味第一个故事，"尧与舜的对话"。尧对舜讲："宗国、脍国、胥敖这三个小国家连年没有给我进贡，当我不存在一般，我一想这件事，心里就不舒畅，因此我想举兵把他们拿下，你说我这种想法对吗？"

来看看舜怎么回答的："这三个小国家，不堪一击，他们只是偏安一隅，以为你忘记或忽略了他们呢。你心里不舒服，那是你自己的原因，心胸格局不够开阔。我听说很久以前有古老的文明世纪，那时有十个太阳，阳光普照万物，泽被大世界，天下没有你争我夺的现象，都是安分守己。虽然现在太阳只有一个了，但是人的天性大于一切，何况你崇高的德行已经远远超过了太阳的光亮呢！"

舜的意思是说，人的德性比普照万物的太阳的能量还要大，应该以道以德服人，不要小看任何一个国家，不能骄横自大，刚愎自用，更不能动不动就发动战争凌辱弱小。反对战争，热爱和平是道家思想的突出贡献，《道德经》第三十章有云："师之所处，荆棘生焉；大军之后，必有凶年。"老子如此，庄子也是如此。

第二个故事是高人啮缺与他的老师王倪的对话。啮缺问王倪："你知道各种事物相互间总有共同的地方吗？"王倪说："我怎么知道呢！"啮缺又问："你知道你所不知道的东西吗？"王倪回答说："我怎么知道呢！"啮缺接着又问："那么各种事物便都无法知道了吗？"接下来，借助王倪的回答，庄子再一次表达了自己的齐物齐论的观点。

他认为，世间万物都是一种对立统一的存在，但具体到个体的存在上，则表现出对立性、差异性。人们看问题，评判是非美丑也是对立的，有差异的。例如，人吃豢养的动物，鹿吃草，蜈蚣吃蛇，猫头鹰喜欢吃老鼠。那么，对于人、鹿、蜈蚣和猫头鹰，究竟什么是真正的美味呢？又如猿猴把猕猴当妻子，麋喜欢与鹿交配，泥鳅与鱼相好。然而面对美女毛嫱与丽姬，鱼要潜入深水里，鸟要高飞入云天，麋鹿要急速远去。那么，对于猿猴、麋、泥鳅和人，究竟什么是真正的美貌呢？所以，观察问题的角度不同，立场观点不同，看法也不相同，没有一个统一的答案和结论。从万物的角度看，万物都是暂时的、有所依赖的，所以其对立性、差异性是暂时的、相对的。

但庄子也明确指出，在万物共同的"道"那里，这种对立性、差异性是统一的，因为道是永恒的、无所依赖的，所以道的统一性是绝对的，所以得道的至人，能泰山崩于前而不变色，能宠辱不惊，能"死生无变于己"。

七

瞿鹊子问乎长梧子[1]曰："吾闻诸夫子[2]：'圣人不从事于务，不就利，不违[3]害，不喜求，不缘道[4]，无谓有谓，有谓无谓，而游乎尘垢之外。'夫子以为孟浪[5]之言，而我以为妙道之行也。吾子以为奚若？"

长梧子曰："是黄帝之所听荧[6]也，而丘也何足以知之！且女亦大早[7]计，见卵而求时夜[8]，见弹而求鸮[9]炙。

"予尝为女妄言之，女以妄听之。奚[10]旁日月，挟宇宙，为其吻合，置其滑涽，以隶[11]相尊？众人役役[12]，圣人愚芚[13]，参万岁[14]而一成纯[15]。万物尽然，而以是相蕴。

"予恶乎知说[16]生之非惑邪！予恶乎知恶死之非弱丧而不知归者邪！丽之姬，艾封人[17]之子也。晋国之始得之也，涕泣沾襟；及其至于王所，与王同筐床[18]，食刍豢，而后悔其泣也。予恶乎知夫死者不悔其始之蕲生乎！

"梦饮酒者，旦而哭泣；梦哭泣者，旦而田猎。方其梦也，不知其梦也。梦之中又占其梦焉，觉而后知其梦也。且有大觉而后知此其大梦也。而愚者自以为觉，窃窃然知之。君乎，牧乎，固哉！丘也与女，皆梦也；予谓女梦，亦梦也。是其言也，其名为吊诡。万世之后而一遇大圣，知其解者，是旦暮遇之也。"

"既使我与若[19]辩矣，若胜我，我不若胜，若果是也，我果非也邪？我胜若，若不吾胜，我果是也，而果非也邪？其或是也，其或非也邪？其俱是也，其俱非也邪？我与若不能相知也，则人固受其黮[20]暗，吾谁使正之？使同乎若者正之，既与若同矣，恶能正之？使同乎我者正之？既同乎我矣，恶能正之？使异乎我与若者正之？既异乎我与若矣，恶能正之？使同乎我与若者正之？既同乎我与若矣，恶能正之？然则我与若与人俱不能相知也，而待彼也邪？

"何谓和之以天倪？曰：是不是，然不然。是若果是也，则是之异乎不是也亦无辩；然若果然也，则然之异乎不然也亦无辩。化声[21]之相待，若其不相待，和之以天倪[22]，因之以曼衍，所以穷年也。忘年忘义，振于无竟[23]，故寓诸无竟。"

注释：

1. 瞿鹊子、长梧子：杜撰的人名。

2. 夫子：这里指孔子。

3. 违：避开。

4. 不缘道：不拘于道。

5. 孟浪：轻率浪荡。

6. 听荧（yíng）：疑惑不明。

7. 大早：太早。

8. 时夜：司夜，即报晓的鸡。

9. 鸮（xiāo）：斑鸠，一种肉质鲜美的鸟。

10. 奚：何不。

11. 隶：奴仆，这里指地位卑贱。

12. 役役：一心忙于分辨所谓的是非。

13. 苞（chūn）：谨厚貌。

14. 参万岁：糅合了历史的长久变化与浮沉。

15. 纯：精纯，指不为纷乱和差异所乱。

16. 说（yuè）：通"悦"，喜悦。

17. 封人：守封疆的人。

18. 筐床：即匡床，一种方正安适的床。

19. 若：你。

20. 㘈（dàn）：通"暗"。

21. 化声：变化的声音，这里指是非不同的言论。

22. 天倪：天然的分际。

23. 竟：通"境"，境界、境地。

品味第三个故事，其中有段话非常经典："且女亦大早计，见卵而求时夜，见弹而求鸮炙。予尝为女妄言之，女以妄听之。奚旁日月，挟宇宙，为其吻合，置其滑涽，以隶相尊？众人役役，圣人愚芚，参万岁而一成纯。万物尽然，而以是相蕴。"成语"见卵求鸡""妄言妄听"的出处便是这儿。

庄子借长梧子之口，批评瞿鹊子谋虑得太早了些，就像见到鸡蛋便想立即得到报晓的公鸡，见到弹丸便想立即获取烤熟的斑鸠肉一样，心太急了。为什么不依傍日月，怀藏宇宙，跟万物吻合为一体，置各种混乱纷争于不顾，把卑贱与尊贵都等同起来呢？在庄子看来，人们总是忙于争辩是非，可真正的圣人却从不这样。他们看上去好像愚昧而又无所觉察，其实却糅合了古往今来多少的变异与沉浮，自身早已浑然一体，不为纷杂的世间所困扰。庄子认为万物全都是这样，而且因为这个缘故，会相互蕴积于浑朴而又精纯的状态之中。

紧接着，又举了骊姬的例子。这个骊姬的父亲是艾地的守封疆人，晋国征伐俘获她的时候，她哭得泪水连衣襟都浸透了。可等她到了晋国，进入王宫，跟晋侯同睡在一张床上，被宠幸为夫人，吃上无数美味珍馐的时候，也就开始后悔当初那么伤心地哭泣了。如果我们做事之前，都像骊姬一样有自己的立场和预判，到最后却不一定如自己当初所想，那究竟孰是孰非呢？

瞿鹊子与长梧子的对话，依然是"齐是非"观点的举例，其直接目的是针对儒墨的是非争辩，其哲学意义是真理的标准问题。争辩的双方，各持某一观点的对立面，这时该如何判定其胜负对错呢？即便驳得对方哑口无言，似乎是此方胜了，那么，问题来了，一个是谁来判定胜负？二是判定赢的一方，就代表了真理吗？是啊，彼此判定不了，只好找"裁判"，但他也必然有自己的立场。如果他的立场是偏向于任何一方的，就根本没法做到公正。如果这位裁判另有一套观点，和双方都不一样，就能做到公正吗？也不成。他会认为双方都错了！他要是觉得双方观点都对，这就更难服众了。

其实，本段最后的一连串的反问，并非简单地要否定真理是非判定的可能性，其真正意图必须结合《齐物论》全文，甚至《庄子》全文来理解。开篇我就说过齐物论的含义：一是齐物之论，所谓"天地与我并生，而万物与我为一"；二是齐论之论，所谓"和之以是非，而休乎天钧"的两行。本篇谈的正是齐论，是在批判儒墨是非争执，各是一偏之见后，是要超出儒家与墨家的观点，以道齐论，至少不把自己的观点强加给对方。

在《庄子》全文中，这类故事还有很多，比如《养生主》中的"泽雉"，《至乐》篇的"鲁侯养鸟"等。在讲解逐渐展开后，我们就会越来越看清庄子"齐论"，也就是"齐是非"的深远智慧。

八

罔两[1]问景[2]曰："曩子行，今子止；曩子坐，今子起，何其无特操[3]与？"景曰："吾有待而然者邪？吾所待又有待而然者邪？吾待蛇蚹[4]蜩翼邪？恶识所以然？恶识所以不然？"

昔者庄周梦为胡蝶，栩栩[5]然胡蝶也。自喻[6]适志[7]与，不知周也。俄然觉，则蘧蘧[8]然周也。不知周之梦为胡蝶与，胡蝶之梦为周与？周与胡蝶，则必有分矣。此之谓物化[9]。

注释：

1. 罔两：影子之外的微阴。

2. 景：影子。

3. 操：操守。

4. 蚹：蛇腹部下横鳞，赖以行走。

5. 栩栩：欣然自得。

6. 喻：通"愉"，愉快。

7. 适志：合乎心意。

8. 蘧（qú）蘧：惊惶。

9. 物化：事物的转化。

罔两是影外重影，必须依附影子而存在；影子又要依附形体才能存在，因此罔两和影子的存在，都是有所待的。也就是要有先决条件才能成立的意思，就像大鹏要有风才能怒而飞一样。

这里的罔两用来比喻人心，景则是用来比喻人心所依附的外物。罔两问影子为什么不能特立独行，又不能自觉自身依附于影子，好比人心依附外物而生出分别，却不能自知一般。影子明白自身依附的道理，并且举出了蛇蚹蝉蜕的事例，来说明万事万物皆有所依附，层层相因，终极则不可知。

寓言中影子对罔两的问题以"不可知"作答，就庄子哲学整体而言，"不可知"却暗示最终无所依附的"浑沌"的自然之道。庄子的这则寓言，旨在讽喻人原是依附于世界的一分子，却不自知。如果人能觉悟出人心有所依附，进而超越自己的执见，便能从依附分别中解脱出来，体悟所依附的自然之道，理解齐物、齐论和齐生死的道理。

最后一个故事就是著名的"庄子梦蝶"。唐朝李商隐《锦瑟》有云："锦瑟无端五十弦，一弦一柱思华年。庄生晓梦迷蝴蝶，望帝春心托杜鹃。沧海月明珠有泪，蓝田日暖玉生烟。此情可待成追忆，只是当时已惘然。"诗中最著名的句子就是"庄生晓梦迷蝴蝶，望帝春心托杜鹃"。

在中华文化中，特别是在我们的诗词中，庄生梦蝶可是被津津乐道的一个寓言故事。它讲述了庄子梦见自己变成一只自由飞舞的蝴蝶，沉醉于美妙梦境。醒后回味中的庄子，分不清是自己做梦变成了蝴蝶，还是蝴蝶做梦化为自己。各位一听，就会觉得是蛮奇怪的一个事情，怎么有人会这样想问题呢？其实，正是这样想问题，才会把我们引入到一个哲学的高度来研究我们的人生。因为一般人有这样一梦，想的一定会是我梦见蝴蝶了，怎么会是蝴蝶梦见我呢？这样想问题的人不是荒唐吗？为什么庄子会这样想呢？我们来研究一下。

这段寓言中的"俄然觉"，是突然醒了，还是梦里突然感觉到了？"不知周之梦为胡蝶与，胡蝶之梦为周与？"也不知道到底谁梦见谁了。虽然这两个问题的答案都不清楚，但可以肯定的是自己和蝴蝶必有分别，然而这分别又在梦里化为一体，周与蝴蝶最后"道通为一"了。庄子通过这个例子，其实是在说物和我当然是有界限的，但这个界限却是可以消融的，那就是主观精神和客观世界的交融。这也是道家推崇的一个很高的境界，叫作"物化"。《齐物论》里这个重点内容，是庄子通过梦蝶这个故事引申出来的。

庄子在这里用寓言形象地说明他"物化"的意境，是说生和死、醒和梦，以及一切事物间的差别都是相对的，因为他们都是由道变化出来的，不同的物象本源是一样的，所以在根本上是完全一致的。他们之间没有生死差别，他和我之间的区分也没有必要去追究了。后人还老在追究到底是庄周梦为蝴蝶，还是蝴蝶梦为庄周，其实在庄子那里，这都是我们没有必要也无法去追究清楚的事情。

从哲学的角度来讲，首先是"必有分"。注意，庄周梦蝶中的蝴蝶与庄周之间的物化，与这个虫变为蝴蝶具有不同的意义。从虫子变为蝴蝶，这是一个事物发展必然会经历的阶段。但是庄子梦见蝴蝶却是"必有分"，因为蝴蝶和庄周是两个独立的主体。我们不会想是蝴蝶梦见了我们，是因为我们认为自己比蝴蝶等级高得多，蝴蝶没有意识，没有思想，所以只能我们梦见它，而不能它梦见我们。但庄子在齐物的这个前提下，他认为这两个存在都是主体，这两个独立的主体互变才是庄子所言的物化。

听出这个话的妙处了吗？怎么样才能让我们和万事万物平等？怎么样才能不伤害自然？其实大自然就是我们的朋友，蝴蝶这样的小东西也是一个宝贵的小生命，有这样的认知就不会轻易地把它消灭掉。爱自然的人都是善良的，因为他也尊重自然的生命。这是更高的万物的平等，这样做才能真正地热爱自然。

这段话里的"自喻适志"描写的就是一种主客冥合为一体的状态。庄周在梦的这一荒诞的情境中，体会到了成为蝴蝶的实感，确实感觉我庄周变成蝴蝶了，还在栩栩然而飞。这千秋一梦的奥妙是什么呢？就是万物与我并不相对立，我与万物可以互为主体，万物平等且彼此相通相化，人可以化作怒放的花，可以变成优游的鱼，当然也可以成为栩栩然的蝴蝶。庄子认为它们也会这样，这样就将万物之间的差别融合掉了，这是真正的更高级、更哲理的平等。

如果我们把问题展开一点，从《秋水》篇庄子与惠子那段在濠梁之上的争辩来看这个问题，就会更好地理解庄子的心思。那段"子非鱼，安知鱼之乐也"和"子非我，安知我不知鱼之乐也"的争辩，道理不也在这吗？庄子和惠子关于鱼之乐根本的分歧，就是他们对知的理解不同：惠子是一个逻辑上的知，这两者之间的界限是不可以抹平的；可庄子立场中的知并不是认知意义上的知，而是一种人与外界事物的通感。你可以理解鱼的自由自在，可以理解大鹏的扶摇直上九万里，这个世界才变得生动有趣吧？如果只按逻辑来理解这个世界，这个世界不就变成一片沙漠了吗？那还有艺术家什么事，还有诗人什么事呢？诗让我们有一种回家的感觉。在诗人和艺术家那里，皆是如此，和万物融合，也就是物化的、天人合一的境界。

庄子的物化虽是从万物的变化谈起，但本质上却是通过"化"，在物我之间建立起一种关联与感通，物和我互为主体的过程，形成一种独特的审美意识，为中国式的移情提供了理论基础。庄子的物化还展现出物我交融的一种忘我的精神状态，这体现了道家天人合一的生命境界。在《庄子·刻意》篇里，他就把物化理解为物我界限消解、万物融合为一的状态，就像我们刚才讲的那个濠梁之辩。

"物化"当然有趣，但如果化得连自己都找不着了，这也不是庄子的观点。在《知北游》这篇文章里，庄子讲到一个很妙的观点，叫"外化而内不化"。外化，是心与物化而内心无主。如果在物化之途上不得复返，最终走向了异化，那就是把自己弄没了，找不到了。反之呢？如果在物化的洪流中能够定于内外之分，做到形化而心不化，"物物而不物于物"，巧妙地运用万事万物却不为它所左右，不被它所主宰，才能重新找回人的精神生命。

庄子本身就是一个例证，他个性鲜明、独往独来，就是他找回自己的精神生命的典范。从这里也可以理解庄子的观点，表面上随波逐流，实际上坚守本心，获得了天地与我并生、万物与我为一的精神体验，从而实现与道同体的人生追求。

《齐物论》中的"天地与我并生，而万物与我为一"的观念，是庄子哲学的一个很伟大的思想。为什么老强调这个？我们中国人并没有严格的宗教信仰，那我们用什么来取代这个宗教的位置呢？我觉得道家里讲的，特别是庄子讲的这个"天地与我并生，而万物与我为一"的观念，是没有任何宗教背景而产生，却是比宗教更伟大的思想。当我们的心境扩展到无穷大时，当天地万物与我结合为一时，自然就会与天地精神往来，自然就会与造物者为友。我觉得此句的气魄比慈悲心、仁心或博爱心更为宏大，更为接近自然而然。有这样的情怀，便不需要类似宗教中的极乐世界或天堂作其假借。

再引一次《道德经》第四十二章的话："道生一，一生二，二生三，三生万物。"道就是一，就是"万物与我为一"的"一"，把握住了这个"一"，也就超脱出了大和小，也就随时能大能小，如同天上的神龙，不再有拘泥和束缚，这就是冯友兰在《中国哲学简史》中说的"天地境界"。

广而言之，这是中国文化追寻的共同境界，并非庄子一人之说。宋代大儒张载有云"民吾同胞，物吾与也"，说百姓都是我的同胞，大家都是平等的，那么万事万物都是我们的朋友。这是站在儒家的立场，也在重申同样一个伟大的理论：天地与我并生，而万物与我为一。

概而言之,《齐物论》通过南郭子綦的"吹万""朝三暮四"与"朝四暮三""庄生梦蝶"等故事来展开议论,来讲述非常深刻的思想与智慧。我们学习庄子的文章时也要如此,通过故事理解庄子以小见大的博大的思想与情怀。

养生主

  《养生主》是庄子谈养生之道的文章。"主"的意思是关键所在，"养生主"的意思就是养生的主旨和要领。

  庄子此文重点不在养生之术，而是养生之道：顺应自然，了解规律，不为外表所惑，不为外物所伤，方能游刃有余，养神养生。

  全文分为三个部分。第一部分是全篇的总纲，指出养生最重要的是什么。简单说就是"缘督以为经"，从哲学上说就是秉承事物中虚之道，顺应自然的变化与发展。

  第二部分是以著名的"庖丁解牛"的故事比喻人之养生之道，说明处世、生活都要认识事物本质，遵循事物的规律，从而避开各种纷纷扰扰的是非和矛盾的纠缠。

  第三部分说明有智慧的人不为外物所滞所伤，能够外圆内方、与世推移，于人世间能安时处顺、乘物游心的生活态度。这部分体现了庄子的哲学思想和生活旨趣。

  和庄子其他汪洋恣肆、气象万千的风格不同，这篇文章很接地气。当然，文章描写生动形象，细节刻画精细入微，寓说理于故事之中，意趣横生方面依然是庄子文风，且很有哲理和启发意义。

一

吾生也有涯，而知也无涯。以有涯随无涯，殆[1]已！已而[2]为知者，殆而已矣！为善无近名[3]，为恶无近刑。缘督[4]以为经，可以保身，可以全生[5]，可以养亲，可以尽年[6]。

注释：

1. 殆：危险。
2. 已而：既然这样。
3. 近名：指得到名誉。
4. 督：中，指处于中间的虚空之道。
5. 全生：保全天性。
6. 尽年：颐养天年。

这段话是《养生主》全篇的总纲，开篇便说我们生命有限，但知识却是无限的，用我们有限的生命去追求无限的知识，势必体乏神伤，是十分危险的事情。进一步讲，自以为掌握了无限的知识而沾沾自喜，把有限的认识当作无限的、全面的认识，就更危险了。在庄子看来，这都不是真正的养生全神之道。那该怎么办呢？庄子提出这段话的纲要"缘督以为经"。

关于"缘督以为经"的解释，可从道家总体思想来理解，其关键是四个字：初心，中正。在古语中，"督"是"俶"的通假字，《尔雅·释诂篇》中所说，"俶，始也"。因此在《庄子·养生主》篇中，"缘督以为经"的第一层含义就是"缘俶以为经"，也就是道家强调不忘初心而"返璞归真"的理念。所谓"反者道之动"，在养生之道中，人也应该逐步回归本初的自然混沌之境界,能做到像《道德经》第十章所说的"载营魄抱一,能无离乎?专气致柔,能如婴儿乎?"的状态。至于这句话的第二层含义则比较容易理解,督脉在人体居中,所谓的"缘督"也就有了遵从中正之道的含义,也就是庄子在《齐物论》篇中说的"得其环中"的意思,并把它作为顺应事物的常法,这就可以"以应无穷",也就是可以护卫自身,可以保全天性,就可以不给父母留下忧患,就可以终享天年。

庄子的养生之道,首先是要顺应自然之道,这才是大的养生的要领。整天纠结于一些所谓的养生之术,老是为这些小的东西所困扰,不是真正的养生之大道。

怎么来把这道理进一步地说明呢?庄子接下去就讲了《养生主》里的第一个故事——庖丁解牛。

二

庖丁[1]为文惠君[2]解牛[3],手之所触,肩之所倚,足之所履,膝之所踦[4],砉然[5]向然,奏刀騞然[6],莫不中音,合于《桑林》[7]之舞,乃中《经首》[8]之会[9]。

文惠君曰:"嘻,善哉!技盖[10]至此乎?"

庖丁释刀对曰:"臣之所好者道也,进[11]乎技矣。始臣之解牛之时,所见无非全牛者;三年之后,未尝见全牛也。方今之时,臣以神遇而不以目视,官知[12]止而神欲行。依乎天理[13],批大郤[14],导大窾[15],因其固然[16],技经[17]肯[18]綮[19]之未尝,而况大軱[20]乎!良庖岁更刀,割也;族[21]庖月更刀,折[22]也。今臣之刀十九年矣,所解数千牛矣，而刀刃若新发于硎[23]。彼节者有间，而刀刃者无厚，以无厚入有间，恢恢[24]乎其于游刃必有余地矣，是以十九年而刀刃若新发于硎。虽然，每至于族，吾见其难为，怵[25]然为戒，视为止，行为迟，动刀甚微。謋[26]然已解，如土委地[27]。提刀而立，为之四顾，为之踌躇满志，善刀而藏之。"

文惠君曰："善哉！吾闻庖丁之言，得养生焉。"

注释：

1. 庖（páo）丁：名叫丁的厨师。

2. 文惠君：即梁惠王，也称魏惠王。

3. 解牛：指把整只牛分剖开来。

4. 踦（yǐ）：支撑。这里指用膝盖顶靠着牛。

5. 砉（huā）然：象声词，形容皮骨相离的声音。

6. 騞（huō）然：象声词，形容比砉然还要大声的进刀声。

7. 《桑林》：传说中商汤时的乐曲。

8. 《经首》：传说中尧乐曲《咸池》中的一章。

9. 会：节奏。

10. 盖：通"盍"，何，怎样。

11. 进：超过。

12. 官知：指视觉。

13. 天理：指牛身上的天然纹理，也就是牛的结构。

14. 批大郤（xì）：击入大的缝隙。郤，通"隙"，间隙。

15. 导大窾（kuǎn）：顺着（骨节间的）空隙进刀。

16. 固然：指牛原本的结构。

17. 技经：支脉和经脉。技，"枝"字之误，指支脉。

18. 肯：紧附在骨上的肉。

19. 綮（qìng）：筋肉聚结处。

20. 軱（gū）：股部的大骨。

21. 族：众，指一般的。

22. 折：用刀折骨。

23. 硎（xíng）：磨刀石。

24. 恢恢：宽绰。

25. 怵：警惧。

26. 謋（huò）：象声词，形容骨肉分离的声音。

27. 委地：散落在地上。

"三百六十行，行行出状元"，中国人讲究工匠精神，厨师虽然社会地位不高，但技艺高超者依然会得到尊敬，在庄子的文章中更是如此。梓庆、匠石、轮扁……还有一个叫承蜩的老人，都是精益求精的典范。而这个庖丁，则是这里面最有代表性的，因为他给我们讲了一个很深刻的道理。

这个名叫丁的厨师给文惠君，也就是给魏惠王宰牛，分解牛体的时候，他手接触的地方、肩倚靠的地方、脚踩踏的地方、膝盖抵住的地方，都发出砉砉的声响。他快速进刀时刷刷的声音，就像那美妙的音乐旋律，符合《桑林》舞曲的节奏，又合于《经首》乐曲的乐律。

文惠君对丁的技艺很是赞叹，于是真心请教。丁的回答实在是太妙了！他是怎么解牛的呢？"以神遇而不以目视。"字面意思很简单，是说以心神去接触，而不必用眼睛去观察。深一层的意思，有如众所周知的卖油翁，面对善射的陈尧咨，以自己沥油的经历讲出关键所在："无他，唯手熟尔。"如此精妙的技艺，并不是有什么特别的诀窍，只不过是手熟练罢了。

这里再说个故事凑趣。话说有一日，王羲之走进饺子铺，见矮墙旁边立有一口开水大锅，饺子似一只只白色的小鸟，一个接一个地越墙飞来，不偏不倚正好落入滚沸的大锅。一锅下满，不用招呼，"小鸟"就停飞了。等到这锅饺子煮好，捞完，"小鸟"又排队飞来，准确无误。王羲之绕过矮墙，见一白发老婆婆坐在面板之前，一个人既擀饺子皮，又包饺子馅，转眼即成，动作极其麻利。更令人惊奇的是，包完之后，白发老婆婆便随手将饺子向矮墙那边抛去，饺子便一个一个依次越墙而过。老人的高超技艺，让王羲之惊叹不止。他赶忙上前问道："老人家，您这么深的功夫，多长时间才能练成？"老人答道："不瞒你说，熟练需五十年，深熟需一生。"

那再深一层呢？就是《庄子》本文的主旨：养身不如养神，精神的充实完备才是养生的核心。人如刀而世事如牛，只有技进乎道才能游刃有余。

庖丁解牛看的根本不是全牛，而是牛身上那些中空的地方："彼节者有间，而刀刃者无厚，以无厚入有间，恢恢乎其于游刃必有余地矣。"这就是庄子的养生之道的根本。人身体就像这把刀，在道的统领下依乎自然规律，顺乎自然规律，就如同刀不砍不割，自然终如新也。处世生活都要因其固然，也就是按照它本来的样子，依乎天理，顺应自然规律，而且你要能找出它们中间的间隙、空间来，这样才能游刃有余。这就像庖丁解牛讲的游刃有余一样，目的是避开那些是非和矛盾的纠缠，这正是《道德经》第四十三章"无有入无间"的道理，是养身先养生、养生先养神的大道。

事情到这里还没结束，《道德经》里"难易相成"的道理，在这段话的最后又得到了具体说明，所谓"圣人犹难之，故终无难矣"。丁说：

即便我技已至此，可每当我遇到筋腱骨节聚结交错的地方，难以下刀的地方，也格外谨慎，不敢大意，我目光专注、动作迟缓、动刀轻微，等最后霍霍地把整个牛体全部分解开来，那牛就像一堆泥土堆放在地上，此时我这个厨师提着刀站在那，为此环顾四周，踌躇满志，并且"善刀而藏之"，我把刀好好地擦拭完了，收藏起来！文惠君就说：妙！我听了你这一番话，就知道养生的道理了，养生得顺应自然规律，而不能强为之。

这段话里还有一个更重要的成语叫"技近乎道"。我们做的很多事都属于"术"层面，若能再进一层，就达到了一个"道"的层面。比如以"工匠精神"做一件事，把这件事情反复做得非常完美，形成了一种完美的经验，这是什么？这便是艺术。这个叫丁的厨师，解牛时游刃有余，解完牛之后踌躇满志，非常的愉悦。就像我们做完了一件工作以后，对自己的工作进行一番欣赏，这是我们一种美感的重要来源。艺术也罢，管理也罢，都在讲技近乎道的道理。可见庄子"庖丁解牛"这个故事的影响之大。

三

公文轩[1]见右师[2]而惊曰："是何人也？恶乎介[3]也？天与[4]，其人与？"曰："天也，非人也。天之生是[5]使独也，人之貌有与也。以是知其天也，非人也。"

泽雉[6]十步一啄，百步一饮，不蕲畜乎樊[7]中。神虽王[8]，不善也。

老聃死，秦失[9]吊之，三号而出。弟子曰："非夫子之友邪？"曰：

"然。""然则吊焉若此可乎？"曰："然。始也吾以为其人[10]也，而今非也。向吾入而吊焉，有老者哭之如哭其子，少者哭之如哭其母。彼其[11]所以会之，必有不蕲言而言，不蕲哭而哭者。是遁[12]天倍[13]情，忘其所受[14]，古者谓之遁天之刑[15]。适[16]来，夫子时也；适去，夫子顺也。安时而处顺，哀乐不能入也，古者谓是帝[17]之县解[18]。"

指[19]穷于为薪[20]，火传也，不知其尽也。

注释：

1. 公文轩：相传为宋国人。

2. 右师：官名，古人有借官名称呼其人的习惯。

3. 介：独，只有一只脚。

4. 与：赋予。

5. 是：这，这个情况。

6. 泽雉：水泽中的野鸡。

7. 樊：樊笼。

8. 王：通"旺"，旺盛。

9. 秦失（yì）：又作"秦佚"，老聃的好友。

10. 其人：指与秦失对话的人。

11. 彼其：这帮人。

12. 遁：逃避，违背。

13. 倍：通"背"，背弃。

14. 忘其所受：忘掉了受命于天的道理。庄子认为死是生命的一部分，好生恶死，这就忘掉了受命于天的道理。

15. 遁天之刑：大意是说感伤过度，会违反自然之道，招来过失。

16. 适：偶然。

17. 帝：天，万物的主宰。

18. 县（xuán）解：即悬解。倒装句，意思是解倒悬之苦。庄子认为人如果不能超脱物外，就会像倒悬一样痛苦。

19. 指：油脂。

20. 薪：火把。

　　这段中第一个讲的是公文轩和右师的故事。公文轩见到右师大吃一惊，说："这是什么人？怎么只有一只脚呢？是天生只有一只脚，还是人为地失去了一只脚呢？"右师说："天生成的，不是人为的。老天爷生就了我这样一副形体让我只有一只脚，人的外观完全是上天所赋予的。所以知道是天生的，不是人为的。"《庄子》中有很多所谓的"兀者"，也就是身体有障碍的人，但他们都有充实的德性，他们认为形体是天赋予的，并不为此自卑，依道而为，依然可以养生，可以尽年。

　　第二个是"泽雉"的故事。泽雉就是沼泽边的野鸡，它们走上十步才能啄到一口食物，走上百步才能喝到一口水，可是它丝毫也不会祈求被畜养在笼子里。生活在樊笼里虽然不必费力寻食，但精力即使十分旺盛，那也是很不快意的。泽雉宁可自己辛辛苦苦找食吃，也绝不肯被圈养在笼子里等食吃，因为那不符合自己的天性，没了最宝贵的自由。这寥寥数语，却在后世激起无数浪花。其中最心仪这个形象的要数三国的嵇康，他不仅在《兄秀才公穆入军赠诗》中有"泽雉虽饥，不愿园林"的诗句，还在其《与山巨源绝交书》中，把泽雉换成了更具美感的野鹿，而讲的话几乎就是《庄子》泽雉的翻版。

　　"此犹禽鹿，少见驯育，则服从教制；长而见羁，则狂顾顿缨，赴蹈汤火，虽饰以金镳，飨以嘉肴，愈思长林而志在丰草也。"意思是说，这就像麋鹿一样，如果从小就捕捉来加以驯服养育，那就会服从主人的管教约束；如果长大以后再加以束缚，那就一定会疯狂地乱蹦乱跳，企图挣脱羁绊它的绳索，即使赴汤蹈火也在所不顾，虽然给它戴上黄金的笼头，喂它最精美的饲料，但它还是强烈思念着生活惯了的茂密树林和丰美的百草。文辞更加美了！但其精神依然是庄子之风。不仅如此，甚至连乐府诗集里也有《泽雉曲》呢！可见，说这几句话影响大，殆非虚言。

《养生主》最后一个故事，是讲"老聃之死"。老聃就是老子，是庄子非常崇拜的人。他设定场景，要借助"老聃之死"这个故事进一步说明我们要顺应自然，要知道天命难为，要"安时而处顺"，也就是安于时节，把事情做得很能顺应自然的规律，这就是庄子面对死亡之时达观的生活态度。

这故事把老聃写死了，可见真正的道家是不讲永生的，人终有一死，这是自然规律，老聃也不例外，这是一种达观。还有呢？他的朋友秦失去吊丧，大哭几声就离开了。老聃的弟子认为他不是自己老师的朋友。秦失就批评他们：跟随老师多年了，应该学到老师的智慧啊！真正有道的人对待生死这件事情是旷达的，怎么会如此想不开呢？比如像我这样，我觉得老朋友该走的时候走了，这不是很好的事吗？如此喜生恶死是违反常理的。人来到世界上终有一死，不肯接受就是违反常理，违反常理就是背弃真情，忘了人是秉承于自然、受命于天的道理。你们的老师来到这个世界上是应时而生的，该来时来了，该走时走了，既然是顺应自然的，那就应该坦然地对待。古时候把这叫什么？叫"悬解"，也就是自然地解除了倒悬之苦。

总之，庄子借秦失之口，说了这样一个道理：我们来到这个世界上，就好好地活；离开这个世界之时，那也是解除倒悬之苦，也应感觉到快乐！再引用张载在《西铭》中的一句铭文："存，吾顺事；没，吾宁也。"也正是这个意思。

《养生主》篇最后的两句话是:"指穷于为薪,火传也,不知其尽也。"成就了一个著名成语:薪尽火传。这两句话是说,取光照物的烛薪终会燃尽,而火种却传续下来,永远不会熄灭。进一步说,我们讲的这些经典中的思想家,就像夜幕中的星辰,在黑暗中照亮我们前行的路,就像燃尽了烛和薪,但火种会传续下来,永远不会熄灭。

《庄子》内七篇的文章,我们已讲了三篇,庄子的思想也逐渐清晰。其思想的中心,一是无待:自由自在,自由地飞翔,飞翔的自由。另外一个就是反对人为,顺其自然。《养生主》篇虽然在谈论养生,实际上体现的依然是他的哲学思想和生活志趣。

人间世

"江头未是风波恶，别有人间行路难。"

看到"人间世"这三个字（习惯上我们叫"人世间"），就知道这篇文章讲的也该是人间行路难的事情。

在这篇文章里，庄子主要讲了以下几个故事：第一个是颜渊要去卫国，要以正义之名劝卫国的暴君，孔子对他讲要先保护好自己，才有资本去批评别人、进而繁荣自己的道理；第二个是楚国的叶公子高要出使齐国，来请教孔子，孔子给他讲如何做好外交官的道理；第三个是颜阖做太子老师的时候，去向一位高人蘧伯玉请教该如何应对，蘧伯玉提醒他要把握好尺度，不要螳臂当车的道理；第四个是匠石之齐、支离疏等"散木""散人"的故事，叙述了保护好自己才能繁荣自己、无用乃是大用的道理；最后是狂人接舆的故事。

总之，《人间世》的几个相互独立的故事讨论的核心都是处世之道，它表述了庄子所主张的处人和自处的人生态度，也揭示了庄子处世的哲学观点。

在《人间世》这篇文章里，庄子又再一次强调了他哲学里的一个重要的思想，就是无用之为有用。树木不成材却终享天年，一个叫作支离疏的人形体不全却避免了许多灾祸，最后一句也说："人皆知有用之用，而莫知无用之用也。"文章的这些内容是相互补充的。

在世事艰难的条件下，庄子提出来了"心斋"和"无用之用"的观点，而这个无用之用也正是虚以待物的体现。

一

颜回[1]见仲尼[2]，请行。曰："奚之？"曰："将之卫[3]。"曰："奚为焉？"曰："回闻卫君，其年壮，其行独[4]，轻用其国，而不见其过。轻用民死，死者以国量[5]乎泽若蕉[6]，民其无如[7]矣！回尝闻之夫子曰：'治国去之，乱国就之，医门多疾。'愿以所闻思其则[8]，庶几其国有瘳[9]乎！"

仲尼曰："嘻，若殆往而刑耳！夫道不欲杂，杂则多，多则扰，扰则忧，忧而不救。古之至人，先存诸己，而后存诸人。所存于己者未定，何暇至于暴人之所行！且若亦知夫德之所荡而知之所为出乎哉？德荡乎名，知出乎争。名也者，相轧也；知也者，争之器也。二者凶器，非所以尽行也。且德厚信矼[10]，未达人气[11]；名闻不争，未达人心。而强以仁义绳墨[12]之言术暴人之前者，是以人恶有其美也，命之曰菑[13]人。菑人者，人必反菑之。若殆为人菑夫！且苟为悦贤而恶不肖，恶用而求有以异？若唯无诏，王公必将乘人[14]而斗其捷。而目将荧[15]之，而色将平之，口将营之，容将形之，心且成之[16]。是以火救火，以水救水，名之曰益多。顺始无穷，若殆以不信厚言，必死于暴人之前矣！且昔者桀杀关龙逢[17]，纣杀王子比干[18]，是皆修其身，以下伛拊[19]人[20]之民，以下拂其上者也，故其君因其修[21]以挤[22]之。是好名者也。昔者尧攻丛、枝、胥敖[23]，禹攻有扈[24]，国为虚厉[25]，身为刑戮。其用兵不止，其求实无已，是皆求名实者也，而独不闻之乎？名

067

实者，圣人之所不能胜也，而况若乎？虽然，若必有以[26]也，尝以语我来。"

注释：

1. 颜回：字子渊，鲁国人，孔子的得意门生。

2. 仲尼：孔子的字。

3. 卫：春秋时期的诸侯国，在今河南。

4. 独：独断专用。

5. 量：填满。

6. 蕉：草芥。

7. 无如：无处可归。

8. 则：法则，方法。

9. 瘳（chōu）：通"抽"，病愈。

10. 矼（kòng）：诚实、笃厚。

11. 人气：民情、民心。

12. 绳墨：规矩、规范。

13. 菑（zāi）：通"灾"，害的意思。

14. 乘人：抓住别人说话说漏了嘴的机会。

15. 荧：眩，迷惑。

16. 成之：以之为成，认可对方的做法。

17. 关龙逢：夏桀时的贤臣，因直言上谏而被杀。

18. 比干：商纣王的庶出叔叔，也因力谏而被杀。

19. 伛拊（yǔ fǔ）：怜爱抚育。

20. 人：人君的省称。

21. 修：美好，这里指很有道德修养。

22. 挤：排斥。

23. 丛、枝、胥敖：帝尧时代的几个小国。

24. 有扈：古国名。

25. 虚厉：虚，墟所；厉，死而无后。

26. 有以：有所依凭。

在《庄子》中，关涉孔子的有二十一篇，颜回有十一篇。书中他们所讲的话和故事都是庄子的假托，并不是说就实有其事。

在《人间世》的这个故事里，庄子设定的场景是：孔子问颜回急匆匆、气冲冲的是要去干吗。颜回说："我听说卫国的国君人正年轻，办事专断；轻率地处理政事，看不到自己的过失；轻率地役使百姓，使人民大量死亡，死人遍及全国，不可胜数，就像大泽中的草芥一样，百姓都失去了可以归往的地方。我曾听老师说：'治理得好的国家可以离开它，治理得不好的国家就要去到那里，就好像医生门前病人多一样。'我希望根据先生的这些教诲来思考治理卫国的办法，卫国也许还可以逐步恢复元气吧！"

事情就是这么个事情，颜回觉得卫灵公这人太不像话了，在他国家里实行暴政，因此要前去劝他，用自己的正气感动他、制止他。站在道家的角度会怎么看待这个问题呢？这应该是我们理解道家的一个重要的切入点。来看庄子借孔子之口表达的看法，孔子会支持颜回吗？

孔子就说啊："颜回你一去，小命就要没了！推行大道是不宜掺杂的，杂乱了就会事绪繁多，事绪繁多就会心生扰乱，心生扰乱就会产生忧患，忧患多了也就自身难保，更何况是拯救国家呢！古时候道德修养高尚的至人，总是先使自己日臻成熟后，才去扶助他人。如今在自己的道德修养方面还没有什么建树的你，哪里还有什么工夫到暴君那里去推行大道呢？"

　　这里庄子借孔子之口，讲了一个道家的重要道理，那就是古往今来，有智慧有大道的人，都懂要"先存诸己，而后存诸人"：得先把自己保护好，先把自己的事情做好，你才能够去拯救别人、帮助别人。假如"所存于己者未定"，连自己都还没有弄好，那又"何暇至于暴人之所行"，你哪有时间去管那些所谓的残暴的人的行为呢？

　　是啊，很多人凭着一腔热情，老以为自己能拯救别人，拯救天下。道家不这样想，你自己得先有这个能力和本事，道家讲究得先把自己保护好，才有机会去拯救别人，拯救天下。自己面临危险的时候，最好是先相忘于江湖，把自己先保护好，有机会再出山。历史上很多道家的人物，都是先自我修行，在天下最危难的时候才挺身而出，救万民于水火。一旦事情做成了，又转身去归隐，全身而退。古往今来的这类思想，在老庄那里得到了一种理论上的升华与概括！

　　孔子继续对颜回讲的这段话太狠了，但的确很深刻："德荡乎名，知出乎争。名也者，相轧也；知也者，争之器也。二者凶器，非所以尽行也。"这段话的意思是：道德的毁败在于追求名声，做事是为了让别人感觉自己道德高尚，这其实是道德毁败的一个非常重要的途径。至于智慧表露在于争辩是非，我有本事，我辩论水平高，我一定要把你辩倒，为了辩倒对方就不择手段了。本来是要展现智慧的，最后却走到了智慧的反面。名声是互相倾轧的原因，智慧是互相争斗的工具，二者都是凶器，不可以将它推行于世啊！

　　名利名利，名在前，很多人是殉于名。就为了这个名，结果走到了真正的名声的反面。还有很多人则是殉于智，老认为自己心眼多、智慧高，在一些争辩之中非得占上风，否则就觉得对不起自己的智慧。所以，这样名和智慧都是凶器，不能把这个事情作为大道来推行。

孔子接着对颜回讲："一个人虽然德行纯厚，诚实笃守，就像你这样，可却未必能和对方声气相通。你讲的东西他认可吗？也许你真的是为了道义，可是未必能得到广泛的理解。这样一来，当你勉强把仁义、规范这类的话，述说于暴君面前时，就好比用别人的丑行来显示自己的美德。你这样对他谆谆教导，你这样对他严声厉色，只会让他觉得你认为自己的德性比他要高得多。你这样来对他讲大道理，他会觉得你这是对他的蔑视、讽刺和贬低，你是在害他，而害人的人一定会为人所害。他手中掌握权力，你这样做恐怕会遭到别人的伤害呀！"

然后，孔子给颜回具体分析了卫灵公："如果这卫灵公喜好贤能而讨厌恶人，那么哪里还用得着等到你去才有所改变？你就是果真到了卫国，可能你根本也见不到他。你就是真要见到他了，去给他进言，那么卫君一定会紧紧抓住你偶然说漏嘴的机会，快捷地向你展开争辩，那时你必将眼花缭乱，可面色还要装作平和，因为你觉得自己智慧高，他发火，你还不敢发火，还要假作平和，这样你说话的时候就自顾不暇了，你的容颜将慢慢地被迫改变。等你自顾不暇的时候，你也就没有办法了，内心也姑且认同了卫君的所作所为！最后，你就被人家驳倒了。所以说，颜回你这样做就像用火救火，用水救水，可以说是错上加错。有了依顺他的开始，然后便会没完没了地顺从他的旨意。如果你未能取信于君主，便深深进言，那么你一定会死在暴君面前的啊！"

这一段的逻辑可以说是非常的严密。然后孔子又举了例子，比如说关龙逢，比如说比干，这些贤臣也都很注重自己的修养，但是同时他们也以臣下的地位违逆了他们的国君，正是因为他们道德修养高而被排斥、被杀了。这就是喜好名声的结果。名声和实利，就是圣人也不可能超越，何况是你呢？

颜回曰:"端而虚[1],勉而一[2],则可乎?"曰:"恶[3]!恶可?夫以阳为充孔扬[4],采色不定,常人之所不违,因案[5]人之所感,以求容与[6]其心,名之曰日渐之德[7]不成,而况大德乎?将执而不化,外合而内不訾[8],其庸讵可乎?"

"然则我内直而外曲,成而上比[9]。内直者,与天为徒[10]。与天为徒者,知天子之与己,皆天之所子[11],而独以己言蕲乎而人善之[12],蕲乎而人不善之邪?若然者,人谓之童子,是之谓与天为徒。外曲者,与人为徒也。擎跽曲拳[13],人臣之礼也,人皆为之,吾敢不为邪?为人之所为者,人亦无疵[14]焉,是之谓与人为徒。成而上比者,与古为徒。其言虽教,谪[15]之实也,古之有也,非吾有也。若然者,虽直而不病[16],是之谓与古为徒。若是则可乎?"仲尼曰:"恶!恶可?大多政[17]法而不谍[18],虽固[19]亦无罪。虽然,止是耳矣,夫胡可以及化!犹师[20]心者也。"

颜回曰:"吾无以进矣,敢问其方。"仲尼曰:"斋[21],吾将语若。有心而为之,其易邪?易之者,皞[22]天不宜。"

颜回曰:"回之家贫,唯不饮酒不茹荤者数月矣。如此,则可以为斋乎?"曰:"是祭祀之斋,非心斋[23]也。"

回曰:"敢问心斋。"仲尼曰:"若一[24]志!无听之以耳而听之以心,无听之以心而听之以气。听止于耳,心止于符。气[25]也者,虚而待物者也。唯道集虚[26]。虚者,心斋也。"

颜回曰:"回之未始得使[27],实自回也;得使之也,未始有回也,可谓虚乎?"夫子曰:"尽矣。吾语若!若能入游其樊[28]而无感其名[29],入[30]则鸣,不入则止。无门无毒[31],一宅而寓于不得已,则几[32]矣。绝迹易,无行地[33]难。为人使易以伪,为天使难以伪。闻以有翼飞者矣,未闻以无翼飞者也;闻以有知知[34]者矣,未闻以无知知者也。瞻彼阕[35]者，虚室[36]生白[37]，吉祥止止[38]。夫且不止，是之谓坐驰[39]。夫徇耳目内通[40]而外于心知[41]，鬼神将来舍，而况人乎？是万物之化也，禹、舜之所纽[42]也，伏戏、几蘧[43]之所行终，而况散焉者[44]乎？"

注释：

1. 端而虚：端庄而谦逊。

2. 勉而一：勤勉而专一。

3. 恶（wū）：叹词，驳斥的意思。

4. 夫以阳为充孔扬：卫君刚猛的盛气充斥于心又彰扬于外。阳，刚猛之盛气。充，充斥于心。孔，很。扬，彰扬于外。

5. 案：压抑。

6. 容与：放纵。

7. 日渐之德：小的德行。

8. 外合而内不訾（zǐ）：外表赞同，内里却不愿对自己的言行作出反省。

9. 上比：跟古人的做法相比较。

10. 徒：同类。

11. 所子：所养育的子女。

12. 善之：以之为善。

13. 擎跽曲拳：擎，举，这里表执笏。跽，长跪。曲拳，躬身屈体。

14. 疵（cī）：诽谤。

15. 谪（zhé）：责备。

16. 病：招致祸害。

17. 政：端正、纠正。

18. 谍：妥当。

19. 固：固陋。

20. 师：以……为师。

21. 斋：斋戒，这里专指清心。

22. 暤（hào）：通"昊"，广大。

23. 心斋：内心的斋戒。

24. 一：专一。

25. 气：这里是指虚以待物的心境。

26. 虚：这里指纯净、空明的境界。

27. 得使：受教。

28. 樊：篱笆，指卫国境内。

29. 感其名：为名利所感。

30. 入：采纳谏言。

31. 无门无毒：勿固闭，勿暴怒。

32. 几：接近。

33. 无行地：行走却不踏地，比喻做事不留痕迹。

34. 知（zhì）知（zhī）：第一个"知"为智慧、才能之意，第二个为认识、了解之意。

35. 瞻彼阕：把眼前万物都看作空虚。

36. 虚室：空灵的精神世界。

37. 白：净。

38. 止止：止于宁静的心境。

39. 坐驰：形体坐着而心灵却在飞驰。

40. 内通：向内通达。

41. 外于心知：排除心智在外。

42. 纽：枢纽。

43. 伏戏、几蘧：传说中的远古帝王。"伏戏"多作"伏羲"。

44. 散焉者：疏散的人，即普通人。

《人间世》，其主旨自然是讲人世之不易与艰难，所谓"生容易，活容易，但生活不容易"，在庄子那个"方今之时，仅免刑焉"的时代，这种情况尤为突出。但细细读来，庄子面对人世的坎坷与艰难不是无奈与放弃，而是讲了种种在刀尖上行走的方法，甚至把它当作心的修行，从道的高度来看待它。比如这一段，当文中颜渊讲的种种方法都被否定后，颜渊就说：是是是，我受教了，我知道其中的厉害了！那我有什么办法呢？这个我太需要老师指点了。庄子借孔子之口对他讲：回啊！你要斋戒清心。颜渊就说：斋戒这事我知道，平常大家也做这个事情。于是庄子借助孔子之后又提出来：这只是外在的斋戒，我们要的是一种内心的斋戒，叫"心斋"。这个心斋是庄子哲学中的重要概念，需要多解释几句。

所谓的"心斋"，用文中的话："若一志！无听之以耳而听之以心，无听之以心而听之以气。听止于耳，心止于符。气也者，虚而待物者也。唯道集虚。虚者，心斋也。"就是要摒除杂念，专一心思。这一段话的意思是：每个人的修心都是一个循序渐进的过程。

首先呢，使自己专于一心，集于一处，那时候你就不用耳去听，该用心去体会了。

然后，慢慢地进而加深修炼，杂念全无，这时已达到心息相依的地步，那时候用心也听不到了，该用气去感应了。因为，耳朵的功能只能听到有声之音，心的功能也只能感受到外界有形之物。而气是空明的、虚无的，但又是无所不在的，它能容纳一切。

最后，进入高深层次时，大脑思维也进入了一种极静的状态。渐入混沌之境，神气合一，心中寂然。此时人与天合，似乎进入一种空明的世界，这时"道"自然与你相合。这就是虚，就是心斋。

概而言之，这其实是在讲述修心的过程，有一个逐渐进步的过程，从用耳朵听，到用心听，再到用气听，最后达到"心斋"的程度。

细细品读这一段，其实也就是我们在讲《庖丁解牛》的时候说过的"不以目视而以神遇"，不用耳去听而用心去领悟，不用心去领悟而用凝寂虚无的意境去感应。这是比用心领悟还要高的一层，连心都没有了，处于一种虚心、无心的状态，所谓"妙在无心处"。耳朵的功用仅仅在于聆听，心的功用仅在于和外界事物交合，而无心，也就是凝寂，凝寂虚无的心境，才是虚弱柔顺而能应待宇宙万物的。只有大道汇集于凝寂虚无的心境，这虚无空明的心境才叫作"心斋"。

需要说明的是，"心斋"是庄子哲学里非常重要的概念，但理解起来还是有一定的难度。参照唐朝神秀和慧能的偈帖，来帮助我们理解吧！禅宗五祖弘忍在坐化前，让弟子们以偈帖的方式表达自己对佛的领悟，座下大弟子神秀的偈帖是："心是菩提树，身为明镜台。时时勤拂拭，莫使惹尘埃。"而慧能的偈帖则是："菩提本无树，明镜亦非台。本来无一物，何处惹尘埃。"

这个偈帖本质上就是庄子"心斋"思想的禅学化，都在讲心是凝寂虚无的，这样大道才能汇聚于其中，这就叫作"心斋"。另外，苏轼的"静故了群动，空故纳万境"也可以作为对"心斋"的一个形象的说明。这个重要的概念就是《人间世》应对万物的方法，所谓以不变应万变是也。

总结下，《人间世》以颜回打算去卫国劝卫君这个故事为开篇，假托孔子教导颜回的话，说明事君之难，稍有不慎，即遭杀戮。庄子认为圣主无须再添贤臣，而暴君最忌仁义法度，因为这样无异于以己之长示人之短。古代有智慧的人，总是先修养充实自己，才去帮助别人。若是只抱着救世之心，一味追求完美，难免会坠跌在易碎的梦境里，非但不能实现原先的理想，甚至可能无法远祸全身。文中举的关龙逢、比干乃至后世的太史公、孔融、嵇康，无不因之得祸。所以，不如顺其自然，静观水流花落，以超然之心对待世事沧桑，既不强人所难，亦不颠倒黑白，反而可以在不经意间归入永恒的境地。

在此段中，庄子提出了"心斋"之法：将心志凝聚为一，不用耳朵去听，而用心灵去感应；甚至不用心灵去感应，而用气去对待。因为可以用感官体验的只是人籁、地籁，但用虚怀之气去对待，却能得闻天籁，可见庄子的学说终究是崇尚自然的学说。虚而待物，便无所谓物我；澄清杂念，摒弃妄见，便能以吐纳宇宙的气势来面对世界。

二

叶公子高[1]将使于齐，问于仲尼曰："王使诸梁[2]也甚重，齐之待使者，盖将甚敬而不急。匹夫犹未可动，而况诸侯乎！吾甚栗之。子常语诸梁也曰：'凡事若小若大，寡不道以欢成[3]。事若不成，则必有人道之患[4]；事若成，则必有阴[5]阳[6]之患。若成若不成而后无患者，唯有德者能之。'吾食也执粗而不臧[7]，爨[8]无欲清之人。今吾朝受命而夕饮冰，我其内热[9]与！吾未至乎事之情，而既有阴阳之患矣。事若不成，必有人道之患。是两也，为人臣者不足以任之，子其有以语我来！"

仲尼曰："天下有大戒[10]二：其一，命也；其一，义也。子之爱亲，命也，不可解于心；臣之事君，义也，无适而非君也[11]，无所逃于天地之间；是之谓大戒。是以夫事其亲者，不择地而安之，孝之至也；夫事其君者，不择事而安之，忠之盛也；自事其心[12]者，哀乐不易施乎前，知其不可奈何而安之若命，德之至也。为人臣子者，固有所不得已，行事之情而忘其身，何暇至于悦生而恶死？夫子其行可矣！丘请复以所闻：凡交，近则必相靡以信[13]，远则必忠之以言，言必或传之。夫传两喜两怒之言[14]，天下之难者也。夫两喜必多溢美之言，两怒必多溢恶之言。凡溢之类妄，妄则其信之也莫[15]，莫则传言者殃。故法言[16]曰：'传其常情，无传其溢言，则几乎全。'且以巧斗力者，始乎阳[17]，常卒乎阴[18]，大至[19]则多奇巧；以礼饮酒者，始乎治，常卒乎乱，大至则多奇乐[20]。凡事亦然。始乎谅，常卒乎鄙；其作始也简，其将毕也必巨。夫言者，风波也；行者，实丧[21]也。风波易以动，实丧易以危。故忿设[22]无由，巧言偏辞。兽死不择音，气息茀然[23]，于是并生心厉[24]。克核[25]大至，则必有不肖之心应之，而不知其然也。苟为不知其然也，孰知其所终！故法言曰：'无迁令，无劝成[26]。'过度，益也。'迁令''劝成'，殆事。美成[27]在久，恶成不及改，可不慎与！且夫乘物[28]以游心，托不得已以养中[29]，至矣。何作为报也？莫若为致命[30]，此其难者。"

注释：

1. 叶（shè）公子高：楚庄王的玄孙，姓沈，名诸梁，字子高。为楚国大夫，封于叶。

2. 使诸梁：以诸梁为使。

3. 欢成：圆满成功。

4. 人道之患：人为的祸患，这里指国君的惩罚。

5. 阴：事未办成时的忧惧。

6. 阳：事已办成时的喜悦。

7. 不臧：指不精美的食品。

8. 爨（cuàn）：烹饪食物的人。

9. 内热：内心焦虑。

10. 大戒：人生足以为戒的大法。

11. 无适而非君也：天下虽大，但所到之处，没有不受国君统治的。

12. 自事其心：培养自己的道德修养。

13. 相靡以信：靡，通"摩"，爱抚顺从；一说通"縻"，维系。相靡以信，即用诚信相互和顺与亲近。

14. 两喜两怒之言：两国国君或喜或怒的言辞。

15. 莫：薄。

16. 法言：格言。

17. 阳：公开争斗。

18. 阴：暗中算计。

19. 大至：达到极点。

20. 奇乐：放纵无度。

21. 实丧：得失。这句话的意思是，传递语言总会有得有失。

22. 设：发作。

23. 苇（bó）然：即"勃然"，气息急促。

24. 心厉：害人的恶念。

25. 克核：苛责。

26. 劝成：勉强别人做成一件事情。

27. 美成：成就美事。

28. 乘物：顺应客观事物。

29. 中：中气。

30. 致命：传达国君的意见。

第二个故事是"叶公子高出使齐国"。

叶公子高也是一位非常有名的人物，他将出使齐国。出使这个事非常重要，责任重大，所以他跑去向孔子请教。叶公子高对孔子说：楚王派我出使齐国，我这个责任太大了。齐国接待外来使节，总是表面恭敬而内心怠慢，齐国平常老百姓都不易被说服，何况让我去说服那些诸侯呢？我内心太害怕了。事情成了，我会因忧喜交集而得病；事情办不成，那岂不是连脑袋都没了吗？所以啊，不管是办成或者办不成，都会留下祸患，该怎么办呢？我的能力有所不逮，德性有所不够，我不知啊！

叶公子高"朝受命而夕饮冰"，对此孔子是怎么回答的呢？

孔子说："天下有两个足以为戒的大法：一是天命，一是道义。做儿女的敬爱双亲，这是自然的天性，是无法从内心解释的；臣子侍奉国君，这是人为的道义，天地之间无论到什么地方都不会没有国君的统治，这是无法逃避的现实，这就叫作足以为戒的大法。所以侍奉双亲的人，无论什么样的境遇都要使父母安适，这是孝心的最高表现；侍奉国君的人，无论办什么样的事都要让国君放心，这是尽忠的极点。注重自我修养的人，悲哀和欢乐都不容易使他受到影响，知道世事艰难，无可奈何却又能安于处境、顺应自然，这就是道德修养的最高境界。做臣子的原本就会有不得已的事情，遇事要能把握真情并忘掉自身，哪里还顾得上眷恋人生、厌恶死亡呢！你这样去做就可以了！"

道家讲道法自然，讲自然规律，在这段话中，庄子借孔子之口表述为"不可奈何""安之若命"，在语词上似乎有些消极，可在庄子看来，这正是对大道也就是自然规律的敬畏，当人把自己无可奈何的事情看成是命定之事的时候，就来到了道德的最高境界。

为什么呢？其实，庄子讲的"不可为"，是"真的做不到"的意思，是指那些在自己能力范围之内无法做到的事情。知道这个道理可并不容易，人们往往难以准确定位所谓的"无可奈何之事"究竟是什么。与此同时，在人世错综复杂的欲望刺激下，更易出现妄为的情况，那么人之高洁德行就无从说起了。结合叶公子高的故事，孔子是要他客观面对自己，对自己要有一个准确的定位：面对能力范围外的事情，不要强求，要量力行事，这样会少很多烦恼。

那该怎么做呢？孔子讲了两个道理：一个是说你做人家的臣子，尤其是做使节，要讲诚信，对自己的国家、对自己的国君要忠诚；二是你不论是在跟别人会谈的时候，还是在给自己国君汇报的时候，都要讲诚信，都要用平实的语词来传达，不要断章取义，传彼此气头上的话。也就是说，要成事而不要挑事。

下面这段话，我先给各位举个生活中常见的情况，会更容易理解些。比如说两个人斗嘴，都要展现自己的智慧，以智巧相互较量，看咱俩谁智慧高。一开始大家都表现得比较有君子风度，可是后来就开始暗使计谋。哪怕平常两个人关系很好，斗嘴斗到极点的时候，也开始要使用计谋了。朋友之间还好说，如果是不熟的人呢？工作之间的关系呢？就彼此大耍阴谋、倍生诡计。既然你不仁，休怪我不义，来而不往非礼也，争斗也就越来越升级，甚至会暴力相向，这种情况在生活中可谓十分常见。

孔子举喝酒为例。按照礼节喝酒的人开始的时候规规矩矩、合乎人情，你敬我一杯，我敬你一杯。到后来常常就一片混乱，大失礼仪，所有规矩都忘了。达到极点的时候就荒诞淫乐、放纵无度，无论什么事情恐怕都是这样。

通过举例，孔子说斗技巧、计谋、阴谋的人像什么样子呢？就像喝酒过程中的人一样。开始的时候相互信任，到头来互相欺诈；喝酒这件事情，开始单纯细微，临近结束时就变得纷繁巨大，各种状况，层出不穷。讲完这段话，孔子就对这个叶公子高讲：你出使的时候得保持一种平和的心态，人家给你讲的话，你就传达他平实的部分。如果传达错了，回头一旦认定了不是这么回事，那这传话的人也就要遭殃了。

原原本本地传达，何必添油加醋、刻意为之呢？这么简单的事恰恰是很多人做不到的，所以要"无迁令，无劝成"。其实迁令就是违背命令，无迁令就是遵守上级的命令，不能交付的使命没有完成，还找各种借口推卸责任。劝成，这里字面意思是希望成功，但实指对别人的过度要求。己所不欲，勿施于人；己所不能，勿劝于人。你自己都知道那目标不可能达到，还要求别人一定实现，这就太苛刻了。比如很多家长望子成龙、望女成凤，这个不难理解，但并不是每条鲤鱼都能跃过龙门的，不要强迫孩子做力所不能及的事。就像庄子的思想，大鹏有大鹏的精彩，小鸟亦有小鸟的精彩！

叶公子高出使的故事讲完了，概而言之，那依然是：江头风波恶，人间行路难。不管是颜渊去劝卫君，还是叶公子高出使齐国，都潜藏着巨大的风险。"可不慎邪！"怎么能不谨慎呢！

三

颜阖[1]将傅[2]卫灵公太子，而问于蘧伯玉[3]曰："有人于此，其德天杀[4]。与之为无方，则危吾国；与之为有方，则危吾身。其知适足以知人之过，而不知其所以过。若然者，吾奈之何？"

蘧伯玉曰："善哉问乎！戒之，慎之，正女身也哉！形莫若就[5]，心莫若和。虽然，之二者有患。就不欲入[6]，和不欲出[7]。形就而入，且为颠[8]为灭，为崩为蹶；心和而出，且为声为名，为妖为孽。彼且为婴儿[9]，亦与之为婴儿；彼且为无町畦[10]，亦与之为无町畦；彼且为无崖[11]，亦与之为无崖。达之，入于无疵。汝不知夫螳螂乎？怒其臂以当[12]车辙[13]，不知其不胜任也，是其才之美[14]者也。戒之，慎之！积伐而美者以犯之，几矣！汝不知夫养虎者乎？不敢以生物[15]与之，为其杀之之怒也[16]；不敢以全物与之，为其决[17]之之怒也；时其饥饱，达[18]其怒心。虎之与人异类而媚[19]养己者，顺也。故其杀者，逆也。夫爱马者，以筐盛矢[20]，以蜄[21]盛溺。适有蚊虻仆缘，而拊[22]之不时，则缺衔毁首碎胸[23]。意有所至，而爱有所亡，可不慎邪！"

注释：

1. 颜阖：姓颜，名阖，鲁国贤人。

2. 傅：做师傅。

3. 蘧伯玉：姓蘧，名瑗，字伯玉，卫国贤大夫。

4. 天杀：天性好杀戮。

5. 就：随顺。

6. 入：苟同。

7. 出：彰显自己长处。

8. 颠：坠落。

9. 婴儿：比喻无知。

10. 町畦：田间界路，引申为检束。

11. 无崖：无崖岸，引申为放荡不拘。

12. 当：阻挡。

13. 车辙：车轮碾过的痕迹，此处指车轮。

14. 是其才之美：以其才之美为是，自恃才能太高。

15. 生物：活物。

16. 为其杀之之怒也：害怕它扑杀活物时诱发残杀的怒气。

17. 决：撕开。

18. 达：知晓。

19. 媚：喜爱。

20. 矢：通"屎"，粪便。

21. 蜄（shèn）：大蛤，这里指蛤壳。

22. 拊：拍击。

23. 缺衔毁首碎胸：咬断了勒口，挣断了辔头，弄坏了络饰。

第三个故事是颜阖去做太子师傅的事儿。

颜阖是贤士，被请做太傅，教的这个太子是未来的国君，所以呢，狠了也不行，松了也不成，于是他去向卫国的贤人蘧伯玉求教。这颜阖又不好直接说他要教的太子是一个什么样的人，他只好做一个假设，说假如有这样一个人，他的德性凶残嗜杀，跟他朝夕与共地相处，实在太难了——不符合法度规范误国，合乎法度规范害己。这人凶残嗜杀却又聪明，他能看出别人的过失，却又不问缘由直接治罪，该怎么办呢？

可以看出，颜阖很聪明，把事说清楚了又不露痕迹。进亦忧，退亦忧，左右为难，真是人间行路难啊！其实像这样的事情我们也经常遇到，有智慧的蘧伯玉讲得很深刻，他告诫颜阖，要谨慎，要端正你自己，要外圆而内方，要慢慢地将他思想疏通引入正轨，便可进一步达到没有过错的地步。

蘧伯玉说了个"螳臂当车"的例子:你知不知道螳螂呀!它愤怒地举起自己的前臂来挡车,不知道自己不能胜任,自以为凭借自己的能力可以做这件事。太危险了,一定要谨慎地戒掉这样的做法。"积伐而美者以犯之,几矣!"这句话的意思是说,多次夸耀自己的才智就会触犯他,也就离螳臂当车的结局不远了。

关于"螳臂当车"的故事,本文中被用来比喻不自量力的行为。但在汉朝韩婴的《韩诗外传》卷八和刘安的《淮南子·人间训》中的"螳臂当车"的故事,寓意却与本文不同。这个故事叫《齐庄公出猎》,故事中的螳螂是勇士的象征,来看一下:

齐庄公出猎,有一虫举足将搏其轮,问其御曰:"此何虫也?"对曰:"此所谓螳螂者也。其为虫也,知进而不知却,不量力而轻敌。"庄公曰:"此为人而必为天下勇武矣!"回车而避之。勇武闻之,知所尽死矣。

这个故事中的螳臂,并无贬义,这只螳螂是勇者无畏。而其精彩之处不止于螳螂的"举足将搏其轮",更在于第一主角齐庄公的"回车而避之"。庄公避开螳螂是因为他尊重勇士,在他看来,"此为人而必为天下勇武",他看到了小螳螂的伟大。庄公能做到天下勇士"知所尽死",与他识勇重勇的明君风范是分不开的。庄公不笑螳螂之愚,反敬螳螂之勇,可谓慧眼独具。

为什么插入这一段呢?一是《齐庄公出猎》常被误认为出自《庄子》,借机澄清一下;二是这个故事可以看作是对《庄子》"螳臂当车"的翻案,对比来看也很有趣。

在接下去的这两段话里,蘧伯玉打了两个比方,来提醒颜阖做太子傅该怎样去正确地面对:"你不了解那养虎的人吗?他从不敢用活物去喂养老虎,因为他担心扑杀活物会激起老虎凶残的怒气;他也从不敢用整个的动物去喂养老虎,因为他担心撕裂动物也会诱发老虎凶残的怒气。知道老虎饥饱的时刻,通晓老虎暴戾凶残的秉性。老虎与人不同类,却向饲养人摇尾乞怜,原因就是养老虎的人能顺应老虎的性子,而那些遭到虐杀的人,是因为触犯了老虎的性情。爱马的人,以精细的竹筐装马粪,用珍贵的蛤壳接马尿。刚巧一只牛虻叮在马身上,爱马之人出于爱惜随手拍击,没想到马儿受惊便咬断勒口、挣断辔头、弄坏胸络。意在爱马却失其所爱,能够不谨慎吗!"

蘧伯玉便告诉颜阖要谨慎谨慎。若是仅凭一己之力,用主观的方法去表现对君主的那份耿耿忠心,而不考虑客观因素,那么势必如同那只奋力举起双臂去阻挡车轮的螳螂,其结果必定适得其反。就像上文中所说的,爱马者的本意是爱马,拍打马是因为担心马被牛虻叮咬,结果呢,马儿却因此受惊,视之为伤害,也是适得其反。有时我们做事只是出于善意,却往往得到另一种意想不到的结果,对善意的认同,需要双方心灵的契合。因此,既要考虑对象和条件,也要考虑方式和方法,既不要使其成为一种负担,也不要使其变成一种伤害,切莫"意有所至,而爱有所亡"。

四

匠石[1]之齐,至于曲辕,见栎社树[2]。其大蔽数千牛,絜[3]之百围;其高临山,十仞而后有枝;其可以为舟者,旁十数。观者如市,匠伯[4]不顾,遂行不辍[5]。弟子厌[6]观之,走及匠石,曰:"自吾执斧斤以随夫子，未尝见材如此其美也。先生不肯视，行不辍，何邪？"曰："已矣[7]，勿言之矣！散木[8]也，以为舟则沉，以为棺椁则速腐，以为器则速毁，以为门户则液樠[9]，以为柱则蠹[10]，是不材之木也。无所可用，故能若是之寿。"

匠石归，栎社见梦[11]曰："女将恶乎比[12]予哉？若将比予于文木邪？夫柤[13]梨橘柚果蓏[14]之属，实熟则剥[15]，剥则辱；大枝折，小枝泄[16]。此以其能苦其生者也，故不终其天年而中道夭，自掊击于世俗者也。物莫不若是。且予求无所可用久矣，几死，乃今得之，为予大用[17]。使予也而有用，且得有此大也邪？且也若与予也皆物也，奈何哉其相物也？而几死之散人[18]，又恶知散木！"

匠石觉而诊[19]其梦。弟子曰："趣取[20]无用，则为社何[21]邪？"曰："密[22]！若无言！彼亦直[23]寄焉，以为不知己者诟厉[24]也。不为社者，且几有翦[25]乎！且也彼其所保与众异，而以义喻之，不亦远乎！"

注释：

1. 匠石：一个名叫石的匠人。

2. 栎（lì）社树：土地神社中的栎树。

3. 絜（xié）：度量物体的周围长度。

4. 伯：这里指工匠之长。

5. 辍（chuò）：停止。

6. 厌：满足。

7. 已矣：算了。

8. 散木：不成材的树木。

9. 液樠（mán）：脂液渗出。

10. 蠹（dù）：蛀蚀。

11. 见梦：梦中会见。

12. 比：比肩。

13. 楂（zhā）：山楂。

14. 蓏（luǒ）：瓜类植物的果实。

15. 剥：用器物打落。

16. 泄：通"抴"，用力拉拽。

17. 为予大用：因被人视为无用之材而得以保全自身，这才成就了我最大的用处。

18. 散人：不成材的人，相对"散木"而言。

19. 诊：通"畛"，告诉。

20. 趣取：意在求取。

21. 为社何：为什么做社树让世人供奉。

22. 密：默，噤声。

23. 直：特。

24. 诟厉：辱骂伤害。

25. 翦（jiǎn）：砍伐。

  庄子在多篇文章里都讲了无用的"散木"的事，在前文的《逍遥游》中讲，在后文的《山木》里也讲。现在《人间世》，我们又看到了这个事情，为什么呢？因为庄子始终要强调，无用是处世之道，是避免祸患的一种重要方式。

  有一个叫作石的大工匠，在去齐国路上看见一群人围着一棵大树。那树太大了，可大工匠连看都不看就走过去了。有徒弟就问他：这棵树大家都那么崇拜，你怎么看都不看一眼呢？大工匠就说：这棵树没有用,你用它做什么都不成,做船很快会沉没,做棺材很快会腐烂,做门很快会长虫子,总之是一棵啥用也没有的"散木"。

等他回到家里,晚上就梦见这棵大树跟他讲:"你是在用什么东西跟我相提并论呢?你打算拿可用的木材来跟我相比吗?那山楂树啊,梨树啊,橘树啊,柚树啊,都属于果树,果实成熟就会被打落在地,打落果子以后枝干就会遭受摧残,大的枝干被折断,小的枝丫直接被拽下来。正是因为它们能结出鲜美的果实,这才苦了自己的一生,常常不能终享天年就半途夭折,招来世人的打击。世上所有的事都是这样的。我寻求没有什么用处的办法已经很久很久了,几乎被砍死,这才保全性命,无用也就成了我最大的用处。假如我果真有用,还能够获得延年益寿这一最大的用处吗?况且你和我都是天地间的一物,你这样看待事物怎么能行呢?你不过是几近死亡、没有用处的人,又怎么会真正懂得没有用处的树木呢!"

好一场大梦!这大工匠醒来之后,把梦中的情况告诉他的徒弟们。徒弟们就说:"既然这大树的旨意在求取无用,又为什么要去做土地神社里的社树,让世人瞻仰它、膜拜它呢?这和它本身强调的东西岂不是相反的吗?这目的到底是什么呢?"大工匠就训这些徒弟们:"你别作声,你别说了,这棵社树它只不过是在寄托罢了。拿被人祭祀瞻仰的事当作寄托,反而招致不了解自己的人的辱骂和伤害。你想想看,如果他不做社树的话,那它还是会遭到砍伐的。因为它虽然不能用来做一些有用的器物,但砍来烧火不也是可以的吗?这样一来,它不也早就被人砍掉了吗?正因为它做了社树,人们崇拜它,它又没有用,才没有人会为了烧火这点小事就把它砍伐了。这就是它用来保全自己的方法,与众不同,你们若是用常理来了解,可就跟它的本意相去甚远了。"

这跟后文《山木》里讲的"处于有用和无用之间"的道理是一样

的,这恰恰是一种保全自己的好方法。

此段也是《庄子》里的妙文,以栎社树来发表高论,阐发无用之用乃为大用的道理。是自誉,自嘲,抑或是自我慰藉?也许都有!总之是一片机锋全在梦中托出,尤其是借散木对照散人,以散人而托于散木,匠石反而转为陪客,可谓移步换形,寓意深远。

南伯子綦[1]游乎商之丘,见大木焉,有异,结驷千乘,隐将芘[2]其所藾[3]。子綦曰:"此何木也哉?此必有异材夫!"仰而视其细枝,则拳曲而不可以为栋梁;俯而视其大根,则轴解[4]而不可以为棺椁;咶[5]其叶,则口烂而为伤;嗅之,则使人狂酲[6]三日而不已。子綦曰:"此果不材之木也,以至于此其大也。嗟乎神人,以此不材!"

宋有荆氏者,宜楸柏桑。其拱把[7]而上者,求狙猴之杙[8]者斩之;三围四围,求高名之丽者斩之;七围八围,贵人富商之家求樿傍[9]者斩之。故未终其天年而中道之夭于斧斤,此材之患也。故解之以牛之白颡[10]者与豚之亢鼻[11]者,与人有痔病者,不可以适河[12]。此皆巫祝以知之矣,所以为不祥也。此乃神人之所以为大祥也。

注释:

1. 南伯子綦:即南郭子綦,见《齐物论》篇注。

2. 芘(bì):通"庇",荫庇。

3. 藾(lài):荫蔽。

4. 轴解:从木心向外裂开。

5. 咶(shì):通"舐",舔舐。

6. 酲(chéng):醉酒。

7. 拱把:拱,两手相合;把,一手所握。

8. 杙（yì）：小木桩，系牲畜用。

9. 椫（shàn）傍：每边均由整块木板制成的棺材。

10. 颡（sǎng）：额。

11. 亢鼻：鼻孔上仰。

12. 适河：指沉入河中祭神。古人认为毛色不纯、高鼻折额的牲畜和患有痔漏的人是不洁净的，因而不能用于祭祀。

    这个"神木"的故事，和上一个"散木"的故事有异曲同工之妙。

    南伯子綦在商丘一带游乐，看见一棵长得出奇的大树，上千辆驾着四马的大车，在大树树荫的荫蔽之下歇息。子綦说："这是什么树呢？这树一定有特异的材质啊！"于是他仰头观看大树的树枝，那弯弯扭扭的树枝并不可以用来做栋梁；又低头观看大树的主干，树心直到表皮都旋着裂口，并不可以用来做棺椁；用舌头舔一舔树叶，口舌立马溃烂受伤；又用鼻子闻一闻它的气味，简直使人像喝多了酒似的，三天三夜还醒不过来。子綦说："这果真是什么用处也没有的树木，难怪能够长到这么高大。唉，精神世界完全超脱物外的'神人'，可不正像这不成材的树木吗！"

    宋国有个叫荆氏的地方，很适合楸树、柏树、桑树的生长。树干长到一两把粗的时候，便被人砍去做系猴子的木桩；树干长到三四围粗的时候，地位高贵、名声显赫的人家因为寻求建屋的大梁，把树木砍去；树干长到七八围粗的时候，达官贵人、富家商贾为了寻找整副的棺木，便又把树木砍去，所以它们始终不能终享天年。这就是材质有用带来的祸患啊。因此古人祈祷神灵消除灾害，是不会把白色额头的牛、高鼻折额的猪以及患有痔漏疾病的人沉入河中去做祭奠用的。因为这些情况巫师全都了解，巫师认为他们都是很不吉祥的。但是，这却正是"神人"

所认为的世上最大的吉祥。

其实啊,这段南郭子綦的"不材之木"的故事,和前面匠石的"不材之木"是同理。庄子是有意识地通过几个小故事,讲了一个道理:人都知道有用之用,而不知道无用之用,有时无用之用,方为大用。在"仅免刑焉"的乱世,无用之用,方能明哲保身。

细细品来,所谓不材之木,初看是指貌似强大的事物往往华而不实,看问题、观察事物不能被表面所迷惑,要透过现象看清本质,否则,就会做出错误的判断,把不材之木看作有用。而从栎树托梦后,庄子语锋一转,不仅说明强求有用之害,而且非常有创新地提出他的"无用之用"的哲学,以至于后世多以"不材之木"和"散木"来比喻天才之人或全真养性、不为世用之人。单纯的有用没用,只是从功利主义的角度思考问题而已。而庄子看问题,不是从功利主义的观点,而是超出于简单实用与功利之外,从一种更高的角度来看问题。若撇开功利主义的眼光,做一棵散木,因为其无用,也就不会遭人嫉妒。它活在大家的视线之外,因其无用而不夭斧斤,可以置于无何用之乡,让人逍遥乎尘世之外,无牵无挂,想开花时开花,想落叶时落叶。这样的一棵树,不也是很快乐吗?

其实,在《山木》中,庄子并非完全否认"材"的作用。所谓"一龙一蛇,与时俱化"。这世上,有材之人成就了事功,散木之人成就了艺术与美。比如李白无法做官,却浪迹天涯,纵情山水,做了散木,从此,中国诗坛有了盛唐最伟大的声音。

说到当代社会,很可怕的一点,就是价值单一。所谓价值单一,就是大家都不约而同,强调"材"的地位,而轻视散木。比如不厌其烦地说什么"不要让孩子输在起跑线上",说这话的我们,不是要给孩子一个快乐的童年,而是要他从小就只能做材木。从基础教育到大学教育,都散发着浓郁的功利主义气息。

《世说新语》里讲魏晋风度，有很多很美很"散木"的事。比如说"雪夜访戴，兴尽而返"的故事。一人大雪天划船好不容易抵达好友戴某某门前，却命令仆人返棹，说："吾本乘兴而来，今兴尽而返，何必见戴？"这"何必见戴"四字，打破功利主义的局。人生，也就在这打破中豁然开朗了。

支离疏[1]者，颐隐于脐[2]，肩高于顶，会撮[3]指天，五管[4]在上，两髀[5]为胁。挫针治繲[6]，足以糊口；鼓筴播精[7]，足以食十人。上征武士，则支离攘臂[8]而游于其间；上有大役，则支离以有常疾[9]不受功[10]；上与病者粟，则受三钟[11]与十束薪。夫支离其形者，犹足以养其身，终其天年，又况支离其德者乎！

注释：

1. 支离疏：假托的人名。"支离"指形体不全，"疏"指其智泯灭。

2. 颐隐于脐：面颊隐没在肚脐里。

3. 会撮：发髻。因脊背弯曲导致发髻朝天。

4. 五管：五脏的穴位。

5. 髀（bì）：股骨，指大腿。

6. 挫针治繲（xiè）：缝衣与洗衣。

7. 鼓筴播精：抖动簸箕以筛出米糠中的粮食。

8. 攘臂：将起衣袖伸长手臂。

9. 常疾：残疾。

10. 功：通"工"，劳役。

11. 钟：古时粮食的计量单位。

再来一个"散人"的故事,这人叫"支离疏",看看这名字,都散架了。

这个叫支离疏的人是个驼背,而且驼得很厉害,脸都挤到了肚脐眼里。正常人头上的发髻本来是朝后的,他的都指向天了。五脏本来内藏躯体,直面前方,他的腰弯得五脏都朝上了。两条大腿夹着脑袋都成了肋骨,大概就是长得挤巴到一块去了。人上身本来直挺挺的,他都快缩成球了。这样一个人走在街上,就像一个长了四肢在行走着的而不是滚着的球。

这般怪物的模样,想想还是挺吓人的。然而,就是这样一个人,活得倒还挺自由自在的。帮人家洗补衣服,扫扫大街,播播粮食,倒也是能果腹,能有尊严地活下去。更重要的是,不用担心会被应征入伍,没有赋税徭役,而且国家什么时候体恤民情,资助残疾人时,还能领些抚恤金,活得倒也自在。这样一个畸形的人,依然能靠自己的双手,不向别人卑躬屈膝,有尊严地活着,甚至还能创造些个人价值,更重要的是不用提心吊胆,担心哪天战死沙场,因而自在逍遥,能终其天年,实现身为一个生命的价值。

这样畸形的身体,也不用为世俗之事所费心,更不用被各种生活中的欲望所萦绕,不用纠结于人情世故、家庭琐事、金钱名誉。内心坦荡荡,不为外在所累,自是逍遥自在无牵挂。心逍遥,身自在,终其天年,毫无疑问。

关于"支离疏"这个形象,庄子隐含的更深一层的意思,其实是"忘记其形体的人"。支离其形体,忘记其身体的存在,不再追求物质的贫富,停下对外在的无谓追求,降低欲望,即使像支离疏这样残疾的人尚且能养活自己,更何况是形体正常的人呢?再深入一层,像支离疏这样的人都能忘记肢体残缺而自食其力以尽天年,何况那些肢体健全而不被所谓的"道德"来束缚的人呢？他们将会更加逍遥。

两千多年前，庄子以冷眼看人世，告诉人们怎样才能活得"逍遥"，但愿我们都能体会到庄子所说的"逍遥"。

五

孔子适楚，楚狂接舆[1]游其门曰："凤兮凤兮，何如德之衰也！来世不可待[2]，往世不可追[3]也。天下有道，圣人成[4]焉；天下无道，圣人生[5]焉。方今之时，仅免刑焉。福轻乎羽，莫[6]之知载[7]；祸重乎地，莫之知避。已乎已乎，临人以德！殆乎殆乎，画地[8]而趋！迷阳[9]迷阳，无伤吾行！吾行郤曲[10]，无伤吾足！"

山木自寇也，膏火自煎也。桂可食，故伐之；漆可用，故割之。人皆知有用之用，而莫知无用之用也。

注释：

1. 接舆：楚国隐士，姓陆，名通，字接舆。

2. 待：期待。

3. 追：追回。

4. 成：成就功业。

5. 生：苟全性命。

6. 莫：不。

7. 载：取。

8. 画地：在地面上画出道路来，比喻愚人自困。

9. 迷阳：荆棘。

10. 郤（xì）曲：屈曲，指道路曲折。

　　《人间世》的最后，是楚狂人接舆的故事。我们在《论语》里也看到过这个人，就是孔子到楚国的时候，在他车前唱歌的那个人。这个人在庄子的文章中也出现了，我们看一下《庄子》文中的接舆：

　　楚狂人接舆在孔子的门前唱歌："孔子啊，你把自己比作凤这种吉祥之鸟，又为什么到这个德性衰落的地方来？你来这有什么用？过去的事情不可追悔，未来的事也不可期待。天下有道，圣人能够把事情做成功。那天下无道呢？圣人也只能是苟活，又能有什么作为呢？现在是什么世道？能够免除刑法，不受砍头、砍手、砍脚的杀戮就已经不错了！现在这个世道啊，是福比羽毛还轻，哪里能够承载更多的福分呢？是祸比大地还重，也不知道怎样才能避免。算了吧，算了吧！你还到这来劝别人实行你的德行，画地为牢，人为地划出一条路让大家跟着走，肯定会失败的。你看这道路荆棘丛生，还是不要妨碍我行走，这弯弯曲曲的路，可不要把我的脚给伤了！"

　　这段话体现出道家对儒家思想的看法：儒家制定那么多人为的规则，在道家看来，这些人为的都是不符合道的。篇末接舆凤歌一曲，嘲笑孔丘，明言在当时变动纷扰的人间企图成就功业，无异于画地为牢。

　　"来世不可待，往世不可追"，庄子从来就没有把人生的希望寄托在来世，更不会徒然地沉迷在过去，他总是以一种超然豁达的心态来对待人间万象。这需要的不仅是直面现实人生的勇气，更需要有对幻象丛生的历史的深刻把握与领悟。对于难耐寂寞的现代人而言，恐怕这样的冷静平和，已经成了一种奢侈吧。

　　《人间世》里的所有故事都讲完了，这篇文章最后的结论是："山木自寇也，膏火自煎也。桂可食，故伐之；漆可用，故割之。人皆知有用之用，而莫知无用之用也。"意思是说：山上的树木是因为它材质可用，才招来人们砍伐。油脂燃起烛火，皆因可以燃烧照明而被融化煎熬，最后把自己也给烧没了。桂树皮芳香可以食用，所以遭到砍伐。树漆因为可以派上用场，所以也被刀斧割裂。人们都知道有用的用处，却不懂得无用有更大的用处啊！

庄子不愧是老子的"私淑弟子"，他用"散木"的形象，生动地演绎了老子"无为"之说中的一个人生哲理：无为方可大为，无用亦可大用。

德充符

　　庄子的《德充符》实可谓一篇千古奇文，也是我最喜欢的文章之一。在这篇文章里，庄子列举了许多身体有"残疾"的人，但他们的精神世界都非常的丰富，庄子借这些人来表达他的一种思想：人如果内在世界充实，就能忘记自己形体上的一些束缚。用《庄子》中的观点来说，就是"德有所长而形有所忘"，这也恰是《德充符》的宗旨。

　　在中国哲学里，有一对重要的概念叫形与神，也就是形体和人内在的精神。《德充符》这篇文章讨论的是人的精神世界，也就是本篇中所说的"德"，并非通常理解的道德或者德行，而是指一种心态，也就是一种精神。

　　庄子认为宇宙万物均源于道，而万事万物尽管千差万别，归根到底又都浑然为一，所谓道通为一。从这样的一个高度出发，体现在人的观念形态上，便是忘形与忘情。结论很明确，在庄子的思想中，人如果内在的精神世界丰富，那么也就忘记了外在的形体对人的束缚，也就让人能够升入到一个更高的境界。所谓的"忘形"，也就是物我俱化，死生同一。所谓的"忘情"，也就是不存在宠辱、贵贱、好恶、是非，这种忘形与忘情的精神状态，就是庄子笔下的"德"。"充"是指充实，"符"是指符合，也可以理解为证验的意思，是说德充实，外物自来符合，而这些都是可以检验、可以证实的。为了说明德的充实符合与证验，庄子想象出一系列外貌奇丑或形体残缺不全的人，但是他们的德又极为充实，这样就组成了《德充符》里一系列的小故事。

我为什么非常喜欢这篇文章呢？以前我也很习惯把身体有残疾的人叫作"残废"，后来知道这样称呼是对人的一种羞辱，就自以为优雅地称其为"残疾"。但是读了这篇文章之后，深刻感觉叫"残疾"也不对，也是一种伤害，也许应该有更好的称呼。很多国家叫"有障碍者"，我觉得这也不是最好的，也许我们读了这篇文章，受了庄子的启发，能有一个更好的说法，以表达我们对这些人的一种尊重。

《德充符》里有这样几则小故事：一个是孔子被兀者（兀同刖，兀者指脚被砍掉的人）王骀所折服，第二个是申徒嘉使郑国的大夫子产感到羞愧，第三个是孔子见叔山无趾感觉到自己内心的丑陋，第四个是孔子向鲁哀公称颂哀骀它。文中还提到支离无脤、大瘿等等一类"奇丑"的人为国君所喜爱的故事。全文最后还是习惯地用庄子和惠子的对话作为结尾，在庄子的眼里，惠子恰恰是《德充符》的反证，还赶不上那些貌丑行"残"的人。

一

鲁有兀者王骀[1]，从之游者与仲尼相若。常季[2]问于仲尼曰："王骀，兀者也，从之游者与夫子中分鲁[3]。立不教，坐不议，虚而往，实而归。固有不言之教，无形[4]而心成者邪？是何人也？"仲尼曰："夫子，圣人也，丘也直后[5]而未往耳。丘将以为师，而况不若丘者乎！奚假[6]鲁国！丘将引天下而与从之。"

常季曰："彼兀者也，而王[7]先生，其与庸[8]亦远矣。若然者，其用心也独若之何[9]？"仲尼曰："死生亦大矣，而不得与之变，虽天地覆坠，亦将不与之遗[10]。审乎无假而不与物迁，命[11]物之化而守其宗[12]也。"常季曰："何谓也？"仲尼曰："自其异者视之，肝胆楚越[13]也；自其同者视之，万物皆一[14]也。夫若然者，且不知耳目之所宜[15]，而游心[16]乎德之和。物视其所一而不见其所丧，视丧其足犹遗土也。"

常季曰："彼为己，以其知得其心，以其心得其常心，物何为最之哉？"仲尼曰："人莫鉴[17]于流水而鉴于止水，唯止能止众止[18]。受命于地，唯松柏独也，在冬夏青青；受命于天，唯舜独也正。幸能正生[19]，以正众生[20]。夫保始之征[21]，不惧之实。勇士一人，雄入于九军。将求名而能自要者，而犹若是，而况官天地，府[22]万物，直寓六骸[23]，象耳目，一知[24]之所知，而心未尝死者乎！彼且择日而登假[25]，人则从是也。彼且何肯以物为事乎！"

注释：

1. 王骀（tái）：假托的人名。

2. 常季：假托的人名。

3. 中分鲁：平分鲁国的学生。

4. 无形：不见形迹。

5. 直后：只是落在他（王骀）后面。

6. 奚假：岂止。

7. 王：突出、超过。

8. 庸：平常人。

9. 若之何：如何。

10. 遗：失。

11. 命：任凭。

12. 宗：根本。

13. 肝胆楚越：指邻近的肝胆在同一躯体之中也像楚国、越国那样相去甚远。

14. 一：同一、一样。

15. 耳目之所宜：合宜于听觉和视觉的东西。

16. 游心：心灵自在遨游。

17. 鉴：照看、审察。

18. 唯止能止众止：唯有静止之物方能照人，引申为唯有静止之物才能使别的东西也静止下来。

19. 正生：正己，端正自己的品行。

20. 正众生：端正他人的品行。

21. 征：迹象。

22. 府：包藏。

23. 寓六骸：把躯体当作寓所。

24. 一知：自然赋予的智慧。

25. 登假：登升。

先来说第一个故事。

王骀受了刖刑，被砍去了一只脚。孔子有个弟子叫常季，他见老师时提出了自己的疑问。他说：老师你看，王骀被砍去了一只脚，可是他的学识和品行好像都超过了先生您，至于跟平常人相比，好像水平就更高了。像他这样的人，运用心智是怎样的与众不同呢？孔子的学生觉得很是奇怪，这个人一只脚被砍掉了，但是他的名声却很大，很多人都喜欢跟他学习，这个学生感到很不理解，一见到老师就向老师提出自己心中的疑问。

文中庄子又是借孔子之口，表达了自己这样的观点：说死和生都是人生中的大事，可是死和生都不能使王骀这样的人随之变化，你说王骀是个什么样的人呢？即使天翻过来地坠下去，他也不会因此而被毁灭，他通晓无所依凭的道理，当然也就不随物变迁，而是听任事物的变化而信守自己的宗本。

孔子的这段话把常季给说晕了，他忍不住再问：老师您这些话是什么意思啊？孔子怎么回答的呢？这段话很重要，来看一下完整的译文：

孔子说："从事物千差万别的一面去看，邻近的肝胆虽处于一体之中，也像是楚国和越国那样相距甚远；如果从事物相同的一面来看，万事万物又都是同一的，没有差别的。像王骀这样的人，耳朵和眼睛最适宜何种声音和色彩这样的事，已经不在他考虑范围之内了。他让自己的心思自由自在地遨游在忘形、忘情的浑同境域之中，就把这些东西的差别都忘掉了。所以他看待自己丧失了一只脚这件事，就像是看待失落的土块一样。"

学了前面《庄子》的几篇文章，这段话的观点我们已不陌生。另外，有没有觉得这段话的句式很熟悉？中学时我们就学过苏东坡的《前赤壁赋》，其中就有这样的句式："自其变者而观之，则天地曾不能以一瞬；自其不变者而观之，则物与我皆无尽也。"可以说，东坡不仅化用了庄子的句式，而且思想也和庄子是一样的。

王骀是失去一只脚，但并没有像我们平常人那样有很痛苦的感觉。常季也承认他是运用自己的智慧来提高自己的道德修养，运用自己的心智去追求自己的理念，是达到了忘情、忘形的境界。可到了忘情、忘形的境界，就是说他自己都把自己形体的这个缺憾都忘了，人与人之间的情感之类的东西也不再计较了，那为什么还有众多的弟子聚集在他身边呢？这也是我们要提出的一个疑问。王骀他"立不教，坐不议，虚而

往、实而归",根本就不教什么,但是学生们却收获满满,这又是为什么?来看孔子的回答:

孔子说:"一个人不能在流动的水面照见自己的身影,而是要面向静止的水面。水静止了,就像一面镜子一样,只有静止的事物才能使别的事物也静止下来。所以你看天地之间的各种树木都长在地上,但是只有松树、柏树无论冬夏都郁郁青青。每个人也都受命于天,但是只有虞舜的道德品行最为端正,幸而他们都善于端正自己的品行,因而能端正他人的品行。大家在照镜子的时候,也能让自己静下来。人善于端正自己的品行,就是无言之教,自然而然就会影响到别人,端正别人的品行。所以要保全本初时的迹象,心怀无所畏惧的胆识。勇士只身一人,也敢称雄于千军万马,一心追逐名利而自我索求的人,尚且能够这样,何况那主宰天地、包藏万物的人呢!比如王骀,他只不过是把躯体当作寓所,把耳目当作外表,掌握了自然赋予的智慧所通解的道理,而精神境界又从不曾有过衰竭的人,他定将选择好日子登升,人们也将紧紧地跟随着他,他还怎么会把聚合众多的弟子当作一回事呢?恰恰这样,大家反而更加喜欢他、跟随他。"

这段中有句话说得好!"人莫鉴于流水而鉴于止水。"是说一个人不能在流动的水面照见自己的身影,而是要面向静止的水面才能照到自己。人的心性不要像流水一样波涛起伏,要学那静止的水,静水流深,以止为静,借静观心。而这句话和老子的话可谓异曲同工。《道德经》第十五章有云:"孰能浊以止?静之徐清。"怎么样能让污浊混乱停止呢?那就要静下来慢慢沉淀,这样才能宁静致远。

王骀是《庄子》中著名的"畸人",他虽是被砍掉了脚的残疾人,但他已经看透了生死、荣辱与得失,他不会随着外物的变化而变化,只是牢牢把握着自己的宗本,这就是静心看待一切,以一种心如止水的姿态，惯看秋月春风，唯有心静、心净才能关照自己的生命。王骀就是这样一个不随物化而以静照心的得道者，所以大家都喜欢跟随他，向他学习，与之登升到更高的境界。

二

申徒嘉[1]，兀者也，而与郑子产[2]同师于伯昏无人[3]。子产谓申徒嘉曰："我先出则子止，子先出则我止。"其明日，又与合堂同席而坐。子产谓申徒嘉曰："我先出则子止，子先出则我止。今我将出，子可以止乎，其[4]未邪？且子见执政[5]而不违[6]，子齐[7]执政乎？"申徒嘉曰："先生之门，固有执政焉如此哉？子而说[8]子之执政而后人[9]者也？闻之曰：'鉴明则尘垢不止，止则不明也。久与贤人处则无过。'今子之所取大者[10]，先生也，而犹出言若是，不亦过乎！"

子产曰："子既若是矣，犹与尧争善。计[11]子之德不足以自反[12]邪？"申徒嘉曰："自状[13]其过，以不当亡者众；不状其过，以不当存者寡。知不可奈何而安之若命，唯有德者能之。游于羿[14]之彀中[15]，中央者，中地[16]也，然而不中者，命也。人以其全足笑吾不全足者多矣，我怫[17]然而怒；而适先生之所，则废[18]然而反。不知先生之洗我以善[19]邪？吾与夫子[20]游十九年矣，而未尝知吾兀者也。今子与我游于形骸之内[21]，而子索我于形骸之外[22]，不亦过乎？"子产蹴[23]然改容更貌曰："子无乃称[24]！"

注释：

1. 申徒嘉：姓申徒，名嘉，郑国贤人。

104

2. 子产：姓公孙，名侨，字子产，郑国贤相。

3. 伯昏无人：假托的人名。

4. 其：还是。

5. 执政：贵官，子产的自称。

6. 违：回避。

7. 齐：跟……齐一。

8. 说（yuè）：通"悦"，喜悦。

9. 后人：以别人为后，瞧不起别人。

10. 大者：指博大精深的见解。

11. 计：估计。

12. 反：反省。

13. 状：陈述、辩解。

14. 羿：古代神话中的神箭手。

15. 彀（gòu）中：弓箭射程范围内。

16. 中（zhòng）地：最易射中的地方。

17. 怫（fú）：发怒生气。

18. 废：怒气消失。

19. 洗我以善：以善洗我，以善道教育我。

20. 夫子：指伯昏无人。

21. 形骸之内：指精神世界。

22. 形骸之外：指外在形体。

23. 蹴（cù）：恭敬不安。

24. 乃称：这样说。

《德充符》第二个故事，发生在申徒嘉和子产这两位同学之间。申

105

徒嘉也是一个受刖刑砍了脚的人。各位会问：怎么《庄子》这里边老讲这些被砍掉脚的人呢？其实，这事庄子在文章里说得很清楚了："方今之时，仅免刑焉。"那时被砍掉手脚的人很多，已经成了一种普遍现象了。

申徒嘉，也是个被砍掉一只脚的人，他跟我们大家熟悉的郑国的子产成了同学。子产这个人地位非常高，官做得很大，他们两个都拜这个伯昏无人为师。子产一看到申徒嘉就说：我先出去，那么你就留下；你先出去，那么我就留下。啥意思？就是你留我走，你走我留。子产看到没了一只脚的申徒嘉，心里立马很不爽：连脚都没了，哪儿配跟我做同学？

第二天，子产和申徒嘉在同一个屋子的同一张席子上坐下，子产就对申徒嘉说："你见了我这执掌政务的大官，却不知道回避，是把自己看得和我一样吗？是要和我平起平坐吗？"插一句，其实生活中这种情况我们经常见到，有些人自视甚高，老觉得自己地位尊崇，总是一副趾高气扬的样子。郑国大夫子产就是这样盛气凌人对待同学申徒嘉的，来看申徒嘉是怎样回答子产的。

申徒嘉说："咱俩都来拜伯昏无人先生做老师，在老师的门下，难道还有这般自恃官位的人吗？你津津乐道于执政大臣的地位，把别人都不放在眼里。我听人家讲过这样的话，镜子如果明亮，就没有尘垢停留在上面；尘垢落在上面，镜子也就不会明亮。长久地跟贤人相处便会没有过错，就像灰尘都被拭净了一样。你拜师从学，追求广博精深的见识，这正是先生所倡导的大道，而你竟说出这样的话，这不是完全错了吗？"

子产有些恼羞成怒了，因为这段话他没办法反驳，所以他开始人身攻击。他就对申徒嘉讲："你都已经如此形残体缺了，还要跟尧争比善心吗？你估量一下你的德行吧！受过断足之刑，还不足以使你有所反省吗?"意思是你为什么被断足了？还不是因为犯了罪了。你是一个形残体缺的、犯过罪的人，你还敢来说我，你自己不要反省的吗？子产的话很没水平。要记住，我们在跟别人争辩的时候，无论如何都不要拿人家形体上的缺陷来攻击对方。在庄子的文章里，子产就犯了这样的忌讳。

申徒嘉对此则回答：自己陈述和辩解自己的过错，认为自己不应当受到刑罚，而应该形整体全的人有很多；不陈述或不辩解自己的过错，认为自己应当受到刑罚，应该形残体缺的人却很少。懂得事物之无可奈何，安于自己的境遇并视如命运的安排，只有有德的人才能做到这一点。申徒嘉讲得真是深刻啊！生活中各种各样的辩解太多了，类似申徒嘉这样的事，太多人都会辩解自己受的刑罚太冤屈了——这不是我的错。像申徒嘉这样不为自己辩解，而是努力让这事影响不到自己未来追求的人，就很少了。只有有德的人，才能做到这一点。

申徒嘉认为，人来到这个世界，就像来到善射的后羿张弓搭箭的射程之内，时刻要准备被人家用箭瞄着射的。进入到别人的射程之内，很多的事情我们就都逃不掉了。中央的地方，也就是最容易中靶的地方。没被射中是命运的安排，射中了也是命运的安排。

近年来有一个说法，人生中发生的很多事，都是理所当然发生的——一切都是最好的安排。还有人说，这就是庄子的观点。其实，这并不是庄子真正的意思。读庄子的文章，你慢慢就会明白，他对出现的很多这种情况，并不是消极的"安之"，而是强调要用更好的心态和更高的境界来处理。就像申徒嘉接下来说的：用完整的双脚笑话我残缺不全的人很多，我以前常常也脸色陡变、怒气填胸，可是只要来到伯昏无人先生的寓所，我的怒气就消失了，恢复到正常的状态，也真不知道先生是用什么善道来洗刷我的呢？

申徒嘉讲话有智慧，符合"曲则全"的道理。他并不是直接怼子产，而是从自己经验出发，给他讲一个很深刻的道理，说：原来我也是这样经常发怒的，可是一旦我来到老师这儿，心就静下来了，恢复到原来的正常状态了。至于他问先生是用什么善道来洗刷的，这只是个设问，答案他是知道的：我跟随先生十九年了，可是先生从不曾感到我是个断了脚的人，他也不会说"你脚断了，我照顾你一下"。老师把我当正常人一样，从没有感觉到我是个断了脚的人。如今你跟我是同学了，应该心灵相通，应该以德相交，可是你却用外在的形体来要求我、嘲笑我，你这不就是完全错了吗？

子产听了申徒嘉的一席话，感到很惭愧，脸色顿变而恭敬地说："不要再说了，不要再说了！我错了，我错了！"

申徒嘉的故事讲得好！尤其是说到老师跟他在一起十九年，都没有感觉到他是个断了脚的人。老师也不去有意地提醒他、关怀他，而是把他当作正常人一样，这就是身教胜于言教。老师不是用语言，而是用这种内在的大象无形的精神来人文化成、润物无声啊！

三

鲁有兀者叔山无趾，踵见[1]仲尼。仲尼曰："子不谨，前既犯患若是矣。虽今来，何及矣！"无趾曰："吾唯不知务而轻用吾身，吾是以亡足。今吾来也，犹有尊足者[2]存，吾是以务全之也。夫天无不覆，地无不载，吾以夫子为天地，安知夫子之犹若是也！"孔子曰："丘则陋矣。夫子胡不入乎，请讲以所闻。"

无趾出。孔子曰："弟子勉之！夫无趾，兀者也，犹务学以复补前行之恶，而况全德[3]之人乎！"

无趾语老聃曰："孔丘之于至人，其未邪？彼何宾宾[4]以学子[5]为？彼且蕲以諔诡幻怪之名闻，不知至人之以是为己桎梏[6]邪？"老聃曰："胡不直使彼以死生为一条[7]，以可不可为一贯者，解其桎梏，其可乎？"无趾曰："天刑之，安可解！"

注释：

1. 踵见：用脚后跟走路去求见。
2. 尊足者：比脚更尊贵的东西，指道德修养。
3. 全德：保全道德。
4. 宾宾：频频。
5. 学子：学于子，向老师学习。
6. 桎梏：脚镣和手铐，古代刑具，这里指束缚自己的工具。
7. 一条：一致。

第三个故事和第二个意思差不多，但人物换了，是孔子和叔山无趾。

鲁国有个被砍去脚趾的人，庄子给他起名叫叔山无趾。脚趾都没有了，只能靠脚后跟走路。他去拜见孔子，孔子就对他讲："你是不是极不谨慎，犯了过错，才留下如此的后果呀！脚趾都被砍掉了，受了刑了吧？"这表面上是在同情，实际上是在嘲讽：怎么样？你是犯了错了吧？该承受这样的后果吧？虽然今天你来到我这里，可是你怎么能够追回过往呢？要是你脚趾在的话，又何必用脚后跟走路呢？

叔山无趾有些气恼孔子的讽刺，回答说："我当时只因不识事理而轻率地作践自身，所以才受到这种刑罚，失去了脚趾。如今我来到你这里，还保有比双脚更为可贵的道德修养，我想极力保全它；我内在的精神比我外在这个脚趾重要多了，我想极力保全它。苍天什么都覆盖，大地什么都托载。我把先生看作天地，哪里知道孔老夫子你竟是这样的人哪！"

叔山无趾面对孔子的冷嘲热讽，对这位平常讲有教无类的老师讲出了"天无不覆，地无不载"的话。天地的无所不包容，正是天地的仁慈所在。关于这点，三国时魏国的曹植说得还要更具体些："天称其高者，以无不覆；地称其广者，以无不载；日月称其明者，以无不照；江海称其大者，以无不容。"和《庄子》里的这段话一样，都认为只有拥有博大无私的情怀，才能在世上得以称道。

在庄子的文章里，不管孔子多有智慧，总有一个比孔子在他心里地位更高的偶像，那就是老子！这个叔山无趾一生气，回去见了老子，就对老子说：孔子作为一个道德修养很高的人，恐怕还没有达到最高点吧？他为什么不停地来向你求教？他是不是还在祈求那些奇异虚妄的名声能传扬于外？难道不懂得道德修养达到最高境界的人，总是把这外在的一切都看作是束缚自己的枷锁吗？

这叔山无趾说孔子的境界还需提高啊！老子就对他讲：你讲的这些还是外在的，还是皮毛而已。为何不径直让他把生和死看成是一样的，把可以与不可以看作是齐一的，从而解脱他的枷锁，这样恐怕就可以了吧？叔山无趾还是对孔子愤愤不平，还在说孔子这样看问题，是上天加给他的这个惩罚，哪里可以解脱呢？

其实"安可解"的岂止是孔子，还有叔山无趾，还有我们很多人，真能理解庄子这高妙之说的，又能有几人？在庄子的文章里，孔子出现之后，往往老子也会出现。庄子借助这个方式，来强调老庄的思想相对于儒家的思想，其实是一种更高的境界。可见在这个问题上，庄老夫子也未能免俗啊！

四

鲁哀公问于仲尼曰:"卫有恶人[1]焉,曰哀骀它[2]。丈夫[3]与之处者,思而不能去也;妇人见之,请于父母曰'与为人妻,宁为夫子妾'者,十数而未止也。未尝有闻其唱[4]者也,常和人而已矣。无君人之位[5]以济乎人之死,无聚禄以望人之腹[6]。又以恶骇天下,和而不唱,知不出乎四域,且而雌雄合[7]乎前,是必有异乎人者也。寡人召而观之,果以恶骇天下。与寡人处,不至以月数,而寡人有意[8]乎其为人也;不至乎期年[9],而寡人信之。国无宰,寡人传国焉。闷[10]然而后应,氾[11]而若辞。寡人丑乎,卒授之国。无几何也,去寡人而行。寡人恤[12]焉若有亡也,若无与乐是国也。是何人者也?"

仲尼曰:"丘也尝使于楚矣,适见独[13]子食于其死母者,少焉眴若[14],皆弃之而走。不见己焉尔,不得类焉尔。所爱其母者,非爱其形也,爱使其形者也。战而死者,其人之葬也不以翣资[15];刖[16]者之屦[17],无为爱之,皆无其本矣。为天子之诸御[18],不爪翦[19],不穿耳;取妻者止于外,不得复使。形[20]全犹足以为尔,而况全德之人乎!今哀骀它,未言而信,无功而亲,使人授己国,唯恐其不受也,是必才全而德不形者也。"

注释:

1. 恶人:丑陋的人。

2. 哀骀它:虚构的人名。

3. 丈夫:男子。

4. 唱:倡导。

5. 君人之位:即统治地位。

6. 望人之腹：使人的肚子能像满月一样饱满。望，月圆。

7. 合：亲近。

8. 意：知晓。

9. 期（jī）年：一周年。

10. 闷：神情淡漠。

11. 氾：心不在焉。

12. 恤：忧虑。

13. 豘（tún）：通"豚"，小猪。

14. 昫（shùn）若：惊惶的样子。

15. 翣（shà）资：棺木上的饰品。资，送。

16. 刖（yuè）：断足的刑罚。

17. 屦（jù）：鞋子。

18. 诸御：宫女。

19. 翦（jiǎn）：剪。

20. 形：表露在外。

《德充符》第四个故事是哀骀它，这名字的意思是背上长个大瘤子，像骆驼一样的人。

鲁哀公问孔子这样一件事："卫国有个面貌十分丑陋的人，叫哀骀它。男人跟他相处，常常因为想念他而舍不得离去。女人见了他便向父母提出请求，说与其做别人的妻子，还不如做哀骀它先生的妾呢！这样的人已经有十多个了，而且数量还在增加！我感到很奇怪，我从没听说哀骀它倡导过什么，只是常常附和别人罢了。他既没有像我这样，居于统治者的地位而拯救百姓于临近败亡的境地，也没有聚敛大量的财富而使人民吃饱肚子，况且他的面貌又丑陋得让天下人吃惊，还总是附和别人,并没有首倡过什么,才智也超不出他所生活的这个境地。可为什么接触过他的人,无论是男是女都乐于亲近他呢?"

这样的人、这样的事让鲁哀公非常疑惑,也让他非常好奇,于是鲁哀公就把哀骀它召来看了看,果真相貌丑陋,足以惊骇天下人!然而,在哀骀它和鲁哀公相处不到一个月后,鲁哀公便对他的为人有十分的了解;不到一年的时间,鲁哀公就十分信任他了。国家没有主持政务的官员,鲁哀公想把国事委托给哀骀它,你猜哀骀它是怎么说的?哀骀它漫不经心地回答,又好像是在加以推辞。鲁哀公自愧不如,终于把国事都交给他了,可没过多久他就离开了。鲁哀公表示:"从那以后,我的内心忧虑得像是丢失了什么一样,好像整个国家都没有谁可以跟我一起欢乐似的。哎呀,这个哀骀它究竟是怎样的人呢?"

先说一事,在闻一多先生写庄子的文章里,说庄子见鲁哀公这段恐怕是演绎。是的,在庄子的文章里,这种情况经常出现,借鲁哀公来说事而已,就像经常借孔子之口讲事一样。这里鲁哀公滔滔不绝讲了一大通,最后问孔子这是怎么回事,孔子是怎么回答的呢?

孔子就说:"我曾经出使到楚国,正巧看到一群小猪在吮吸刚死去的母猪的乳汁。不一会儿,它们又惊恐地丢弃母猪跑掉了。它们之所以这样,是因为一开始不知道自己的母亲已经死去,所以还在吃奶。吃到一半发现了以后,就立刻跑掉了,因为母猪已经不能像先前活着那样哺育它们了。这恰好证明小猪爱它们的母亲,不是爱它的形体,而是爱支配那个形体的精神啊!"

"所爱其母者,非爱其形也。"前文说过,形神关系是中国哲学的一个重要范畴。在庄子的文章和道家的思想中,主次区分得非常清楚,就是神重于形,重在内在精神,而不是外在形骸,只有忘却形骸,才能最后修德得道。就像小猪不是爱母亲的形体,而是爱支配那个形体的精神一样。

为了强化这个观点，孔子又举了第二个例子："战死沙场的人，埋葬时无须用饰品装饰棺木。被砍掉了脚的人，也没有理由再去爱惜原来穿过的鞋子，因为已经失去了根本。做天子的宫女，不剪指甲，不穿耳洞；婚娶之人只能在宫外办事，不会再到宫中服役。他们为保全形体尚且能够做到这一点，何况德性完美而高尚的人呢？"孔子的意思是，最根本的东西才是最重要的，如果失去了根本，就像那个死掉的母猪，没有了精神，那外在的形体也就没有了原来的意义。

然后，孔子再回到鲁哀公关于哀骀它的问题："如今哀骀它即便不说话也能取信于人，即便没有功绩也能赢得亲近，让国君乐意授予他国事，还唯恐他不接受，他一定是才智完备而德不外露的人。"孔子的答案慢慢由哀骀它的个例上升到普遍，提到了"才全"，也就是才智完备的人。

哀公曰："何谓才全？"仲尼曰："死生、存亡、穷达、贫富、贤与不肖、毁誉、饥渴、寒暑，是事之变，命之行[1]也，日夜相代[2]乎前，而知不能规[3]乎其始者也。故不足以滑和，不可入于灵府[4]。使之和、豫[5]、通而不失于兑[6]，使日夜无郤而与物为春，是接[7]而生时于心者也。是之谓才全。"

"何谓德不形？"曰："平者，水停之盛也。其可以为法[8]也，内保之而外不荡也。德者，成和之修[9]也。德不形者，物不能离也。"

哀公异日[10]以告闵子[11]曰："始也吾以南面而君天下，执民之纪而忧其死，吾自以为至通[12]矣。今吾闻至人[13]之言，恐吾无其实[14]，轻用吾身而亡其国。吾与孔丘，非君臣也，德友[15]而已矣。"

注释：

1. 命之行：自然的运行。

2. 相代：交替。

3. 规：窥。

4. 灵府：心灵。

5. 豫：舒适。

6. 兑（yuè）：悦，欢乐。

7. 接：接触外物。

8. 法：效法。

9. 成和之修：事物得以成功顺和的极高修养。

10. 异日：他日。

11. 闵子：孔子弟子，闵损，字子骞。

12. 通：明于治道。

13. 至人：指孔丘。

14. 实：实德。

15. 德友：以德相交友人。

哀公马上问："什么叫才全呢？"孔子回答："死生、存亡、穷达、贫富、贤能与不肖、诋毁与称誉、饥渴、寒暑，这些都是事物的变化，都是自然规律的运行，日夜在我们的面前更替，而人的智慧却不能窥见它们的起始。因此这些事物都不足以搅乱我们本性的和谐，也不足以侵扰我们的心灵。要让心灵平和安适，通畅而怡悦，要使心境日夜跟随万物，融汇在春日般的生气里，跟着自然的脚步接触外物，萌生顺应四时的感情，这就叫才智完备。"

庄子借孔子之口传达出的这个道家的思想，我们可以用中国的

115

二十四节气来解读。2016年二十四节气被列入人类非物质文化遗产代表作名录，因为它最能体现中国人的这种智慧：跟随自然的脚步，萌生顺应四时的感情，让我们的心境，跟随着万物融汇在春天般的生气勃勃的节奏里。道家讲的顺应自然并不是消极的，顺应自然规律，也就是道法自然，天人合一。借孔子之口，庄子讲道："这就叫才智完备。"

鲁哀公又问：那什么叫作"德不形"呢？孔子回答说：均匀平稳是水静止时的最佳状态。水面均平可以作为取而效法的准绳，这就是水平。均平的时候水是静的，静止的水可以映照万物，我们内心也是这样的。有定力，会沉淀，宁静以致远，内心充盈而外表毫无所动，才能达到顺和的最高境界与成功。这样德不外露的人，外物自然不会离开他。有德而不去炫耀外露，而是约束自己的内心，自然能够长久地保持。

后来，鲁哀公又对孔子的学生闵子说："起初我认为坐朝当政统治天下，掌握国家的纲纪，同时又忧心人民的死活，这就已经是最通达的了，已经是圣人了。如今我听到孔子讲的话，忧虑没有实在的政绩，其实是在轻率地作践自己，甚至会使国家危亡。所以我鲁哀公跟孔子不是君臣关系，而是以德相交的朋友啊！"

这个故事，可以看作是庄子的自我表扬。在他的世界里，似乎这段话是能够说服像鲁哀公这样的当政者。当然，在现实中这样的事情很难做到，或许我们可以把它看作是庄子的一种理想。

五

闉跂支离无脤[1]说卫灵公，灵公说[2]之；而视全人，其脰[3]肩肩[4]。瓮㼜[5]大瘿[6]说齐桓公，桓公说之；而视全人，其脰肩肩。

故德有所长，而形有所忘。人不忘其所忘，而忘其所不忘，此谓诚[7]忘。故圣人有所游，而知为孽，约为胶，德为接[8]，工[9]为商。圣人不谋，恶用知？不斫[10]，恶用胶？无丧[11]，恶用德？不货[12]，恶用商？四者，天鬻[13]也。天鬻者，天食也。既受食于天，又恶用人！有人之形，无人之情。有人之形，故群于人；无人之情，故是非不得于身。眇乎小哉，所以属于人也！謷乎大哉，独成其天！

注释：

1. 闉（yīn）跂（qǐ）支离无脤（chún）：闉，腿脚屈曲。跂，踮起脚尖走路。脤，唇的异体。

2. 说：通"悦"，喜欢。

3. 脰（dòu）：脖颈。

4. 肩肩：细小的样子。

5. 瓮㼜（wèng àng）：腹大口小的陶器。

6. 瘿：肿瘤。

7. 诚：实在是。

8. 德为接：把施德看作与外物交接的方法。

9. 工：工巧。

10. 斫（zhuó）：砍削。

11. 丧：丧失、缺损。

12. 货：买卖东西以谋利。

13. 鬻（yù）：通"育"，养育。

这个故事也是一个"畸人"的故事，可以和哀骀它归为一类。

有个身体有障碍的贤士去游说卫灵公，卫灵公见他躯体蜷俯，脖颈都看不见了，丑得可怕。可多次深谈之后，卫灵公却喜欢上了他，再看看正常人，总觉得他们的颈项太长了，真难看！又有一个有障碍人士，去游说齐桓公，他脖子上长了颗大瘤子，脖颈粗得不像样，丑得可怕。可多次深谈之后，齐桓公也喜欢上了他，再看看正常人，总觉得他们的脖颈太细了，真难看！

"闉跂支离无脤""甕㼜大瘿"都是些奇丑的人物，然而前者说卫灵公，后者说齐桓公，都得到了赏识和喜爱，以至卫灵公、齐桓公看那些形体齐全的人，反而觉得他们丑了。是啊！人的品德属于内涵，透过言行显露出来，让朋友们都钦佩他，久久不忘，倒是他的外形缺陷不再惹眼，天长日久终于淡忘了。所以卫灵公忘掉了缩颈项，而齐桓公忘掉了粗颈项。与这两位国君不同，有许多人不看重内涵而看重外形，忘掉了不该忘掉的内涵，同时又忘不掉本该忘掉的外形，这才是真正的"遗忘"。

上述这一连串故事让我们啧啧称奇！《德充符》的确是奇文，庄子以"道"的自然无为为美，其根本表现是有无限潜力的精神世界。因而，人外形的丑丝毫也不妨碍他具有精神的美，不妨碍他得到别人的爱慕。与《逍遥游》对比来读，我们就会发现：庄子一方面赞赏他理想中的"肌肤若冰雪，绰约若处子"的"神人"，另一方面又丝毫不歧视形体残缺丑陋却具有精神人格美的人。丑的外形之中，完全可以包含超越形体的精神美。本文中卫国的哀骀它"以恶骇天下"，却得到了包括女性在内的许多人的爱慕，同时又借孔丘之口说明了他之所以得到爱慕的原因："非爱其形也，爱使其形者也。"而所谓"使其形者"就是精神，人们爱的是他的精神美啊！

庄子认为，这正是"德有所长而形有所忘"的缘故，这些奇丑的人物，由于他们有人格精神上的美，所以人们就忘掉了他们形体的丑陋，看上去反而比形体健全的人更加高大了。庄子看到了人的内在精神美能够压倒和克服外在形体的丑，"形骸之内"的美高于"形骸之外"的美，就连汲汲于仁义、不懂得自然无为之道的孔子，虽然形体健全，但较之于被砍掉了一只脚、却懂得自然无为之道的"兀者叔山"，在精神上是遭受了无可解救的"天刑"的，这比肉体上的形残更加可悲。庄子并不忽视形体的美，但更加重视精神的美。在丑怪的形象中可以包含强烈的精神美的思想，这曾对中国艺术的发展产生明显的影响。

闻一多先生认为，在中国的文化里，特别是文学艺术里有一种境界叫清奇古怪，恐怕这个境界最早就开创于庄子的文章。还有一种绘画的境界，比如专画达摩像、钟馗像等，其作品都是外表丑陋的，但却有着非常高的境界，他认为恐怕最早也是出自《庄子》。

前文讲过"平者，水停之盛也"一段的议论，可以看作老子思想的形象说明。《道德经》第三十八章有云："上德不德，是以有德；下德不失德，是以无德。"总想向别人炫耀，它反而会失去得更快。不外露才有内涵，有内涵才能长久地存在。而要做到这些，前提是"静为躁君"，就是用宁静、安静、冷静来掌控浮躁、急躁、暴躁、狂躁。

所以，这句"平者，水停之盛也"字面意思是说均平是水静止时的最佳状态，深层意思则是人能做到如"水之平"，方能静之徐清，则内可修身，外不轻率轻浮，可得成和之修、成和之美。这样方能"德有所长而形有所忘"，也就是有了超人的德行，形体的不足就会被忘掉而不是成为自卑和人生的障碍。可是世人不忘掉该忘掉的形体之不足，反而常常忘掉不该忘掉的德行，庄子认为这才是真正的可悲的遗忘。

六

惠子谓庄子曰："人故无情乎？"庄子曰："然"。

惠子曰："人而无情，何以谓之人？"庄子曰："道与之貌，天与之形，恶得不谓之人？"

惠子曰："既谓之人，恶得无情？"庄子曰："是非吾所谓情也。吾所谓无情者，言人之不以好恶内伤其身，常因自然而不益[1]生也。"

惠子曰："不益生，何以有其身？"庄子曰："道与之貌，天与之形，无以好恶内伤其身。今子外乎子之神，劳乎子之精，倚树而吟，据槁梧[2]而瞑[3]。天选[4]子之形，子以坚白[5]鸣。"

注释：

1. 益：增添。
2. 据槁梧：凭靠着枯槁的梧桐树。
3. 瞑：通"眠"，假寐。
4. 天选：自然授予。
5. 坚白："坚白论"是古代名家的诡辩论。庄子认为这是无稽之谈，经常拿出来讽刺。

《德充符》的最后，依然是以庄子和老对头惠子来收尾。

此处是关于有情无情的辩论，我们来看一下：

惠子问庄子说："人原本就是没有情的吗？"庄子说："是。"

惠子说："人非草木，孰能无情？无情，怎么能算作人呢？"庄子就开始跟他讲："人的容貌是道赋予的，人的形体也是天赋予的，天生地长的，怎么能不叫作人？"

惠子说:"既然已经叫作人了,又怎么能够没有情呢?"庄子就回答:"你刚才说的那个情跟我的不一样。我说的无情是说人不因好恶而致伤害自身的本性,不会因为喜欢一个人、讨厌一个人就伤害了自然的本性。所以做事情的时候要顺应天然、顺应自然、顺应四季,跟随自然的脚步,不自己随意添加些什么。"

惠子就说:"你什么都不添加,怎么来保护自己呢?"庄子又说:"道赋予人容貌,天赋予人形体,可不要任外在的好恶伤害了自己的本性。你看看你,现在就在外露着你的心神,耗费着你的精力,你在干吗?靠着树干在那费尽心思,靠着桌子在那闭目假寐想问题。自然赋予你形体,你却天天弄'坚白论'的诡辩,还自鸣得意('坚白论'是惠子很得意的命题。惠子有几个诡辩论的命题,比如车轮不碾地和鸡蛋有毛,都是惠子的诡辩论命题),你这不是在多加额外的东西,耗费你的精力,外露你的心神吗?这些都是人为的、自我的炒作,都是没有意义的。如果为了这些而自鸣得意,到处去吹嘘,那就更不符合大道的方向了。"

庄子的有情无情之说,成了中国哲学史上一个津津乐道的争论内容。其实庄子的意思并不复杂,可以概括为一句话:"有情而无累。"庄子所说的情,是自然而生的情,所以是不添加、不强求的;惠子的情则是有意追逐的,经常为外物所左右的。所以说到惠子的时候,庄子几乎是批评的态度,意思是天选择了你的形貌,你本当坚守本真,不外泄情欲,而你却放纵自己善辩的欲望,喋喋不休地争论什么是"坚",什么是"白","坚"与"白"如何不相容,等等,这才把自己的精神搞成这个样子。庄子对于这一类辩论极不赞赏,斥之为无稽。

《庄子》内七篇是一个整体,以《逍遥游》中的"至人无己,神人无功,圣人无名"为根本主旨。本篇的几个小故事主要阐述庄子对"圣人无名"的理解,重点说明了有德之人能破除"形不全"的束缚和偏见,有内涵而不张扬炫耀,受了歧视也能淡然一笑,所谓"德有所长而形有所忘"。

上述的六个故事可谓散而整,看似各说各话其实主旨很统一,都是庄子所追求的豁达坦然的精神世界。在庄子的世界中,有德的无名圣人,可以容万物、和天地、齐万物、齐是非、齐生死,又何况区区的"形不全"呢?庄子文中的这些"畸人"恰恰是得道者的形象。正因为有道有德,他们才能轻易摆脱世俗的偏见和偏执的枷锁,能够"天涯踏尽红尘,依然一笑作春温",充满无穷无尽的人格魅力!

大宗师

《庄子》内七篇中,有两篇内容是最丰富的,理解起来也是比较难的,一篇是《齐物论》,另一篇就是《大宗师》。

"大宗师"这三个字要分开来念。"大"指的是敬仰,比如说某某人很伟大,比如说大天大地,这里的"大"充满了一种敬仰的意味;"宗"就是崇拜,就是尊崇,比如宗主之类的称呼,就代表了一种尊敬的意味;"师"自然就是老师、先生。所以,值得敬仰的、崇拜的伟大的老师,就是这篇文章题目的意思。

那么这个老师是谁呢?谁称得上是这样的老师呢?从老子到庄子,这样的老师只有一个,那就是道。庄子认为自然和人是浑一的,人的生死变化本质上是没有什么区别的,所以他主张清心寂神,离形去智,忘却生死,忘却是非,顺应自然,这就是道的内容。

在庄子的《大宗师》里,得道者是一个什么样的形象?也就是这个道的人格化叫什么呢?叫作"真人"。之后在道教里,真人成为对大师级人物的尊称,比如说武当派的宗师张三丰,就叫张真人。真人的形象最早亦可追溯至《庄子》的《大宗师》。

全部《大宗师》可分为三个部分。其核心是道的人格化"真人"。

一

知天[1]之所为，知人之所为者，至矣。知天之所为者，天而生也；知人之所为者，以其知之所知，以养其知之所不知，终其天年而不中道夭者，是知之盛[2]也。虽然，有患[3]。夫知有所待而后当，其所待者特未定也。庸讵知吾所谓天之非人乎？所谓人之非天乎？

且有真人[4]而后有真知。何谓真人？古之真人，不逆[5]寡，不雄[6]成，不谟士[7]。若然者，过而弗悔，当而不自得也；若然者，登高不栗，入水不濡，入火不热。是知之能登假[8]于道者也若此。

古之真人，其寝不梦，其觉无忧，其食不甘，其息深深。真人之息以踵，众人之息以喉。屈服者，其嗌言[9]若哇。其耆欲深者，其天机[10]浅。

古之真人，不知说生，不知恶死；其出不䜣[11]，其入不距[12]；翛然[13]而往，翛然而来而已矣。不忘其所始，不求其所终；受[14]而喜之，忘而复之。是之谓不以心捐道，不以人助天。是之谓真人。

注释：

1. 天：天道。

2. 盛：至，极。

3. 患：问题。

4. 真人：全真之人。

5. 逆：拒绝。

6. 雄：夸耀。

7. 谟（mó）士：谋虑世事。士，通"事"，事情。

8. 登假：升到。

9. 嗌（ài）言：哽塞在咽喉之间的话。

10. 天机：天然的灵性。

11. 其出不䜣：对生存不感到欣喜。

12. 其入不距：对死亡不抗拒。

13. 翛（xiāo）然：往来自然而无拘束的样子。

14. 受：接受大道所赋予的生命。

    第一部分有三层意思，分别涉及庄子的天人观、生死观、大道观，其核心可以分别用知天、知命、知道来概括。

    第一层是从开篇到"是之谓真人"。开篇就讲一个哲学认识论的智慧：我们的认识有多大的局限，什么程度上是我们能认知到的，什么程度是我们不能够认知到的，也就是认知的边界问题。并以知来区分天人，提出真人的概念。

    先来说本段开头的名句："知天之所为，知人之所为。"天，在中国哲学中，在中国人的世界里是非常重要的。关于天，冯友兰先生认为它在中国的哲学中有五个含义，也是由低到高的五个层次、五种境界。第一指的就是物质之天，是和地相对的天；第二指的是主宰之天，比如我们遇到什么问题的时候，经常会喊："天哪！""老天爷啊！"这是主宰之天；第三是运命之天，就是我们很多的命运和天密切相关，天有无法抗拒的力量，代表着冥冥中的力量；第四是自然之天，自然之天也就是道家思想中"道法自然"的自然，代表必定如此的规律；第五就是道德之天，也就是这个道德成了一个至高无上的伦理法则，比如宋明理学所讲的天理，就是一种道德之天。其实，冯先生的分类还可以精炼些，分为两类就可以了：一类是物质之天，一类是主宰之天。无论是道家的自然（规律）之天，还是儒家的道德之天，都是其哲学中的主宰。

上文庄子的"天",指的就是以规律为主宰的自然之天,也就是天道。"知天之所为,知人之所为者,至矣。"知道这个自然运行的规律规则,知道我们人的能力所及,知道人都能做什么,这就是最高的智慧啊!进一步说,"以其知之所知,以养其知之所不知。"是说我们以知道的东西,来了解我们所不知道的东西。从哲学角度来讲,很多我们不知道的都会逐渐为我们所知道,但总有我们所不能够知道的东西。我们能力达到一定程度的时候,就会知道有些事情其实我们是无法了解的,更是我们无法左右的。知道有些事情非我们人力所能为,这样我们对很多的东西才能够坦然相待,这就是道家"大成若缺"的道理。

从道家的角度来看,人是没有办法跟天争的,所以要了解自然的规律规则,才能够顺其所为,利其所用,这样才是真正豁达、坦然而正确地对待我们和自然之间关系的一种态度。"终其天年而不中道夭者,是知之盛也。"按照我们自然的规律规则,顺应天命,养我们之所生,才不至于让我们因为一些强为的事情,在中途就葬送掉了我们的生命,这就达到了一种认知的高度。

再参照《养生主》开篇这段话,来理解《大宗师》的开篇,会更加明了。"吾生也有涯,而知也无涯。以有涯随无涯,殆已!"人生是有限的,而世界是无限的,我们对世界的认识也是无限的。拿我们这个有限的生命去追寻那个无限的知识,追寻那个无涯,结果必定是失败。所以啊,人生有限,因此知识也有限,人应该自知此有限,自安于此有限,谨慎地不要用有限的知来侵犯、妨害到无限的不知,这便是人类知识最高的可能。

庄子的话初听起来让我们觉得有些丧气,不是说这个世界没有我们所不知道的吗?不是说现在不知道的,以后都终将会知道吗?怎么庄子会这样说呢?其实,上述观点只是我们一种乐观的说法,这是在把世界看作有限，而把人类的认识看作无限。如果坦然地对待，承认有些事情是我们根本无法了解的，我们也就更会知道人生的况味。人生就像一杯白水，什么事情都看得那么清楚，它的意义也就不大了。正因为我们有所不知，有那么多的神秘，我们对人生才充满了欣然的羡慕，充满了一种好奇与敬畏，也才能够让我们对这个世界有一个正确的认知。人如果强不知以为知，很多东西其实不知道，却认为我们的能力无限，我们终会知道，要试图越过这个边界，那横在人生前面的就会是自以为是的危险结果。

古往今来，经常有人感慨庄子的世界没人能够了解，因为他描写的这个真人仿佛和我们关系都不大。其实不然，我认为庄子是在努力把我们的人生境界往高里提，让我们站到了一个更高的角度，犹如大鹏飞到九万里高空一样，就可以"背负青天"而朝下看了。

这部分的九个字"不逆寡，不雄成，不谟士"，我们再解读评析下。所谓"不逆寡"，其实就是《道德经》里"大小多少"的意思，也就是"大其小，多其少"，知道"天下大事必作于细"的道理；明白自己知道的少，从而虚心学习的道理。总之，认知也罢、人生也罢，都是顺其自然，不贪多，不自以为多，少则得，多则惑。所谓"不雄成"，其核心就是《道德经》的"功成而弗居"。真人就是有再大的成功也不会自鸣得意而去藐视别人，不会觉得自己太了不起了，而是认为一切的成功都是自然，所谓"成固欣然，败亦可喜"。还有"不谟士"，先解读下"士"的意思，"士"就是做事，这个在《说文解字》中说得很清楚了。这句话用大白话说，就是做事时没有去打别人主意，去"谋"人整人，也就是《道德经》第二章里的"是以圣人处无为之事，行不言之教"，也就是《德充符》里的"立不教，坐不议，虚而往，实而归"。

还需提醒注意的是这段话里的"其耆欲深者，其天机浅"。"耆"通

"嗜",就是嗜好,也就是特别的喜好。人特别喜好某个方面的时候,那么天机就变得浅了。天机是什么?就是人的慧根、福分,或者说天意,所谓"天机算不尽,交织悲与欢"的天机。人一旦有了这种特别的嗜好,为它所捆绑,那天机就变得肤浅了。也就是说我们的慧根、福分就变得肤浅了,我们的未来也会变得危殆。其实,庄子讲的天意也是人为,像真人那样自然就会福泽深厚。

冯梦龙编著的《醒世恒言》中,有一篇《薛录事鱼服证仙》的故事,十分耐人寻味。唐肃宗乾元年间,有个叫薛伟的进士,一开始做的是扶风县尉,后来因为名声颇著,就升任了蜀中青城县的主簿。在任三年后,他的上级升迁去了,知道薛伟既清廉又有能力,就委托他暂时帮忙管理县务。有一年七夕,他饮酒时受了风寒,连续发了七天的烧,做起了大梦。梦里边,薛伟浑身发热难忍,跳入沱江取凉,竟化为一条金鲤鱼,肆意遨游三江五湖。但江湖险恶,变成鱼的薛伟也经历了"鱼饵之香"的诱惑。书里写道:"赵干的渔船摇来,不免随着他船游去看看。只闻得饵香,便思量去吃他的。已是到了口边,想道:我明明知他饵上有个钩子。若是吞了这饵,可不被他钓了去?我虽是暂时变鱼耍子,难道就没处求食,偏只吃他钓钩上的?再去船傍周围游了一转,怎当那饵香得酷烈,恰似钻入鼻孔里的一般,肚中又饥,怎么再忍得住!……方才把口就饵上一合,还不曾吞下肚子,早被赵干一掣,掣将去了。"薛伟就这样被钓了上来。

对此,冯梦龙点评说:"眼里识得破,肚里忍不过。""识得破",肯定的是薛伟的判断力;"忍不过",揭示的是薛伟的嗜欲深、控制力弱、也就是天机浅。在现实生活里,我们如何面对名利与诱惑?这很值得我们思量。在名利和诱惑面前,一旦自己陷入其中,才会明白"贪似火,无制则燎原;欲如水,不遏必滔天"。嗜欲深者天机浅。嗜欲人人都有,但嗜欲深了，就变成了累赘、毒饵，大凶。看得清很重要，但更重要的是忍得过、耐得住，这才是大智慧！有了循道的大智慧，方能"不以心捐道，不以人助天"，不论承受什么际遇都欢欢喜喜的，忘掉死生像是回到了自己的本然，不用心智去损害大道，也不用人为的因素去帮助自然。这就叫"真人"。

《大宗师》里的真人，是如何对待生死的呢？活着也没有特别的高兴，死时也没有感觉到特别的难过，所谓"生亦何欢，死亦何惧"！这真人出生了也没觉得特别高兴，到死亡时也不拒绝。"翛然而往，翛然而来"，也就是潇洒而去，潇洒而来。"不忘其所始，不求其所终"，不忘自己是因道而生，而未来到底是什么样子？不是孜孜以求，如东坡临终所言："太着力，就不好了。"而是要顺其而来，顺其而往，"受而喜之，忘而复之"，自然的安排，真人都坦然接受，该忘掉的就把它忘掉了。这是什么境界呢？"是之谓不以心捐道，不以人助天。"这是一个结论，也是真人的重要特点。真人从不去用心思、技巧这些小术去伤害道的运行，不用人为的一些做法帮助天的运行。

若然者，其心忘[1]，其容寂，其颡頯[2]；凄然似秋，暖然似春，喜怒通四时，与物有宜[3]而莫知其极。故圣人之用兵也，亡国[4]而不失人心；利泽施乎万世，不为爱人。故乐通物，非圣人也；有亲[5]，非仁也；天时，非贤也；利害不通，非君子也；行名失己，非士也；亡身不真，非役人[6]也。若狐不偕[7]、务光[8]、伯夷、叔齐[9]、箕子[10]、胥余[11]、纪他[12]、申徒狄[13]，是役人之役，适人之适，而不自适其适者也。

古之真人，其状义而不朋[14]，若不足而不承；与[15]乎其觚[16]而不坚也，张乎其虚而不华也；邴邴[17]乎其似喜乎！崔[18]乎其不得已乎！

滀[19]乎进我色也，与乎止我德也；厉乎其似世[20]乎，謷[21]乎其未可制也；连[22]乎其似好闭也，悗[23]乎忘其言也。以刑为体[24]，以礼为翼[25]，以知为时，以德为循。以刑为体者，绰乎其杀也；以礼为翼者，所以行于世也；以知为时者，不得已于事也；以德为循者，言其与有足者至于丘[26]也，而人真以为勤行者也。故其好之也一[27]，其弗好之也一；其一也一，其不一也一。其一与天为徒，其不一与人为徒。天与人不相胜[28]也，是之谓真人。

注释：

1. 忘：忘怀。

2. 颡頯（sǎng kuí）：额头广大宽平。

3. 宜：合适。

4. 亡国：使他国灭亡。

5. 有亲：有意亲爱。

6. 役人：使世人劳役。

7. 狐不偕：古时贤人，不肯接受尧的禅让，后投河自尽。

8. 务光：夏末隐士，不肯接受汤的禅让，背负石头，投庐水而死。

9. 伯夷、叔齐：孤竹君的两个儿子，武王伐纣时，二人叩马进谏，武王不肯听从，于是在首阳山归隐，不食周粟而死。

10. 箕子：纣王的庶出叔叔，因忠直进谏不从而装疯，但最终仍被杀戮。

11. 胥馀：可能是伍子胥，或者是比干。

12. 纪他：殷时逸人，因担心汤让位给自己，遂携弟子隐居在窾水旁。

13. 申徒狄：殷时人，因不肯接受汤的禅让，后自投于河。

14. 義而不朋：義，通"峨"，高大的样子。朋，通"崩"，崩坏。

15. 与：容与。

16. 觚（gū）：孤，特立独群。

17. 邴（bǐng）邴：畅然自适的样子。

18. 崔：催动。

19. 滀（chù）：水的汇聚。

20. 世：通"大"，宏大。

21. 謷（ào）：通"傲"，高傲。

22. 连：指连续沉默。

23. 悗（mèn）：无心。

24. 体：根本。

25. 翼：辅助。

26. 丘：山丘。

27. 一：齐一。

28. 相胜：相对抗。

　　庄子文中描述的这个真人是非常美的，又有一种高深的、智慧的精神境界。那么，历史上的那些被称赞的人，他们是否可称为真人呢？于是庄子说道：圣人的用兵，即使亡国也不失掉人心，把利益留传于万代，不算爱人。所以有心和人交往，算不得圣人；友爱亲和，算不得仁；应时而动，算不得能人；不为利害所动摇，算不得君子；为了立名牺牲自己，算不得士；舍命为人不图回报，算不得服务于人。像狐不偕、务光、伯夷、叔齐、箕子、胥余、纪他、申徒狄等人，都是服务于他人的奴才，为了别人的安适活着，而不是为自己安适活着啊！早年的真人，他的外形高大而与众不同，像似不足而没有求助的意思；与人合作保持其独立性但不生硬，自我谦逊而不浮夸；光明磊落像是早晨的太阳，形象高大像是高不可仰；与人相聚显出自己的本色，同情人毫无自得的神气，不愿干就像被什么牵扯住一般，放手干起来就一发而不可遏止；说话接连不断像个熟练的老手，迟钝起来就说不出话来。把刑戮作为躯干，礼法作为羽翼，智力作为时间，德行作为必由之路。所以把刑戮作为躯干，在于加大肃杀的威风；所以把礼法作为羽翼，在于靠它生活在世间；所以把智力作为时间，在于谁也不能停止做事；所以把德行作为必由之路，就是说他要同有脚的人一起向高处登攀。这样做人们就把他看作是个做得好的人。他喜欢是那样，不喜欢也是那样；那样做是那样，不那样做也是那样；那样做是和天在打交道，不那样做是和人在打交道。天和人是不分彼此的，这就是真人。

庄子真是高蹈啊！像伯夷、叔齐这样的隐士之祖都入不了他的法眼，认为他们不具备真人自由独立的人格，还只是被役使、被安适，而不是使自己安适的人！特别是这种用正反对比来描写的方法，和《道德经》有异曲同工之妙。像这样的写法，还是在细致地、形象地、不厌其烦地描写真人，庄子对真人可说是倾注了他全部感情。尤其是最后一段的描写，更是将人与天的关系上升到了哲学层面："故其好之也一，其弗好之也一；其一也一，其不一也一。其一与天为徒，其不一与人为徒。天与人不相胜也，是之谓真人。"所以说人们所喜好的是浑然为一的，人们不喜好的也是浑然为一的。那些同一的东西是统一的，那些不同一的东西也是统一的。因为万物虽然杂然不一，但皆由天地蓄养而生，终归于道。那些同一的东西跟自然同类，那些不同一的东西跟人同类，自然与人不可能相互对立而相互超越。天与人合德为一，互不相伤，互不相胜，具有这种认识方为真人。

由上可知，道家以天地万物为一，所以无是非之辨，无自我外物之分，自然而然归于大道，方可长久。以此入世为事，无我、无功、无名、无利禄私心，自然无祸患缠身，方可为真人。

广而言之，我们中国人喜欢跟随自然的脚步来生活，合着四季二十四节气、七十二候的节拍。真人也是这样，伤心的时候像秋天，高兴的时候像春天，"喜怒通四时，与物有宜而莫知其极"，跟自然的事物相互沟通、交流，和外界事物合宜相称，而没有谁能够探测到他精神世界的真谛，因为这是无边无际的。

后世小说里描绘的那种自在潇洒的真人形象，恐怕跟庄子文中对真人的大段描写有着非常密切的关系。真人有安闲自然的态度和特立超群的襟怀，欣然欣喜，容颜和悦，又有喜欢与人接近、交往的宽和德性，让人乐于归依。真人的气度也非常的宽广，没有受到那么多的限制，他也从不封闭自己……这样一个真人的形象，在庄子那儿就属于得道者和大宗师的人格化形象。

死生，命[1]也。其有夜旦之常[2]，天也。人之有所不得与[3]，皆物之情也。彼[4]特以天为父，而身犹爱之，而况其卓[5]乎！人特以有君[6]为愈乎己，而身犹死之，而况其真[7]乎！

泉涸，鱼相与处于陆，相呴[8]以湿，相濡[9]以沫，不如相忘于江湖。与其誉尧而非桀也，不如两忘而化其道[10]。

夫大块[11]载我以形，劳我以生，佚[12]我以老，息[13]我以死。故善吾生者，乃所以善吾死也。夫藏舟于壑，藏山于泽，谓之固矣。然而夜半有力者负[14]之而走，昧者[15]不知也。藏小大有宜，犹有所遁[16]。若夫藏天下于天下而不得所遁，是恒物之大情[17]也。特犯人[18]之形而犹喜之。若人之形者，万化而未始有极也，其为乐可胜计邪？故圣人将游于物之所不得遁而皆存。善妖[19]善老，善始善终，人犹效之，又况万物之所系而一化之所待乎！

注释：

1. 命：天地自然之命理。

2. 常：常规。

3. 与：通"预"，干预。

4. 彼：指人。

5. 卓：指卓越超然的大道。

6. 君：君王。

7. 真：指纯真无伪的大道。

8. 呴（xǔ）：开口呼气。

9. 濡：沾湿。

10. 化其道：与大道化而为一。

11. 大块：大地、大道。

12. 佚：安逸。

13. 息：安息。

14. 负：背。

15. 昧者：愚昧的人。

16. 遁：遁逃，亡失。

17. 大情：至理。

18. 特犯人：一旦铸成人形。犯，通"范"，铸成。

19. 妖：通"夭"，少。

    第二层意思可以看作是庄子的生死观，是讲人应该如何对待生死，如何安定生命的问题，可以概括为"知命"。

    "相忘于江湖"这个桥段，在本文就出现过两次，是《庄子》最著名的句子之一，我们再来品一下：泉水干涸了，鱼儿困在陆地上相互依假,互相大口出气来取得一点湿气,以唾沫相互润湿,就不如在江湖里彼此相忘而自在。与其赞誉唐尧的圣明而非议夏桀的暴虐,不如把他们都忘掉而融化混同于"道"。

庄子是中国哲学中最早探讨生死、直面生死的哲学家。他认为人的生死是必然的、不可避免的,如同昼夜变化一般,所以人不该纠结是非、生死,而应该忘却生死,把生命交还给广大深远的自然之道,所以他说"相濡以沫,不如相忘于江湖"。鱼到水多的江湖,就不用相濡以沫那么艰难了。深一层的意思是让我们忘记善恶之别,乃至取消万物、生死的界限。更深一层理解,还有这样的含义:如果过多地称誉尧这样的明君,显出他的可贵,就等于反衬出现实世界是如何被黑暗笼罩着,才需要由尧来治理、来改善。

"夫大块载我以形,劳我以生,佚我以老,息我以死。故善吾生者,乃所以善吾死也。"这又是庄子文中的金句,"大块"就是天地的意思,这天地承载着我的形体!活着的时候让我们快乐地劳作,老的时候就可以放松一些了,而死的时候?那就是彻底的休息,这就是"载我以形,劳我以生,佚我以老,息我以死"。"故善吾生者,乃所以善吾死也。"所以活的时候你把人生过得很好,死的时候你也就应该快乐地坦然对待了。

接下来,庄子讲了一个藏舟的故事,这个故事在庄子文章中也很有名。庄子就讲:你把船藏在大山沟里,把渔具埋在深水里,可以说是十分牢靠了。然而,半夜有个大力士把它们连同山谷和河泽一起背着跑。这些东西无论你藏到哪个地方都一起背着跑了,睡梦中的人还一点也不知道。小东西藏在大东西里是适宜的,不过还是会有所失。假如把天下藏在天下里,那就不会丢失。这就是事物固有的真实之情。天下夺来终会失去,如果不夺,当然也不会失去。假如把天下看作属于大家的天下，即便失去，你也不会认为是失去，这就站在一个更高的角度来看问题。这是我们说的藏舟的事情。

庄子还讲了一件有趣的事。"特犯人之形而犹喜之。若人之形者，万化而未始有极也。"人一旦受物于形，形成人体的样子就很高兴。如果太把自己当人看，把自己当回事，那也会出现很危险的事情，出现让人感觉到不高兴的事情，很多东西我们需要自己去领悟。所以圣人将生活在各种事物都不会丢失的环境里而与万物共存亡。以少为善、以老为善，以始为善、以终为善，人们尚且加以效法，又何况那万物所连缀、各种变化所依托的"道"呢！

夫道，有情有信[1]，无为无形；可传而不可受，可得而不可见；自本自根，未有天地，自古以固存；神鬼神帝，生天生地；在太极[2]之先而不为高，在六极[3]之下而不为深，先天地生而不为久，长于上古而不为老。狶韦氏[4]得之，以挈[5]天地；伏戏氏[6]得之，以袭[7]气母；维斗[8]得之，终古不忒；日月得之，终古不息；堪坏[9]得之，以袭昆仑；冯夷[10]得之，以游大川；肩吾[11]得之，以处大山；黄帝得之，以登云天；颛顼[12]得之，以处玄宫[13]；禺强[14]得之，立乎北极；西王母[15]得之，坐乎少广[16]，莫知其始，莫知其终；彭祖得之，上及有虞[17]，下及五伯[18]；傅说[19]得之，以相武丁，奄有[20]天下，乘东维[21]，骑箕尾[22]，而比于列星。

注释：

1. 情、信：实在。
2. 太极：此处指天地形成之前的混沌。
3. 六极：指天、地与东、西、南、北四方。

4. 狶（xī）韦氏：传说中的帝王。

5. 挈：提携。

6. 伏戏氏：即伏羲氏。

7. 袭：合。

8. 维斗：北斗星。

9. 堪坏：昆仑山之神。

10. 冯夷：黄河之神。

11. 肩吾：泰山之神。

12. 颛顼（zhuān xū）：黄帝之孙。

13. 玄宫：北方之宫。玄色即黑色，为北方之色。

14. 禺（yù）强：传说为黄帝之孙，水神。

15. 西王母：传说中的神仙。

16. 少广：西极山名。

17. 有虞：舜。

18. 五伯：即上古五霸，指夏朝的昆吾，殷朝的大彭、豕韦，周朝的齐桓公、晋文公。

19. 傅说：殷商时名士。

20. 奄有：全部占有。

21. 东维：星名。

22. 箕尾：星名。

第三层是庄子的大道观，可以概括为"知道"。

这段话的基本意思是：这大道啊，是真实而又确凿可信的，然而它又是无为和无形的；"道"可以感知却不可以口授，可以领悟却不可以面见；"道"自身就是本、就是根，还未出现天地的远古时代，"道"

就已经存在了。庄子接着说啊，鬼神天地都出自它，它在太极之上不为高，在六极之下不为低，先天地存在不为久，长于上古不为老。最初狶韦氏得到它，用来统驭天地；然后伏羲氏得到它，用来调和元气；北斗星得到它，永远不会改变方位；太阳和月亮得到它，永远不停息地运行；堪坏得到它，用来入主昆仑山；冯夷得到它，用来巡游大江大河；肩吾得到它，用来驻守泰山；黄帝得到它，用来登上云天；颛顼得到它，用来居处玄宫；禺强得到它，用来立足北极；西王母得到它，用来坐镇少广山。

在一大段形容道伟大的作用之后，庄子又回归到道在时间、空间无限性的话题，说这道没有人能知道它的开始，也没有人能知道它的终结。彭祖得到它，从远古的有虞时代一直活到五伯时代；傅说得到它，用来辅佐武丁，统辖整个天下，乘驾东维星，骑坐箕宿和尾宿，而永远排列在星神的行列里。

这段话虽然长，但不出《道德经》的思想，也可以看作是庄子对老子的"道"作了进一步的阐述，描述了它在时间、空间上的无限性。具体说来，首先是《道德经》第四章"吾不知谁之子，象帝之先"，意思是道不是谁的"子"，它是天地之"父"才对。如《道德经》第二十五章"有物混成，先天地生"，道在天地之先就存在了。所以说，这一层是《道德经》思想的展开而已。只是庄子穷极想象，对大道的存在也秉承老子的"其精甚真，其中有信"的理念，认为道自古至今都是真实存在的，并且是可以验证的。庄子的这段话，既可当神话看，能让我们了解很多关于古代神话的知识以及浪漫的想象，也可当作哲学看，是用形象的方式来解释道：道是"无为无形"而又永存的，因而体察"道"就必须"无人""无我"，方能像真人一样体悟大道。

二

南伯子葵[1]问乎女偊[2]曰："子之年长矣，而色若孺子，何也？"曰："吾闻道矣。"

南伯子葵曰："道可得学邪？"曰："恶！恶可？子非其人也。夫卜梁倚[3]有圣人之才而无圣人之道，我有圣人之道而无圣人之才。吾欲以教之，庶几[4]其果为圣人乎？不然，以圣人之道告圣人之才，亦易矣。吾犹守而告之，参日而后能外天下；已外天下矣，吾又守之，七日而后能外物[5]；已外物矣，吾又守之，九日而后能外生[6]；已外生矣，而后能朝彻[7]；朝彻，而后能见独[8]；见独，而后能无古今；无古今，而后能入于不死不生[9]。杀生者不死，生生者不生。其为物，无不将也，无不迎也，无不毁也，无不成也，其名为撄宁[10]。撄宁也者，撄而后成者也。"

南伯子葵曰："子独恶乎闻之？"曰："闻诸副墨之子[11]，副墨之子闻诸洛诵之孙[12]，洛诵之孙闻之瞻明[13]，瞻明闻之聂许[14]，聂许闻之需役[15]，需役闻之於讴[16]，於讴闻之玄冥[17]，玄冥闻之参寥[18]，参寥闻之疑始[19]。"

注释：

1. 南伯子葵：即南郭子綦。见《齐物论》篇注。

2. 女偊（yǔ）：古时得道者。

3. 卜梁倚：人名。

4. 庶几：或许。

5. 外物：忘物。

6. 外生：忘我。

7. 朝彻：犹"彻悟"。

8. 见独：窥见独立的大道。

9. 不死不生：即"齐生死"。

10. 撄宁：外界的一切纷繁都不能扰乱心境的安宁。

11. 副墨之子：指文字。文字是用墨书写的，引申为道理的副本。

12. 洛诵之孙：指后世的诵读者。洛，通"络"，反复之意。

13. 瞻明：见解洞彻。

14. 聂许：耳闻心许。

15. 需役：待时行使。

16. 於讴：吟咏嗟叹。

17. 玄冥：幽渺深远。

18. 参寥：参悟寥廓。

19. 疑始：大道的起始不可推测。

当然，庄子是故事大王，不讲故事的《庄子》也是无趣的。在第二部分，庄子又开始讲故事了，来看第一个故事：

南伯子葵向女偊问道："你的岁数已经很大了，可你的容颜却还像个孩子一样，这到底是什么缘故呢？"女偊回答："那是因为我得'道'了。"

南伯子葵又问："'道'是可以学习的吗？"女偊立刻回答说："不能！怎么可以呢？你不是那种可以学习'道'的人呀！像那个卜梁倚，他有圣人的才气却没有圣人的心境，我有圣人的心境却没有圣人的才气。如果我用虚淡的心境来教导他，或许他果真能成为圣人吧！即便不能，我把圣人虚淡的心境，传告给他这样具有圣人才气的人，应该也是很容易的。"

接下去的这段话里，出现了一个重要的概念：朝彻。字面上的解释就是早晨太阳的光辉遍洒、清澈、温暖。而庄子的"朝彻"，是讲一种修行的境界。就好比女偊接着说起的一种类似闭关修行的方法和过程：持守三天而后能遗忘天下；已经遗忘天下了，再持守，七天以后就能不被物役（即"外物"）；心灵已经不被物役了，又持守，九天以后就能无虑于生死（即"外生"）；已经把生死置之度外了，心境就能够清明洞彻（即"朝彻"）；心境清明洞彻，而后就能体悟到绝对无待的哲学本体，也就是"道"（即"见独"）；既已感受了"道"，而后就能超越古今的时限（即"无古今"）；既已能够超越古今的时限，而后便进入无所谓生、无所谓死的境界（即"不死不生"）。理解这段话的关键是"外"字，"外"就是"忘"和"舍"的意思。如果不能"外天下"和"外物"，做到"物物而不物于物"，就断然不可能做到"外生"；不"外生"，便同样断然不可能朝彻和见独、悟见道的本体，获得最高的智慧和境界。上述这种解释可谓之"道解"——道家和道教的解释，这是第一种解释。

第二种解释可谓之"佛解"。如若按佛家理解，"朝彻"讲的是对事物生灭次序幻相执着的放下，其次序也类似《金刚经》里所说的无四相："无我相，无人相，无众生相，无寿者相。"所谓"外天下"是指圣人之才须摆脱社会的束缚，开始转向对生命本身进行探求；"外物"即摆脱事物的束缚；"外生"指摆脱生命的束缚，进入对万法唯识的认知，是佛家无我相的境界；"朝彻"是说摆脱识的束缚，洞彻了真如究竟，是佛家无人相的境界，不再单纯从人的观点出发看待问题；"见独"指摆脱因缘的束缚，是佛家无众生相脱俗入圣的境界；"无古今"是讲摆脱时间的束缚，超越成心；"不死不生"是说摆脱生死的束缚，即非死非生，正是佛家不生不灭的无寿者相的境界。

第三种解释可谓之"禅解"。在禅宗的语境中，这个"朝"就是时间很短的意思，朝彻其实就是顿悟。禅语有"万古长空，一朝风月"，所讲的也就是顿悟成佛的"朝彻"境界。

综上，无论哪一种解释，这个出自《庄子》的名词给人的感觉都如朝晖朗照、明月当空，皆是光明遍洒之象。

这是一个修行的程序，是"忘"的过程。当然，最难忘却的是生死问题，也就是悟"齐生死"的大道。《庄子》一文有多处说到"齐生死"的事，在《大宗师》里就有好几处，足见庄子对生死问题的重视。

子祀、子舆、子犁、子来[1]四人相与语曰："孰能以无为首，以生为脊，以死为尻[2]，孰知死生存亡之一体者，吾与之友矣。"四人相视而笑，莫逆于心[3]，遂相与为友。

俄而[4]子舆有病，子祀往问之。曰："伟哉！夫造物者，将以予为此拘拘[5]也。"曲偻发背[6]，上有五管，颐隐于齐[7]，肩高于顶，句赘指天。阴阳之气有沴[8]，其心闲而无事，跰[9]𨇤而鉴于井，曰："嗟乎！夫造物者又将以予为此拘拘也！"子祀曰："汝恶之乎？"曰："亡[10]。予何恶！浸假[11]而化予之左臂以为鸡，予因以求时夜[12]；浸假而化予之右臂以为弹，予因以求鸮炙[13]；浸假而化予之尻以为轮，以神为马，予因以乘之，岂更驾[14]哉！且夫得[15]者时[16]也，失者顺[17]也，安时而处顺，哀乐不能入也，此古之所谓县解也；而不能自解者，物有结之。且夫物不胜天久矣，吾又何恶焉！"

俄而子来有病，喘喘[18]然将死其妻子环而泣之。子犁往问之，曰："叱！避！无怛化[19]！"倚其户与之语，曰："伟哉造化！又将奚以汝为？将奚以汝适？以汝为鼠肝乎？以汝为虫臂乎？"子来曰："父母于子，东西南北，唯命之从。阴阳于人，不翅[20]于父母。彼近吾死而我不听，我则悍矣，彼何罪焉？夫大块以载我以形，劳我以生，佚我以老，息我以死。故善吾生者，乃所以善吾死也。今之大冶[21]铸金，金踊跃[22]曰：'我且必为镆铘[23]！'大冶必以为不祥之金。今一犯[24]人之形，而曰'人耳人耳'，夫造化者必以为不祥之人。今一以天地为大炉，以造化为大冶，恶乎往而不可哉！"成然[25]寐[26]，蘧然[27]觉[28]。

注释：

1. 子祀、子舆、子犁、子来：假托的人名。

2. 尻（kāo）：脊骨末端。

3. 莫逆于心：莫逆之交，心心相印。

4. 俄而：不久。

5. 拘拘：弯腰的样子。

6. 曲偻发背：伛偻曲腰，背骨弯露。

7. 颐隐于齐：面颊隐没在肚脐眼里。颐，面颊。齐，通"脐"，肚脐。

8. 沴（lì）：凌乱。

9. 跰𨇤（pián xiān）：行步艰难的样子。

10. 亡：通"无"，没有。

11. 浸假：浸，渐渐。假，使。

12. 时夜：司夜，指报晓的公鸡。

13. 鸮（xiāo）炙：烤熟的斑鸠肉。鸮，斑鸠。炙，烤熟的肉。

14. 更驾：更换车驾坐骑。

15. 得：指得到生命，与下句的"失"相对应，得失也即生死。

16. 时：适时。

17. 顺：顺应规律。

18. 喘喘：气息急促。

19. 无怛化：不要惊动正在变化的人。

20. 不翅：不啻。

21. 大冶：指冶炼金属高超的工匠。

22. 踊跃：跃起。

23. 镆铘：亦作"莫邪"，传说中的宝剑名。

24. 犯：通"范"，成为。

25. 成然：安然。

26. 寐：睡着，这里指死亡。

27. 蘧然：忽然。

28. 觉：醒来，这里指生还。

第二个故事是说子祀等"四人组"的故事：

子祀、子舆、子犁、子来四个人在一块聊天，他们说道："谁能够把无当作头，把生当作脊柱，把死当作尻尾，通晓生死存亡是浑然一体的，我们就可以跟他交朋友。"四个人相视而笑，彼此心心相印，于是结交为朋友。

后来子舆得了大病，子祀去看他，发现他病得不像人样，却依然闲适乐观，甚至还能对着井水中的影子调侃自己。子祀感到奇怪，就问他是否讨厌他自己这弯屈不伸的样子？子舆是这样回答的："没有，我怎么会讨厌这副样子呢？如果造物者逐渐把我的左臂变成公鸡，我就用它来报晓；如果造物者逐渐把我的右臂变成弹弓，我便用它来打斑鸠烤了吃；如果造物者把我的臀部变成车轮，把我的精神变成骏马，我就用来乘坐，难道还要更换别的车马吗？至于生命的获得，是因为适时，生命的丧失，则是因为顺应；安于适时而处之顺应，悲哀和欢乐都不会侵入我的内心，这就是古人所说的解脱了倒悬之苦。然而不能自我解脱的原因,则是受到了外物的束缚。况且事物的变化向来就不能超越自然的力量,我又怎么能厌恶自己现在的变化呢?"

不久,子来也生了病,气息奄奄,即将死去,他的妻子儿女都围在床前哭泣。子犁前往探望时说:"喂,你们都走开!不要惊扰他由生而死的变化啊!"子犁靠着门跟子来说话:"伟大的造物者又将要把你变成什么,把你送到何方呢?是变成老鼠的肝脏,还是变成虫蚁的臂膀呢?"子来就说:"子女对于父母,无论东西南北,都只能听从吩咐。自然的变化对于人而言,则不啻于父母。它使我靠近死亡,如果我不听从的话,那就太蛮横了,而它又有什么过错呢!大地把我的形体来托载,用生存来使我劳苦,用衰老来使我闲适,用死亡来使我安息。所以,我可以把我的存在看作好事,也可以把我的死亡看作好事。现在如果有一个高超的冶炼工匠在铸造金属时,金属熔解后跃起说:'我必要成为良剑莫邪。'冶炼工匠必定认为这是不吉祥的金属。如今人一旦承受了人的外形,便说:'成人了!成人了!'造物者一定会认为这是不吉祥的人。如今我把整个天地当作大熔炉,把造物者当作高超的冶炼工匠,我还有哪里不可以去呢?"于是,子来安然熟睡似的离开了人世,又好像惊喜地醒过来似的回到了人间。

这段话从哲学角度来理解,其核心就是:天地间阴阳二气结合,就有了万物,其变化是无穷的。人到了死之大限,是自然阴阳的命令,又为什么要抗拒呢?人的生命是它造化出来的,我们必须还之于它。自然的大道给了我们人形,生和死都是很自然的,所以我们也没有理由去怨天尤人。

在道家看来,顺应自然才是大智慧,所谓人定胜天则是虚妄。生病濒死的子舆不仅没悲伤,反而对着井水中的倒影赞叹起造物主的神奇。在这类道家人物看来,生命本来就是上天赋予的,上天收回去也是很自然的，这是规律，谁也无法改变。所以智者都懂得与天讲和，平静地接受生老病死，而不是让痛苦来左右自己。活着就快乐地劳作，老了就让自己轻松下来，死了就当是彻底的休息。正所谓"知其不可奈何而安之若命"！在庄子看来，这不是悲观，而是大智慧、大解脱。纵有千年铁门槛，终须一个土馒头。既然谁都无法摆脱死亡之命运的阴影，那就智慧地、淡然地接纳它！这，就是庄子哲学的死亡观，就是庄子哲学的达观。

子桑户、孟子反、子琴张[1]三人相与友，曰："孰能相与于无相与，相为于无相为？孰能登天游雾，挠挑无极，相忘以生，无所终穷？"三人相视而笑，莫逆于心，遂相与为友，莫然。

有间而子桑户死，未葬。孔子闻之，使子贡往侍事[2]焉。或编曲，或鼓琴，相和而歌曰："嗟来[3]桑户乎！嗟来桑户乎！而已反[4]其真，而我犹为人猗[5]！"子贡趋而进曰："敢问临尸而歌，礼乎？"二人相视而笑曰："是恶知礼意！"

子贡反，以告孔子，曰："彼何人者邪？修行无有[6]，而外其形骸，临尸而歌，颜色不变，无以命之。彼何人者邪？"孔子曰："彼游方[7]之外者也，而丘游方之内者也。外内不相及，而丘使女往吊之，丘则陋矣！彼方且与造物者为人[8]，而游乎天地之一气[9]。彼以生为附赘县疣[10]，以死为决疣溃痈[11]。夫若然者，又恶知死生先后之所在！假于异物，托于同体；忘其肝胆，遗其耳目；反覆终始，不知端倪；芒然仿徨乎尘垢[12]之外，逍遥乎无为之业。彼又恶能愦愦然[13]为世俗之礼，以观[14]众人之耳目哉！"子贡曰："然则夫子何方之依？"孔子曰："丘，天之戮民也。虽然，吾与汝共之。"子贡曰："敢问其方。"孔子曰："鱼相造[15]乎水，人相造乎道。相造乎水者，穿池而养给[16]；相造乎道者，无事而生定[17]。故曰，鱼相忘乎江湖，人相忘乎道术。"子贡曰："敢问畸人[18]。"曰："畸人者，畸于人而侔[19]于天。故曰，天之小人，人之君子；人之君子，天之小人也。"

注释：

1. 子桑户、孟子反、子琴张：假托的人名。

2. 侍事：帮助办理丧事。

3. 来：语气助词。

4. 反：通"返"，返归。

5. 猗：叹词，犹如"啊"。

6. 修行无有：即"无有修行"，不按礼仪修养德行。

7. 方：方域，指人类生活的空间。

8. 为人：为友。

9. 一气：浑一元气。

10. 附赘县疣（yóu）：比喻多余的东西。

11. 决疯（huàn）溃痈（yōng）：指毒疮化浓而破溃。

12. 尘垢：红尘、尘世。

13. 愤愤然：烦乱的样子。

14. 观：给人看。

15. 造：往，到。

16. 养给：给养充裕。

17. 生定：性情平静安定。

18. 畸人：这里指不合于世俗的人。

19. 侔（móu）：齐同。

第三个故事是一个三人组的故事。

这三个人分别叫子桑户、孟子反、子琴张，他们在一起谈话："谁能够相互交往而出于无心，相互帮助而出于无为呢？谁又能登上高空在雾里巡游，循环升登于无穷的太空中，忘掉自己的存在，而永远没有终结呢？"三人相视而笑，心心相印，于是结成好友。

过了不久，子桑户死了，还没有下葬。孔子知道了，就派弟子子贡前去帮助料理丧事。子贡到了一看，孟子反和子琴张却一个在编曲，一个在弹琴，甚至还唱起了歌："哎呀，子桑户啊！哎呀，子桑户啊！你已经返归本真，可我们还托着形骸活在世间呀！"子贡听了，立刻快步走到他们面前，不忿地说："我冒昧地请教，对着死人的尸体唱歌，这难道合乎礼仪吗？"二人笑了笑，不屑地说："你这种人怎么会懂得'礼'的真实含义呢？"

子贡回来后很愤怒，就把自己见到的情况告诉了孔子："一个朋友去世了，另外两个朋友去吊丧，却对着死尸唱起了歌，容颜和脸色一点也不改变，也没有任何悲戚的表现，有人还说他们是高人，可是我简直无法用语言去形容他们这些人，太无礼了！这都是些什么样的人呀！"

于是，《大宗师》里庄子借孔子之口又讲了如下的话："他们都是些摆脱礼仪束缚而逍遥于人世之外的人，我却是生活在具体世俗环境中的人。人世之外和人世之内的人彼此不相干涉，可是我却让你前去吊唁，我实在是浅薄啊！人家那些人是世外之人，咱们的这一套做法跟人家的不相容，或者说井水不犯河水。你看见这些人的做法，你当然气愤，可他们看见咱们的反应，还觉得咱们浅薄呢！所以老师先检讨，老师派你去吊唁，简直是浅薄。他们这些人是与无限的造物者结为伴侣，而逍遥于天地浑一的元气之中的。他们把人的生命看作像赘瘤一样多余，他们把人的死亡看作是毒痈化脓后的溃破。像这样的人，又怎么会顾及死生优劣的存在呢！他们凭借于各个不同的物类，但最终寄托于同一的整体之中；忘掉了体内的肝胆，也忘掉了体外的耳目；无尽地反复着终结和开始，但从不知道它们的头绪；茫茫然彷徨于人世之外，逍遥自在地生活在无所作为的环境中。他们又怎么会烦乱地去炮制世俗的礼仪，而故意炫耀于众人的耳目之前呢？"

子贡就问："那人家遵循那样的准则，逍遥于天地之间、世俗之外，那么老师您将遵循什么样的准则呢？"孔子就说："我孔丘啊，乃是苍天所惩罚的罪人！即使这样，我仍然想跟你们一起去竭力追求至高无上的道。"孔子最后这句话的意思是：我可没办法像他们一样潇洒，我不得不弄出很多条条框框的礼仪来，但我心向往之的仍然是他们追寻的大道。

在《庄子》中，常常出现这样一些清奇古怪的人物，他们或遗世独立，或被看作"畸人"，就像上文提到的孟子反、子琴张一样。把上文的意思说得简单通俗一点，就是这些人是把天地当作江湖，他们就是逍遥于天地中的世外高人，哪里会在意这些繁文缛节呢！庄子的意思是，应该表里如一，而不是表演给别人看。比如说吊唁的时候，很多人心里不悲也得哭，甚至有"孝子"哭不出来，请专门的人帮哭，表现给大家看。道家对此类表里不一的事是非常反对的。

子贡又问追求道的方法，孔子回答：鱼为什么争相投水？那是因为投入水中，它们的给养就充沛了，它们在水中就可以相忘于江湖了，就可以自由自在了。各位已看到，成语"相濡以沫"也出自此文，现在多用以赞赏患难之交。但庄子的原意是说，与其等到成为涸泽之鱼需要相濡以沫才能存活，不如平时自由自在地各自生活，逍遥快活，两两相忘。"江湖"二字最早也出自此文，喻指大江大水。庄子认为，人相忘于道术中，就像鱼相忘于江湖里，大家互相有道，对很多事情就没有那么多苛刻的要求，因而心胸旷达，就能够宽容别人，能够用平等的方式来对待别人。在生活之中，你做你的，我做我的，大家互不干涉。你的事我可以宽容，我的事你也可以原谅，不用互相指责，不用互相给对方挖坑，相忘于道术中，各美其美，美人之美，美美与共，天下大同。

子贡又请教"畸人"的问题。孔子回答：所谓"畸人"，就是不同于世俗而又等同于自然的人。所以说，自然的小人就是人世间的君子。子贡问的"畸人"，其实也就是前文《德充符》里讲的那些所谓的畸形人，就是不同于世俗而又等同于自然的人。大家都嘲笑他们，觉得这些人长得这么奇怪，很多人受过刑罚，终身都不应该翻身，理应遭到大家的蔑视。但是在庄子的眼里，这些人从来不认为自己有残缺、有残疾，既然上天赋予我的形体就是这样，那有什么理由轻蔑自己，又有什么理由被别人所轻蔑呢？孔子认为：他们是超越了世俗，忘却了自己外在形体的人，所以这就是不同于世俗，而又等同于自然的人。

"天之小人，人之君子；人之君子，天之小人也。"自然的小人，就是人世间的君子！这些人别人都叫他小人，大家觉得这些人应该被蔑视。但是他们在人世间，自然的小人就是人世间的君子，人世间的君子就是自然的小人。这两句话的意思就是讲，世俗上推崇的一些君子，其实是伪君子。他们的形象都是外在表现出来的，表演给别人看的，这就是天之小人，他们违背了自然规律，表现出来一些外在的礼仪，这是伪君子。反过来也是一样，像畸人这样被世俗蔑视的人，才是自然的、合道的君子。文中借助孔子和子贡之口，讲儒家制定的这些规律规则是不符合自然大道的，这些东西所造就出来的是对人性的一种损害，造就出来的是一些伪饰的君子，而庄子所要表达的是反其道而行之，认为人的行为应该符合自己所追求的大道。说白了就是：天之道与人之道相反，所谓"反者道之动"。

这里庄子利用孔子直接给"畸人"下了个精准的定义,"畸人"就是有别于世俗却等同于自然的人。这该是一个多么高尚的人!让人景仰,给人希望,令人心驰神往。一个人,能与自然和谐,脱离尘世,看淡生死,等同于自然。他们做事与人情世故不相符,看起来有"小人"之嫌,但其实这正是一个人的高明之处,是人之"君子"。仔细分析,这非常符合道家"物极必反"的哲学思想。超脱世俗观念,与自然融为一体,一切众生随缘而生、随缘而死,与自然相融合,摆脱世俗的干扰,不做俗人之事,或者在别人看来思维方式和处事观念、方法有点奇怪,不太符合常理,就接近"畸人"的状态了。像孔子按常理让子贡去吊唁那样,就达不到一个更高的"畸人"境界,就不能与自然相融合地看待生死了。

如何面对生死的问题,怎样做个人之君子,又怎样是自然的"小人",这需要我们常人修炼内心,静观天地万物之变化,唯我如如不动,用一个超常的心态去面对任何事,可能我们就与自然更接近,与君子更接近了。

这样,岂不安好?

颜回问仲尼曰:"孟孙才[1],其母死,哭泣无涕,中心不戚[2],居丧不哀。无是三者,以善处丧盖鲁国,固[3]有无其实而得其名者乎?回壹[4]怪之。"

仲尼曰:"夫孟孙氏尽之矣,进[5]于知矣,唯简之而不得,夫已有所简矣。孟孙氏不知所以生,不知所以死,不知就先[6],不知就后,若化为物,以待其所不知之化已乎!且方将化,恶知不化哉?方将不化,恶知已化哉?吾特与汝,其梦未始觉者邪?且彼有骇形[7]而无损心,有旦宅[8]而无情死[9]。孟孙氏特觉,人哭亦哭,是自其所以乃。且也相与吾之耳矣,庸讵知吾所谓吾之乎?且汝梦为鸟而厉乎天,梦为鱼而没于渊。不识今之言者,其觉者乎,其梦者乎?造适不及笑,献笑不及排,安排而去化[10],乃入于寥[11]天一。"

注释:

1. 孟孙才:复姓孟孙,名才,鲁国人。

2. 戚:悲痛。

3. 固:难道。

4. 壹:实在。

5. 进:超过。

6. 先:指"生",与下句"后"字指"死"相应。

7. 骇形:人死后形体有惊人的变化。

8. 旦宅:通"怛诧",惊恐。

9. 情死:精神死亡。

10. 去化:忘却死亡的变化。

11. 寥:寂寥,虚空。

第二部分的最后一个故事,是借孔子和颜回的对话,说明人的躯体有了变化而人的精神却不会死亡,安于自然、忘却死亡,便能进入"道"的境界而与自然合成一体。

颜回请教孔子说:"孟孙才的母亲死了,可他哭泣时却没有掉一滴眼泪,心中不感到一丝悲伤,居丧时也不感到哀痛。从这三方面看来,他对于母亲的逝世并没有任何悲哀的表现,但能够因为善于处理丧事而名扬鲁国,难道真会有这样有名无实的情况存在吗?颜回我实在觉得奇怪啊!"

孔子听完就对他说："孟孙才处理丧事的做法才是尽善尽美的，大大超过了那些十分懂得丧葬礼仪的人！人们总表示希望能够从简治丧，却只有孟孙才能够做到，因为他从不过问人是因什么而生的，也从不去探寻人是因什么而死的；不知道趋近生，也不知道靠拢死；他那是在顺应自然的变化，成为他应该变成的物类，以期待那些自己所不知晓的变化！况且即将出现变化，怎么能知道不变化呢？即将不再发生变化，又怎么能知道已经有了变化呢？只有我和你这样的人呀，才是做梦似的，没有一点儿觉醒呢！那些死去了的人惊扰了自身的形骸，却丝毫无损于他们的精神，这就好比精神的寓所在朝夕之间改变，却并不是精神真正的死亡。唯独孟孙才觉醒了，人们哭他也跟着哭，只是他跟着装出的样子罢了！况且人们在交往中，总是借助形骸来称呼自我，但我们又怎么知道我所称述的躯体，就一定是真正的我呢？就好比你梦中还能变成鸟直飞蓝天，或者变成鱼潜入深渊一样。不知道现在说着话的我们，算是醒悟的人呢，还是做梦的人呢？心境快适的时候是来不及笑出声音的，笑声从内心发出来是来不及事先安排的，安于自然的推移，忘却死亡的变化，我们就能进入到寂寥虚空的天道，并与之浑然成为一体。"

像孟孙才这样的事，我们经常能在一些历史典故中看到，比如说魏晋名士阮籍的母亲去世了，人家去叫他，他还在那下棋，神色没有一点变化，大家就觉得这人简直是太可恶了。可是棋下完了，阮籍回到他母亲的棺前，顿时痛哭几声，呕血数升。大家刚想跟着哭，他又没事了，转身又走了。大家就觉得，这样的人简直飘忽得没办法去理解。针对这种类似的情况，庄子的意思是要做到表里如一，而不是表演给别人看。比如我们之前说到过，吊唁的时候，心里不悲也得哭，甚至还请专门的人帮哭，这样就很不好。

上文中提到的子祀四人、子桑户三人和孟子反的几个故事，都指向一个敏感的字,那就是"死",所讲的是庄子对待死亡的态度。在中国的历史上,"死"这个字是大家都尽量避免说出口的,就连孔子也是如此:季路问事鬼神,子曰:"未能事人,焉能事鬼?"曰:"敢问死。"曰:"未知生,焉知死?"

此事出自《论语·先进》。孔子的学生去问老师什么是死,孔子对他讲:活着还没有搞清楚,研究什么死?在老子的《道德经》里边,也只是提到"死而不亡者寿""出生入死"几句。在中国的历史上,"死"这个字是大家都尽量避免出口的。而庄子不一样,庄子是我们中国哲学史上第一个直面生死的哲学家。庄子不仅喜欢谈死,而且把死谈得还很有诗意,比如我们前面讲到的真人,"不知说生,不知恶死",活着也没有什么太高兴的,死了也没有什么太悲伤的。因为在庄子看来,人的死和生其实是一体的,是无法逃避的。既然无法逃避,那就要安时而处顺,安于这个时间安排,把这事看成一件很顺畅的、自然而然的事。

李白的《春夜宴从弟桃花园序》里的话,可以看出受到《庄子》很大的影响:"夫天地者,万物之逆旅也;光阴者,百代之过客也。"我们在天地之间不就跟住个旅馆一样吗?谁知道死了以后我们去了什么地方?也许就死和活之间、生和死之间,就这样像白天黑夜一样交替,永恒地变化着。这和庄子讲的何其一致。

当然,《大宗师》里最精彩、最能体现庄子达观思想的还是上文提到的这段话,可以看作是对这几组故事的总结概括:"夫大块载我以形,劳我以生,佚我以老,息我以死。故善吾生者,乃所以善吾死也。"所以我觉得,在庄子文章里谈到的死,让人感觉起来并没有那么可怕。当然,道家是强调自然而生、自然而死的,主动地放弃生命也是不符合道的。轻生,这本身就是对道的一种亵渎和违背。"故善吾生者,乃所以善吾死也",先要珍惜生命,善待生命,然后才谈得上"善吾死"。

概而言之，此篇精神命脉主要在死生一事。其实不单是此篇，《庄子》全文三十三篇主要的精神命脉也在于此，只是此文的主旨更为明确。全篇都在打破生死立义，又不直说生死，一步深入一步，直追入无生无死处，实可谓一种大境界、大解脱的大手笔啊！

三

意而子[1]见许由，许由曰："尧何以资[2]汝？"意而子曰："尧谓我：'汝必躬服[3]仁义而明言是非。'"

许由曰："而奚来为轵[4]？夫尧既已黥[5]汝以仁义，而劓[6]汝以是非矣，汝将何以游夫遥荡恣睢转徙[7]之涂乎？"意而子曰："虽然，吾愿游于其藩[8]。"

许由曰："不然。夫盲者无以与乎眉目颜色之好，瞽[9]者无以与乎青黄黼黻[10]之观。"意而子曰："夫无庄[11]之失其美，据梁[12]之失其力，黄帝之亡其知，皆在炉捶[13]之间耳，庸讵知夫造物者之不息我黥而补我劓，使我乘成[14]以随先生邪？"

许由曰："噫！未可知也。我为汝言其大略：吾师[15]乎！吾师乎！齑[16]万物而不为义，泽及万世而不为仁，长于上古而不为老，覆载天地、刻雕众形而不为巧。此所游已。"

注释：

1. 意而子：假托的人名。
2. 资：教。
3. 躬服：亲身实践，身体力行。

4. 轵（zhǐ）：通"只"，句末语气词。

5. 黥（qíng）：一种用刀在额上刺刻然后涂上墨的古代刑罚。

6. 劓（yì）：一种割去鼻子的古代刑罚。

7. 遥荡恣睢转徙：逍遥放荡，放任不拘，辗转变化。

8. 藩：篱笆，指受到一定约束的境域。

9. 瞽（gǔ）：眼盲。

10. 黼黻（fǔ fú）：礼服上的花纹。

11. 无庄：虚构的古代美人，寓含不装饰的意思。

12. 据梁：虚构的古代勇夫，寓含强梁的意思。

13. 炉捶：冶炼锻打。

14. 乘成：使形体完全。

15. 师：实指"道"。

16. 齑：粉碎，引申为调和。

第三部分由最后三个故事组成，也是逐渐递进阐述三层意思。

第一层是重言，是借许由之口，批判儒家的仁义是非观念。

意而子去拜访许由，许由问他："尧是用什么来教诲你的呢？"意而子说："尧对我说：'你一定得亲身实践仁义并明白无误地判辨是非。'"

许由说："那你为什么还要来我这里呢？尧已经用'仁义'在你的额上刻下了印记，又用'是非'割下了你的鼻子，你将凭借什么游处于逍遥放荡、纵任不拘、辗转变化的境界中呢？"意而子说："即便如此，我还是希望游处于能达到的边缘之内。"

许由说："不是这样的。盲人没法欣赏姣好的眉目和容颜，瞎子没法欣赏礼服上各种不同颜色的花纹。"意而子说："无庄忘掉了自己的美丽，据梁忘掉了自己的勇力，黄帝忘掉了自己的智慧，因为他们都经过了'道'的冶炼和锻打。你怎么就知道那造物者不会养息我受黥刑的伤痕、补全我受劓刑所残缺的鼻子，使我得以保全托载精神的身躯而跟随着先生呢？"

许由说："唉！这不一定能够知道啊！我还是给你说个大概吧：'道'是我伟大的宗师啊！它调和万物不是为了道义，把恩泽施于万世不是出于仁义，长于上古而不自认为老，覆天载地、雕刻万物之形也不认为是技巧。这就是我所游的地方了。"

关于许由，前文提到过，此处还得说几句。其实，许由虽实有其人，但在《庄子》中其形象也是或道或儒，并非固定不变的。许由在《庄子》中总共出现于八个篇章：《逍遥游》《大宗师》《天地》《徐无鬼》《外物》，《让王》《盗跖》《列御寇》。可见，许由乃《庄子》中十分重要的人物，在《庄子》内篇中，许由是道家或庄子的自我写照；而在《庄子》外篇和杂篇中，则多是"融儒入道"之许由，《庄子·让王》篇中尤为典型。在前面讲过的《庄子·内篇·逍遥游》中，尧欲将天下"禅让"给值得信赖的许由，许由"洗耳"以示不屑，以无为而治的说辞，不肯接受儒家圣人的让天下。而本文中的许由依然是道家形象，庄子借他之口，批判儒家的仁义和是非观念，指出儒家的观念是对人的精神摧残。

颜回曰："回益[1]矣。"仲尼曰："何谓也？"曰："回忘仁义矣。"曰："可矣，犹未也。"

他日复见，曰："回益矣。"曰："何谓也？"曰："回忘礼乐矣。"曰："可矣，犹未也。"

他日复见，曰："回益矣。"曰："何谓也？"曰："回坐忘[2]矣。"仲尼蹴然[3]曰："何谓坐忘？"颜回曰："堕[4]肢体，黜[5]聪明，离形去知，同于大通[6]，此谓坐忘。"仲尼曰："同则无好[7]也，化则无常[8]也。而果其贤乎！丘也请从而后[9]也。"

注释：

1. 益：以损为益，即进入"道"的境界。

2. 坐忘：端坐而忘掉一切。

3. 蹴然：惊而改容的样子。

4. 堕（huī）：通"隳"，忘掉身体。

5. 黜（chù）聪明：忘掉智力。

6. 大通：大道。

7. 无好：没有好恶之情。

8. 常：不变。

9. 从而后：跟在你后面。

　　第二层意思是上文的递进，指出大谈仁义不如忘却仁义，所谓"大道不称"，论述"坐忘"才是进入"道"的境界的方法。

　　我们来看这个故事"回益矣"。回就是颜回，也就是颜渊。前文说过，在庄子的文中，他经常借助孔子和他的学生颜回、子贡来说事。"回益矣"就是颜回说他自己进步了。故事主旨是在暗讽儒家的是非观念对人的精神摧残。这很有意思，庄子用儒家人物来说他们自己的观点不对，表示应该按道家的思想，安于自然的安排，不必逆自然而为。

　　颜回对老师说"回益矣"，我颜回进步了。"仲尼曰，何谓也？"孔子就问："你说的是什么意思？"颜回就说："回忘仁义矣。"我颜回把仁义这回事给忘了。颜回说的是道家"上德不德"的道理，意思是虽然我做的都是仁义的事，但我都是自然而然做的，做的善事自己都不知道，我不是有意为之啊！孔子说："可矣，犹未也。"孔子就对他讲：挺好的，挺好的，但是好像还没有达到一个更高的程度吧。看来庄文中的孔子对学生有着更高的境界和要求啊！

几天后孔子又见到了这个颜回，颜回又对老师说：我颜回又进步了。孔子又问：是怎么回事呢？曰："回忘礼乐矣。"颜回就讲他把礼乐这事也给忘了。礼乐之说是儒学之根本，颜回竟然也把这事都忘掉了，做礼乐之事而不受礼乐之名所累，可以了吧？老师却说："可矣，犹未也。"挺好的，挺好的，但是好像还没有达到更高的水平。

他日复见，曰："回益矣。"又见到了，颜回又跟老师讲：我又进步了。老师又问：怎么回事呢？曰："回坐忘矣。"颜回说出来一个新词"坐忘"，孔子很好奇，也很警觉，蹴然曰："何谓坐忘？"孔子突然就问：这坐忘是什么意思呢？颜回就讲：我现在可以"堕肢体""黜聪明"了，意思就是说他现在不存在形体的束缚，也不再被聪明所累；"离形去知"，就是他把外表的形体和这个聪明的束缚都去掉了；"同于大通"，也就是同于大道的意思。这就叫"坐忘"，就是不受这些外在的形体、小聪明的束缚，让自己和大道相接通，也就是所谓"独与天地精神相往来"的意思。各位，我们古文字里的"坐"字，很多时候都是"因为"的意思。比如"停车坐爱枫林晚"中的"坐"，就是如此。此文中的"坐忘"，若按此来理解就和原义更接近了。因此，仲尼曰："同则无好也，化则无常也。而果其贤乎！丘也请从而后也。"孔子说：你这个理解得太深刻了！我也向你学习，跟在你的后面要达到这样的一个程度。

总之，庄子太聪明，以重言方式借孔子之口逐层递进，指出仁义礼乐的束缚而高扬道家道法自然的道理。"坐忘"的思想在后世影响很大，所谓虚静心空、物我两忘是也。东坡有两句诗"静故了群动，空故纳万境"（《送参寥师》），不正是在讲这个"坐忘"的境界吗？

子舆与子桑友，而霖雨[1]十日，子舆曰："子桑殆病矣！"裹饭而往食之。至子桑之门，则若歌若哭，鼓琴曰："父邪？母邪？天乎？人乎？"有不任[2]其声而趋举其诗[3]焉。

子舆入，曰："子之歌诗，何故若是？"曰："吾思夫使我至此极者而弗得也。父母岂欲吾贫哉？天无私覆，地无私载，天地岂私贫我哉？求其为之者而不得也。然而至此极者，命也夫？"

注释：

1. 霖雨：连绵细雨。
2. 任：堪。
3. 趋举其诗：急促地唱出歌词。

最后一个故事是"子桑安命"的故事，可看作本部分的第三层，甚至是全文的一个总结，说明一切都由"命"所安排，非人力所能改变，所以一切也都是最好的安排。

故事的内容是这样：子舆和子桑是好朋友，连绵的阴雨下了十日，子舆说："子桑恐怕已经困乏而饿倒了吧。"便抱着饭食前去给他吃。来到子桑门前，听见子桑好像在唱歌，又好像在哭泣，而且还弹着琴："是父亲呢，还是母亲呢？是天呢，还是人呢？"声音微弱到好像禁不住感情的表达，正急促地吐露着歌词呢！

子舆立刻走进屋子说："你歌唱的诗词，为什么是这个样子的？"子桑回答说："我在探寻使我达到如此极度困乏和窘迫的人，然而没有找到。父母难道会希望我贫困吗？苍天没有偏私地覆盖着整个大地，大地没有偏私地托载着所有生灵，天地难道会单单让我贫困吗？寻找使我贫困的东西，可是我没能找到，就已经困乏到如此极度的地步，这还是命啊！"

  这个故事很道家！子舆与子桑是"相视而笑，莫逆于心"的朋友。当时下了十多天的雨，子舆知道子桑是个家无余粮的人，像个野人一样地过日子，就怕他饿病了，于是子舆就带着饭，去送给子桑吃，这个正是朋友间真正的关爱。在他们的对话中，重病的子桑认为生死本自然，无须向任何人抱怨。正如前文所说："造适不及笑，献笑不及排，安排而去化，乃入于寥天一。"

  是啊，我们内心适意自得时，自会露出笑容。这个微笑是无须排练的，是自然而然的。生死也是一样。对于子桑来说，生只是一个微笑，死只是一次哭泣。正如《道德经》第七十九章所说的"天道无亲"，任由众生自然生灭，不加干涉，生死有命，为何要怪天怪地呢！既然命运是定数也是变数，人心不偏倚，公平就一直在，命运不会偏袒任何人，所以，人也应该学习天地包容万物，接纳万物才是循道而行啊！

  总结全篇：境界高远洋洋洒洒的《大宗师》，以子舆探病好友子桑而收篇。初看意外，细思则觉得很是不凡。结尾句是子桑安之于命，和开篇知天、人之所为首尾呼应。子舆贫困潦倒、病体支离之时，对天地父母，想到的是生成覆载之恩，无所不至。有此困境，绝不能归之于父母、天地也，那最后只有"知之不可奈何而安之若命"，以此自安。知天知人，所以不怨天尤人，正是知天知人之至也！

  细读则可看出，这是在讲大宗师的智慧。本篇是拿死生一事试刀（其实也不单是此篇，三十三篇大都如此），也就是在打破生死立义，又不直说出生死。一步深入一步，直追入无生无死处。开篇提出"道"字，为大宗师立旗，之后许多真人：有情者，真宰之主乎中；有信者，盛德之符于外；无为者，顺物自然而无所作为；无形者，游于无有而立乎不测。最后以子桑安命结笔，由大道经真人，落至人间，一步深入一步，直追入世间，安命世人皆可做到。如果没有这结尾，则前文过于高远，以"子桑安命"为结尾，教人安命，可说是切近人情之言。

由此可以窥见，"知天之所为，知人之所为"二句乃是全文总纲，其结论是：天之所为者，无为之为也，正是《道德经》第六十三章所说的"为无为"，也就成了"大宗师"。而人之所为者，也应该是无为之为，就是得"大宗师"智慧的"真人""圣人"和"智者"。

应帝王

《庄子·内篇》有七篇文章，最后的一篇就是《应帝王》。这个"应"就是应该的意思，所以"应帝王"的意思就是应该怎么做帝王。在《道德经》里，王代表了治世的圣人。

按照道家的观点，足以领导天下国家的人非有道之士不能为也，也就是说有道之士才可以、才能够、才应该做治国平天下的帝王。那么究竟该怎么样来做，便是本篇的中心了。什么样的人应成为帝王呢？道家的答案倒是很明确，当然是能够听任自然、顺乎民情、行不言之教的人。这个观点都很熟，在《道德经》里被多次强调，所谓"处无为之事，行不言之教"，所谓"圣人之道，为而不争"，都讲的是做帝王的道理。虽然庄子对政治不像老子有那么强烈的兴趣，但是在他讲到这个部分的观点时，其本要依然归于老子，正体现了《史记》中所说："其学无所不窥，然其本要归于老子之言。"

《应帝王》叙事的顺序比较简明，主要由五个故事组成。开篇第一个故事是借蒲衣子之口，说出理想的为政者，就是听任人之所为，从不堕入物我两分的困境。

第二个故事是借助一个大家熟悉的人——接舆——之口说的，制定各种行为规范都是一种欺骗。为政者无须多事，如果强人所难，那像什么样子呢？一像涉海凿河，就是跳到海里边去凿河；一像使蚊负山，让蚊虫去担山一样。又借无名人之口，肯定接舆的无为而治的观点，也就是"顺物自然而无容私焉"，不要老用自己的想法、私心去干涉自然的发展。

第三个故事是借老聃之口，提出所谓明王之治，就是"使物自喜，化贷万物"的无为之治。帝王只能去帮助万物，像春风化雨一样，不要露行迹，不要过多地干涉，而要无为而治。

第四个故事是神巫给壶子看相的故事。神巫吹嘘自己什么都能看得出来，结果壶子每次表现出来的，都是把自己的内心的情绪给藏起来了。他的心，就处在一种非常虚空的状态。结果啊，这个神巫就被吓跑了，他看不出来，也无法去估测。这个故事想表达的是：只有"虚"而"藏"才能不为人所"测"，含蓄地指出为政也得虚己而顺应。

最后是大家都熟悉的"儵忽浑沌"的故事，也就是那个最后把浑沌凿出七窍，受人为伤害失去本真而死去的故事，寓指有为之政祸害无穷。

这些故事寓托了他无为而治的政治主张。上述故事的要旨，用文章本身的语言来概括，就是为政清明就应该像镜子那样"胜物而不伤"：来了就照见了，去了也不留，这样才能够胜物而又不伤。意思是把这事情做得很好，但是又不至于让彼此有所伤害。

一

啮缺问于王倪[1]，四问而四不知。啮缺因跃而大喜，行以告蒲衣子[2]。蒲衣子曰："而乃今知之乎？有虞氏[3]不及泰氏[4]。有虞氏其犹藏仁[5]以要人，亦得人矣，而未始出于非人[6]。泰氏其卧徐徐，其觉于于[7]；一[8]以己为马，一以己为牛；其知[9]情信[10]，其德甚真，而未始入于非人[11]。"

注释：

1. 啮缺、王倪：虚构的人名。

2. 蒲衣子：虚构的人名。

3. 有虞氏：指舜。

4. 泰氏：传说中的帝王。

5. 藏仁：指心怀仁义。

6. 出于非人：跳出外物的牵累。

7. 于于：迂缓的样子。

8. 一：不分物我。

9. 知：理智。

10. 信：真实。

11. 入于非人：陷入外物牵累。

第一个是关于蒲衣子的故事。

啮缺请教王倪，问了他四次，但他四次都回答说不知道。啮缺因此高兴得跳跃起来，把这件事告诉了蒲衣子。蒲衣子说："你现在知道了吗，有虞氏比不上泰氏？有虞氏心怀仁义地与人结交，虽然也能得到人心，然而还是未能跳出外物的牵累。泰氏睡觉时缓慢躺下，醒来时优柔自得，不分物我，以自己为马，以自己为牛。他的理智是信实的，他的德性是纯真的，他未曾陷入外物的牵累。"

上文出现的啮缺、王倪都是虚构的人名，在《逍遥游》中已经出现过。蒲衣子则是传说的高人。他在回答啮缺的问题时，高度肯定了伏羲氏的境界。这段话的关键是最后一句"入于非人",要从道家整体思想来理解,其大意就是进入到外物与自我相分的境地。庄子认为,从根本上讲外物与自我统一为一体而无所分别。伏羲氏的境界已达无为而治,所以他"知情信""德甚真",因而从不曾进入物我两分的困境,"以己为马""以己为牛"也听之任之。庄子借蒲衣子这位高人的"重言",讲的是其实是他齐物的思想。

二

肩吾见狂接舆,狂接舆曰:"日中始[1]何以语女?"肩吾曰:"告我:君人者以己出[2]经式义度[3],人孰敢不听而化诸[4]!"狂接舆曰:"是欺德[5]也。其于治天下也,犹涉海凿河,而使蚊负山也。夫圣人之治也,治外[6]乎?正[7]而后行,确乎能其事者而已矣。且鸟高飞以避矰[8]弋[9]之害,鼷鼠深穴乎神丘[10]之下以避熏凿之患,而[11]曾[12]二虫之无知!"

注释:

1. 日中始:虚构的人名。

2. 以己出:用自己的意志来推行。

3. 经式义度:均指法度。

4. 化诸:随之变化。

5. 欺德:欺诈不实的德行。

6. 治外:治理外表。

7. 正:顺应自然规律。

8. 矰（zēng）：捕鸟的网。

9. 弋（yì）：系绳的箭。

10. 神丘：社坛。

11. 而：你。

12. 曾：竟。

  这第二个小故事，是讲接舆和肩吾的事。接舆，大家都熟，楚狂人；肩吾，也是《庄子》中经常出现的形象，曾在文章中出现四次。

  接舆问肩吾："以前你的老师用什么来教导你呢？"肩吾就说："我老师告诉我了，做国君一定要凭借自己的意志来推行法度，这样的话谁还敢不听呢？我是国君，我的意志就是国家意志，我用这个意志来推行法度，谁敢不听！"接舆说："这是欺诈的做法。这样来治理天下，就像徒步下到海里开凿河道，这哪会有什么成就？就像让蚊虫背负大山一样，简直是不自量力。圣人治理天下，难道会去治理那些社会外在的表现吗？他们只是顺应本性，而后感化他人，听任人们之所能罢了。"

  然后，接舆又开始类比："鸟儿尚且懂得高飞躲避弓箭的伤害，老鼠尚且知道深藏于神坛之下的洞穴，逃避被人逮到的这种祸患。"这个说法多有趣啊！你看这些动物也很聪明，知道神坛底下有洞，躲到那里别人就不敢去侵犯了，而那些人呢，竟然连小动物这种顺应环境的本能的智慧都不了解，却只想强来，这岂不是违背自然规律吗？这里肩吾讲的是典型的法家的观点，《应帝王》这篇文章借接舆之口，讲出了道家对法家思想的反对。

  其实在战国时代，虽然还没有法家这个称呼，但是却有很多人的思想是后世所谓法家的思想，比如慎到、李悝、吴起、商鞅等。对法家而言，真理就在刀剑的范围之内，强权强制，孰敢不从？庄子借接舆之口，说出这是欺诳的做法。

天根[1]游于殷阳[2]，至蓼水之上，适遭无名人而问焉，曰："请问为[3]天下。"无名人曰："去！汝鄙人也，何问之不豫[4]也！予方将与造物者为人，厌，则又乘夫莽眇之鸟[5]，以出六极之外，而游无何有之乡，以处圹埌[6]之野。汝又何帛[7]以治天下感予之心为？"

又复问。无名人曰："汝游心于淡[8]，合气于漠[9]，顺物自然而无容私焉，而天下治矣。"

注释：

1. 天根：虚构的人名。
2. 殷阳：殷山的南面。
3. 为：治理。
4. 豫：愉快。
5. 莽眇之鸟：指状如飞鸟的清虚之气。
6. 圹埌（kuàng làng）：无边无际的样子。
7. 何帛（yì）：何故。
8. 淡：听任自然。
9. 漠：清静无为。

这段也是"重言"，是以无名人之口来正面讲述道家的"明王"，也就是应帝王的道理。

天根闲游于殷山的南面，来到蓼水河边，正巧遇上无名人，于是就向他求教："请问天下之事该如何治理啊？"无名人说："走开，你这个见识浅薄的人，怎么一张口就这么让人不愉快！我正打算跟造物者结成伴侣，厌烦时便乘坐那状如飞鸟的清虚之气，超脱于六极之外，生活在空无所有的地方，居处于旷达无垠的境域中。你怎么能用梦呓般的、所谓治理天下的话语来撼动我的心思呢？"

天根固执地再次提问。无名人说："你应当处于保持本性、无所修饰的心境，交合形气于清静无为的方域，顺应事物的自然而没有个人的偏私，那么天下也就得到了治理。"

上文的天根、无名人，都是虚构出来的人物，就像小说中的人物一样。当然，这两个名字都带有道家人物的色彩。至于"莽眇之鸟"是形容状如飞鸟的清虚之气，而"无何有之乡"成了后世一个出自《庄子》的典故，是指空无所有的地方，在庄文中是指逍遥自得的状态，是对精神世界绝对自由的追求。在《庄子·逍遥游》中，这五个字也出现过，指的也是同样的意思："今子有大树，患其无用，何不树之于无何有之乡，广莫之野？"

总之，在庄子的眼里，客观现实中的一事一物都是对立而又相互依存的，没有绝对的自由，要想无所依凭就得无己。因而他希望一切都顺乎自然，超脱于现实，否定人在社会生活中的一切作用，把人类的生活与万物的生存混为一体，提倡不滞于物，追求无条件的精神自由。既然是这样，那就只有跳出眼前所有，才能摆脱条件的束缚，进而达到无条件的状态。所以，"何不树之于无何有之乡"，所指的不是眼前所有的地方，而是空无所有的地方。

白居易《读庄子》一诗——"去国辞家谪异方，中心自怪少忧伤。为寻庄子知归处，认得无何是本乡"——活脱脱地写出像庄子一样的情感，一个站在异乡眺望故乡的人，一个向往绝对自由的精神故乡的人。

三

阳子居[1]见老聃,曰:"有人于此,向疾[2]强梁[3],物彻疏明[4],学道不倦。如是者,可比明王乎?"老聃曰:"是于圣人也,胥易技系[5],劳形怵心者也。且也虎豹之文来田,猿狙[6]之便、执斄[7]之狗来藉[8]。如是者,可比明王乎?"

阳子居蹴然[9]曰:"敢问明王之治。"老聃曰:"明王之治:功盖天下而似不自己[10],化贷万物而民弗恃[11];有莫举[12]名,使物自喜;立乎不测,而游于无有者也。"

注释:

1. 阳子居:即杨朱,战国时魏国思想家。
2. 向疾:像回声一样快。向,通"响"。
3. 强梁:强劲有力。
4. 物彻疏明:洞彻事物,疏通明达。
5. 胥(xū)易技系:像小吏一样轮番做事,像工匠一样被工巧所累。
6. 猿狙(jū):猿猴。
7. 斄(lí):狐狸。
8. 藉:绳索,引申为拘系。
9. 蹴然:面容改变的样子。
10. 不自己:不出自自己。化用《道德经》第十七章"功成事遂,百姓皆谓我自然"之句。
11. 化贷万物而民弗恃:化,教化。贷,推及。恃,依赖。化用《道德经》第四十一章"善贷且成"之句。
12. 举:称述。

无名人讲完了，轮到庄子的"大宗师"老聃，也就是老子出场了，他讲的话可谓重言中的重言。

这个故事是阳子居见老聃。阳子居，是指杨朱，真实的杨朱是战国时代倡导为我主义的哲学家。当然，这里是假借其名而已。杨朱去见老子，问这样一件事：倘若现在有这样一个人，他办事迅疾敏捷，强干果决，对待事物洞察准确，了解透彻，学道专心勤奋，从不厌怠，像这样的人可以跟圣哲之王相比并列了吧？老子说：你说的这样的人，在圣人看来只不过是像有小聪明的小吏而已。小官吏供职办事时为技能所拘系，也就只能用这点本事来做这个事情。你难道没有看到他们劳苦身躯、担惊受怕的情况吗？况且像这样的人，有这样的一种能力，难道就不会给他招致祸患吗？

这个道理道家经常说，能力强的人，有时候忘了保护自己，结果会是什么样？就像老虎和豹子的皮毛五彩斑斓，猎人就拼命地追赶它，这岂不成了祸患吗？猿猴因为跳跃敏捷，猎狗因为捕物迅猛，就会招致绳索的拘缚。言外之意是在说：你看这些人就像这些动物一样，能力有时候反而会给他招来祸患，这哪里可以用来跟圣哲之王相比并列呢？

杨朱不安地说："我再冒昧地请教一下，圣哲之王该怎么治理天下呢？"老子跟他讲："圣哲之王治理天下，功绩普盖天下，却又像什么也不曾出自自己的努力；教化施及万物，而百姓却不觉得有所依赖；功德无量，却无意于显露自己的名声，使万事万物都各居其所而欣然自得；立身于不可测识之地，遨游于至虚境界。"

《道德经》讲无为，庄文中讲无用，这样的例子在庄文中经常看到，比如说前文讲过的"散木"，因为它无用，所以它反而得到了更长久的一种生存，不至于招致刀斧的砍伐。漆树有用，则被割得千疮百孔。桂树可食用，就被早早地砍掉。所以要先保护自己，而后才可以做更大的事情。

杨朱听了这番话之后，这脸色就变了。本来觉得很得意的一件事，被老子嘲讽了一通，问话也变得比较小心谦逊。

这是什么意思呢？我们再回想《道德经》第十七章，说最好的领导者，包括帝王在内，是什么形象呢？"悠兮其贵言"，潇洒自如话很少，政令不那么烦琐。"功成事遂，百姓皆谓我自然"，把事情做成了，大家都认为是我们大家自己努力，是我们一起自然而然把这事情做成的。而《庄子》的这段话简直就是老子的话的翻版：功绩普盖天下就好像没有什么是自己做的，教化施及万物而百姓却不觉得有所依赖。像这样的明王，立足于高深莫测的神妙之境，所谓春风化雨，大象无形，它力量却无穷无际。

可见，老庄的"无"的哲学是一脉相承的，把这段话看作是真实老子自己讲的话也未尝不可。

四

郑有神巫曰季咸，知人之死生存亡、祸福寿夭，期以岁月旬日[1]，若神。郑人见之，皆弃而走。列子见之而心醉[2]，归，以告壶子[3]，曰："始吾以夫子之道为至矣，则又有至焉者矣。"壶子曰："吾与汝既[4]其文，未既其实，而固得道与？众雌而无雄，而又奚卵焉！而以道与世亢[5]，必信，夫故使人得而相女。尝试与来，以予示之。"

明日，列子与之见壶子。出而谓列子曰："嘻！子之先生死矣！弗活矣！不以旬数矣！吾见怪焉，见湿灰[6]焉。"列子入，泣涕沾襟，以告壶子。壶子曰：乡[7]吾示之以地文[8]，萌乎不震不正[9]，是殆见吾杜德机[10]也。尝又与来。"

明日，又与之见壶子。出而谓列子曰："幸矣，子之先生遇我也！有瘳矣，全然有生矣！吾见其杜权[11]矣。"列子入，以告壶子。壶子曰："乡吾示之以天壤，名实不入，而机发于踵，是殆见吾善者机[12]也。尝又与来。"

明日，又与之见壶子。出而谓列子曰："子之先生不齐[13]，吾无得而相焉。试齐，且复相之。"列子入，以告壶子。壶子曰："乡吾示之以太冲莫胜[14]，是殆见吾衡气机也。鲵桓之审[15]为渊，止水之审为渊，流水之审为渊。渊有九名，此处三焉。尝又与来。"

明日，又与之见壶子。立未定，自失而走。壶子曰："追之！"列子追之不及。反，以报壶子曰："已灭矣，已失矣，吾弗及已。"壶子曰："乡吾示之以未始出吾宗。吾与之虚而委蛇[16]，不知其谁何，因以为弟靡[17]，因以为波流，故逃也。"

然后列子自以为未始学[18]而归，三年不出，为其妻爨，食[19]豕如食人，于事无与亲[20]，雕琢复朴，块然[21]独以其形立。纷而封[22]哉，一以是终。

注释：

1. 期以岁月旬日：预言的吉凶在指定的日期发生。

2. 心醉：指其心折服。

3. 壶子：名林，号壶子，列子的老师。

4. 既：尽。

5. 亢：匹敌。

6. 湿灰：水湿之灰已无复燃的可能，喻指必死无疑。

7. 乡：通"向"，先前。

173

8. 地文：指大地的纹理，即山川湖海等表征，喻指寂然不动的心境。

9. 正："止"字之误。

10. 杜德机：闭塞的生机，即后文所说的"九渊"之一。

11. 杜权：闭塞的生机出现了改变。

12. 善者机：指生意萌动的机兆。

13. 不齐：神色变化不定。

14. 太冲莫胜：太冲，中国哲学一个重要概念。"冲"可展开为"二中"，即阴阳中和平衡之意，"太冲莫胜"即指阴阳均衡和谐。

15. 鲵桓之审：鲸鲵盘旋的深水。审，通"沈"，深水。

16. 虚而委蛇（yí）：委蛇是大泽之鬼，虚而委蛇就是用虚幻的鬼神去应付随顺。

17. 弟靡：当作"稊靡"，指茅草随顺风势而伏下。

18. 未始学：指列子感觉自己未曾学到大道。

19. 食：动词，喂养。

20. 无与亲：道家的一个重要思想，称为"玄同"。《老子》第五十六章："故不可得而亲，不可得而疏。"意思是道的境界没有亲疏之别，没有偏私。

21. 块然：像大地一样无情无知的样子。

22. 封：坚守。

　　这是一个有点长但又很有趣的故事，说是郑国有个占卜识相十分灵验的巫师，名叫季咸。他可神了，能知道人的生死存亡、祸福寿夭，甚至连预卜的年、月、旬、日都能准确应验。郑国人见到他，都担心他来预卜自己的死亡和凶祸，全都急忙跑开了。列子，也就是列御寇，庄文中的常客，见到他却内心折服如醉如痴，回来后把见到的情况告诉自己的老师壶子。

他跟老师说:"之前我以为先生您的道行是最高深的,可如今我却见到道行比您还要高深的人。"壶子就跟他讲:"我教给你的全是道的外在的东西,还没有教给你道的实质呢,你难道就已经得道了吗?只有众多的雌性却没有雄性,又怎么能生出受精的卵呢!你用你所学到的道的皮毛去跟人相匹敌,自然一下子就让人洞察出你的底细,替你占卜吉凶祸福了。你试着跟他一块儿来,把我介绍给他看看相吧。"

第二天,列子就跟神巫季咸一道来拜见壶子了。季咸刚走出门来,就对列子说:"呀!你的先生快要死啦!活不长啦!用不了十来天啦!我观察到他临死前的怪异形色,神情像那遇水的灰烬一样,不可能再复燃啦!"列子进到屋里,泪水沾湿了衣襟,伤心地把季咸的话告诉给壶子。壶子说:"刚才我将如同地表那样岿然不动的心境显露给他看,既没有震动也没有调整,他大概就只能看到我闭塞的生机吧。你试试明天再跟他一起来,看看会发生什么情况。"

过了一天,列子又跟神巫季咸一道拜见壶子。季咸走出门来就对列子说:"幸运啊,你的先生遇上了我!症状减轻啦,完全有救啦,我已经观察到他那闭塞的生机中神气微动的变化啦!"列子进到屋里,把季咸的话告诉给壶子。壶子说:"刚才我将天地之间相对相应的气象显露给他看,把名声、实利等杂念都排除在外,生机自然从脚跟发散至全身,他大概就能看到我的一线生机了吧。你试着明天再跟他一块儿来,看看又会发生什么情况。"

过了一天,列子又跟神巫季咸一道拜见壶子。季咸对列子说:"你的先生心迹不定,神情恍惚,这种情况我是不可能给他看相的,等他心迹稳定了我再来吧。"列子进到屋里,壶子说:"刚才我把阴阳二气均衡和谐的神气显露给他看,他大概就看到了我内气持平、相应相称的生机了吧。鲸鲵盘桓逗留的地方、静止的河水聚积的地方、流动的河水滞留的

175

地方都叫作渊。渊有九种称呼，这里只提到三种。你试着再跟他一块儿来看看。"

过了一天，列子又跟神巫季咸一道拜见壶子。季咸还未站定，就不能自持地跑了。壶子说："追上他！"列子没能追上，回来告诉壶子说："已经没有踪影了，让他跑掉了。"壶子说："刚才我把我未曾显露出来的大道给他看。我跟他随意应付，他弄不清我的究竟，只看见我那么颓废顺从，变得像水波逐流一样，所以他就逃跑了。"

这之后，列子深深感到自己竟然像从来不曾拜师学道过似的，便回到了自己的家里，三年都没有出门。他帮助妻子烧火做饭，饲养猪就像侍候人一样，对于各种世事都不分亲疏、没有偏私，过去的雕琢和华饰已恢复原本的质朴和纯真，就像大地一样木然忘情地将形骸遗留在世上。虽然已然涉入世间的纷扰，却还是能够固守本真，并且终生都不改变。

众所周知，列子是老子、庄子以及关尹子外又一位道家思想的代表人物，主张清静无为。上面讲的就是他跟随老师壶子怎么悟道的故事。他在老师一连四次的启发下，终于明白了顺物自然，虚己无为的生活方式。列子悟道的故事想要表达的是：只有纯真质朴才能悟道。同时也说明，所谓相面之类的"术"，并非道的本质，所以我们要善于抓住事物的本质，不为"术"的表象所迷惑。

列子在《庄子》中出现多次，但以这个故事悟道悟得最彻底。他最后干脆回归到日常世俗生活之中，待人不分亲疏远近，做事不做雕琢修饰。任其自然，葆其天真，摒弃心智，独存形体，在纷纭大千世界中，持朴守真。

其实这正是中国文化的重要特色。当我们想到后世禅宗的"一日不做，一日不食""在在处处，皆是道场，担水劈柴，无非妙道"以及"赵州茶"的禅修，就会会心一笑，原来这思想的源流在此啊！足可见道家思想对后世的影响之深远，确是如水银泻地，无孔不入。

五

南海之帝为儵，北海之帝为忽，中央之帝为浑沌[1]。儵与忽时相与遇于浑沌之地，浑沌待之甚善。儵与忽谋报浑沌之德，曰："人皆有七窍以视听食息[2]，此独无有，尝试凿之。"日凿一窍，七日而浑沌死。

注释：

1. 儵（shū）、忽、浑沌：都是虚拟的名字，"儵"和"忽"指急匆匆的样子，是人为的；"浑沌"指聚合不分的样子，这是自然的。因此"儵""忽"寓指有为，而"浑沌"寓指无为。
2. 息：呼吸。

《应帝王》的最后一个故事，是著名的"浑沌之死"。

南海的大帝名叫儵，北海的大帝名叫忽，中央的大帝叫浑沌。儵与忽常常相会于浑沌之处，浑沌款待他们十分周到。于是儵和忽就在一起商量，该如何报答浑沌的深厚情谊呢？

"人人都有眼、耳、口、鼻七个窍孔用来观看、聆听、进食、呼吸，唯独浑沌没有，我们试着为他凿开七窍吧。"说干就干，他们每天给浑沌凿出一个孔窍，凿到第七天，浑沌就死去了。

这故事的用意很明确，道家强调的正是这"浑沌"的境界，所谓的浑沌也就是与道合一，自然无为。道家心中应然的帝王、君主，也应该是这种若有若无的存在，即是无为而治的君主。用《道德经》第十七章的话说，是"太上，下知有之"的存在。就实有其人而言，有他；从他对百姓的活动采取不作为、不干预的治法来看，他治下的百姓都感觉不到他的存在。

《应帝王》最后的这个故事，同"应帝王"这个篇名扣得最紧。应然的帝王，就像浑沌帝一样，他没有七窍，这是他天生的、自然的、本然的面貌，因此他是绝不会感到欠缺的。人为地给他造出七窍来，是在伤害他的自然本性，是"以人灭天"，他就不是他了，就会死去。目的是告诉侯王、君主们：企图凭借你们的作为，不顾他人的自然本性去为政施治，去改造民众，即使真是出于善意好心，结果也只会是害了百姓。

再引《道德经》第五十一章的"万物莫不尊道而贵德"来比较说明：这"浑沌帝"之德乃是自然之道，而"无窍"正是其自然之道的象征。凿七窍致"浑沌死"的悲剧，其深刻和震撼力在于这种悲剧恰恰是帝王们背离自然之道的必然结果，也是人类背离自然之道的悲剧缩影。任何事物，包括人及其精神，其中的自然之道表现形式不同，但都是其得以本真生存之灵魂。自人类进入文明时代以来，所有悲剧，可以说都是由于人类以各种手段在窒息这种灵魂。这正是以老庄为代表的道家"无为"概念的根本内容和理论根据。

总之，内七篇以这个故事收尾，也可以说是一个总结：无为乃是道家政治上的结论与境界。无为，也就是你不违背对象的自然本性去对待他们，你就也将得到他们同样的尊重；有为，违逆他们的本性行事，不管是何居心，都只会是害了他们，对你自己意味着什么，不言而喻。进而言之，这一观点与孔子的"己所不欲，勿施于人"的主张一致，都是表达要把别人当作同自己一样的人，也即要平等待人的思想。在如何待人这个根本问题上，儒道的关系，也是基本一致、相互补充的。

无为名尸[1]，无为谋府[2]，无为事任[3]，无为知主[4]。体尽无穷，而游无朕[5]。尽其所受乎天，而无见得[6]，亦虚而已。至人之用心若镜，不将[7]不迎，应而不藏，故能胜物而不伤。

注释：

1. 名尸：名誉的承受者。
2. 谋府：智谋汇聚的地方。
3. 事任：承担事务。
4. 知主：智慧的汇集者。
5. 无朕：不留踪迹。朕，痕迹。
6. 无见得：无意于本性之外的追求。
7. 将：送走。

《应帝王》里有一段总结性的语言，我有意不按原文的顺序，而把它放在最后作为总结，是因为这段话总结得太好了。

这段话是在说，不要成为名誉的寄托，不要成为谋略的场所，不要成为世事的负担，不要成为智慧的主宰。潜心体悟着大道，自由自在地游乐而不留下形迹。任其本能地秉承自然，无意于本性之外的追求，心境也就清虚淡泊而无所求了。修养高尚的"至人"运用心思就像照着明镜一样，对于外物都是来者即照、去者不留，应合事物本身，从不有所隐藏，所以能够反映外物而又不因此损心劳神。

前文一直强调，《庄子》内七篇是个整体，自然最后一篇《应帝王》也是不可或缺的，我认为把它放在最后一篇是非常巧妙的。

《道德经》首章有云："玄之又玄，众妙之门。"其实所谓"玄之又玄"，就是在有无中更看到"无"的作用，才能了解万事万物的妙处。比如"大音希声""大象无形""淡乎其无味"，还有"为无为，事无事"等等，都是这"无"的作为。其实，《庄子》本篇正是这思想的延伸，在《道德经》的"无"系列又添庄学特有的"无己""无名""无功"等新成员。

我们上文讲过的啮缺问王倪，问了四次，王倪都回答说不知道。这个故事，庄子阐述了"知"和"不知"的差别，文中的有虞氏什么都知道，虽然也能获得人心，但是他无法超脱万物，而泰氏则看似"无知"，忘记了自己的存在，任凭别人称之为牛或者马，但是他的品德纯粹高尚，因为他超脱了万物，不受外界的任何影响，这是一种"无己"的境界。

狂士接舆和肩吾的故事，说的是肩吾认为做国君的，就是凭自己的想法制定各种法规，接舆则尖锐地批评道，这是欺诳的做法。庄子主张无为而治，顺其自然，用道家的话说就是"无为而无不为"。

天根在蓼水岸上遇到无名人的故事，用了一个杜撰的人物"无名人"来阐释帝王淡泊名利的境界，让帝王保持自己的自然本性和禀赋，这自然讲的是"无名"的境界。

而阳子居拜见老聃的故事，庄子借老聃之口，说这明王治理天下，功盖天下而不归功于自己，教化施及万物而人民却不觉得有所依赖，虽有功德却不能用名称说出来，使万物各得其所，而自己立于高深莫测的地位，游于虚无缥缈的境界，讲的其实是"无功"的境界。

至于最后的这段总结，又是一串的"无"。庄子说"无为名尸，无为谋府，无为事任，无为知主。体尽无穷，而游无朕……"讲的正是《道德经》第四十八章所说的"为学日益，为道日损。损之又损，以至于无为，无为而无不为"的道理。当然，道家的无为讲的是不妄为、不多为、有所不为，是不断学习，不断摒弃那些表面的、无用的糟粕，保留真正的"道"和精华，这样日积月累，方可"无为而无不为"。

最后，还是用《道德经》第十章的"涤滁玄览，能无疵乎"和第三十七章"不欲以静，天下将自定"来作为总结吧。和老子一样，庄子也教导这些帝王，要不欲以静、心境清虚、淡泊而无所求。就像一面镜子，对于外物是来者即照，照完影子都不留下。假如帝王心里存有太多的杂念，就像库房一样，堆了那么多发霉的东西，这镜子也就被遮蔽了，没办法反映外物。帝王之心更应该涤滁污垢，成为清澈的"玄镜"，才能胜物而不伤，不欲以静，才能成为"天下将自定"的"应帝王"。

外篇

山木

《山木》篇讨论的依然是处世之道。文中写了许多处世不易和世事多难的故事，其主要精神仍是以虚己、无为为路径。

全文共有九个故事，顺理成章就分为九个部分（也可视为一个部分，这是《庄子》外杂篇的特点）。

第一部分至"其唯道德之乡乎"，写山木无用却得以保全，写雁不能鸣因而被杀，说明很难找到一条万全的路，最好的办法也只能是役使外物而不被外物所役使，浮游于"万物之祖"和"道德之乡"。

第二部分至"其孰能害之"，指出贪图权位必然引起争端，必然带来祸患，唯有"虚己"才能除患避祸。

第三部分至"而况有大涂者乎"，通过赋敛以造钟的故事讽喻不应拘滞于物，真正需要的是顺任自然。

第四部分至"而况人乎"，写孔子在陈、蔡之间被围，说明世途多艰，"削迹捐势""不为功名"才是处世之道。

第五部分至"固不待物"，通过孔子和桑雽的对话，进一步提出缘形、率情的主张，即顺应自然去行动，遵从本性去纵情。

第六部分至"此比干之见剖心征也夫"，写庄子的贫困，原因却在于"今处昏上乱相之间"。

第七部分至"圣人晏然体逝而终矣"，通过孔子被围时的态度，说明圣人身处逆境也能安然顺应。

第八部分至"吾所以不庭也",借庄子一系列所见喻指人世间总是在不停的争斗中。

余下为第九部分,通过一个有趣的小故事,说明忘形的重要。

一

庄子行于山中,见大木,枝叶盛茂,伐木者止其旁而不取也。问其故,曰:"无所可用。"庄子曰:"此木以不材得终其天年。"

夫子出于山,舍于故人之家。故人喜,命竖子[1]杀雁[2]而烹之。竖子请曰:"其一能鸣,其一不能鸣,请奚杀?"主人曰:"杀不能鸣者。"

明日,弟子问于庄子曰:"昨日山中之木,以不材得终其天年;今主人之雁,以不材死。先生将何处[3]?"庄子笑曰:"周将处乎材与不材之间。材与不材之间,似之而非也,故未免乎累[4]。若夫乘道德而浮游则不然。无誉无訾[5],一龙一蛇[6],与时俱化,而无肯专为[7];一上一下,以和为量,浮游乎万物之祖[8],物物而不物于物,则胡可得而累邪!此神农、黄帝之法则也。若夫万物之情,人伦之传,则不然。合则离,成则毁,廉[9]则挫,尊则议,有为则亏,贤则谋,不肖则欺,胡可得而必乎哉!悲夫!弟子志之,其唯道德之乡[10]乎!"

注释:

1. 竖子:童仆。
2. 雁:鹅。鹅由雁驯化而来,故亦称雁。

3. 何处：如何自处。

4. 累：牵累。

5. 訾：毁谤。

6. 一龙一蛇：言如龙之显现，或如蛇之潜藏，随时变化。

7. 专为：专门做一件事。

8. 万物之祖：有物之前的虚无状态。

9. 廉：利。

10. 乡：向，归向。

来看第一个故事：《山木》开篇，关于"木雁"的故事。

故事开头浅白如话，没什么难点。是说庄子行于山中，见大木枝叶盛茂，砍树的人站在旁边，却没有砍掉它。忙问怎么回事。答曰："无所可用。"没得用处啊！庄子得意极了，对自己学生讲："看见了吧，看见了吧！这棵大树因为它不材、没用，所以能终其天年，能活这么久啊！"

若故事到此戛然而止，也还是前文说过的"散木"一类，我们也就不觉得新奇了。然而这故事下文陡然一转，突然说到庄子带着学生从山中出来，住在一个老朋友家里。有朋自远方来，老朋友非常高兴，命家里的童仆把家养的鹅杀掉，大锅炖大鹅招待老朋友。童仆就问："有两只鹅，杀哪只？一只能叫，一只不能叫。"主人说："杀不能鸣者。"那个不能叫的没用，把它杀掉。

第二天，满腹疑问的学生就找到老师问："昨日山中之木，以不材得终其天年；今主人之雁，以不材死。先生将何处？"是说，树没用，得终其天年；雁没用，却被杀掉了。先生你怎么办呢？如何自处呢？庄子半开玩笑半认真地说："那我就处于有用与没用之间好了。"

其实，这"材与不材"之说，并不是庄子真正的观点。这话有没有智慧？有，但也不是什么大智慧。至于材与不材之间的尺度该怎么选择呢？若文章停于此处，也就不是什么高妙的文字，也就体现不出庄子的智慧了。所以再看，庄子领着我们又上了一层楼，说出这一番大道理："成材与不成材之间，好像与大道相似，实则非也，所以也不能免于受牵累。至于顺乎自然而茫然无心地漫游就不是这样，既无赞誉也无毁谤，或如龙之显现，或如蛇之潜藏，随时变化，而不肯专主一端。时上时下，以与天地万物和谐为准则，茫然无心漫游于未曾有物的虚无之中，按物之本性去主宰万物而不为物所役使，这样哪里会受到牵累呢！这就是神农、黄帝遵循之法则。"

这段话的进展逻辑是，庄子也认为自己跟学生说的材与不材之间这事儿，确实太模棱两可了，难免经常把人累得要命也搞不清楚，受其拘累。那我不跟你谈这个了，我给你往高了谈。庄子这一谈，都谈到价值层面去了。"若夫乘道德而浮游则不然"，所谓乘道德就是顺应自然之大道，若如此就超越了"材与不材"，也就不受这种东西的拘累了。就像龙和蛇一样，与时俱化，就不会专门去为了某一件事情受这种拘累，就能控制外物而不为它所役使，那也就没有什么让人感觉到拘累、让人感觉到束缚了。总之，在材与不材之间，还只是一个似是而非的标准，所以庄子谈了一个更高的标准：一龙一蛇，物物而不物于物。

那么，这个标准是哪来的呢？或者说思想的源头在哪呢？是来源于神农、黄帝之法则。该怎样做呢？庄子认为：至于说到万物的真情，人类的传习，就不是这样的。有聚合也就有离析，有成功也就有毁败，锐利的就会受到挫折，尊显就会受到倾覆，有为就会受到亏损，贤能就会受到谋算，而无能也会受到欺侮，怎么可以一定要偏滞于某一方面呢！

这番话其中心讲的是两极相通、物极必反的道理：凡事有成必有败，有生必有灭，有合必有离，所谓天下分久必合，合久必分是也。这"合则离，成则毁，廉则挫，尊则议，有为则亏，贤则谋，不肖则欺"说的正是天下没有不散的宴席，有聚合，就必有离散；有成功，就必然有失败；锋利的，必然会遭遇挫伤；有名望的人，就容易招来非议；有所作为的人，就一定会有他做不到的事，这就是人间的规律啊！所以说，做事失败的时候，不必灰心丧气，而是要看到这是正常现象，并想到"失败和成功"是互相转化的状态，只要继续努力，成功迟早会到来。在得意的时候，更不能忘形，因为"福祸相依"，谁也不能保证眼前的一切就能永恒不变。悲欢离合就像春夏秋冬一样，本来就是这样轮回的。明了这个规律，人就不会执着于一方，为各种变化而深感惆怅，甚至绝望，而是能够灵活应对，并从心里接受，从而获得平静和泰然。

唐宋八大家之首韩愈，有一首诗叫《落齿》，说自己"去年落一牙，今年落一齿。俄然落六七，落势殊未已。余存皆动摇，尽落应始止。……人言齿之落，寿命理难恃。我言生有涯，长短俱死尔。人言齿之豁，左右惊谛视。我言庄周云，木雁各有喜"。

这是韩愈的自述，意思是说：我老了，掉牙了之后，大家看着都在笑，可是我韩愈却认为，我这一生宦海沉浮，经历了那么多的磨难，现在牙掉了，没人再把我当作一个重要的威胁，这也是好事一件。以前有才的时候受人诽谤，现在老了牙掉了，也不完全是一种坏事。像韩愈这样理解世界，理解人生，也算是我们对世界的幽默理解了。所谓歌词"眉间放一字宽，看一段人世风光"是也。

再举个黄庭坚的例子，他是苏门四大弟子之一，也写过一首诗《赠无咎八音歌》，其中有"木雁两不居，相期无待游"的句子，意思是：我也不处在有材之间，也不处在无材之间，而是像庄子一样，相期于无待的"道德之乡"。这两句可算是对庄子这段话的概括，是更高的境界了！

二

市南宜僚[1]见鲁侯,鲁侯有忧色。市南子曰:"君有忧色,何也?"鲁侯曰:"吾学先王之道,修先君之业;吾敬鬼尊贤,亲而行之,无须臾离居;然不免于患,吾是以忧。"市南子曰:"君之除患之术浅矣!夫丰狐文豹[2],栖于山林,伏于岩穴,静也;夜行昼居,戒也;虽饥渴隐约[3],犹旦胥疏[4]于江湖之上而求食焉,定[5]也。然且不免于罔罗机辟之患。是何罪之有哉?其皮为之灾也。今鲁国独非君之皮邪?吾愿君刳形去皮,洒心[6]去欲,而游于无人之野。南越有邑焉,名为建德之国[7]。其民愚而朴,少私而寡欲;知作而不知藏,与而不求其报;不知义之所适,不知礼之所将;猖狂妄行[8],乃蹈乎大方[9];其生可乐,其死可葬。吾愿君去国捐俗[10],与道相辅而行。"

君曰:"彼其道远而险,又有江山,我无舟车,奈何?"市南子曰:"君无形倨[11],无留居[12],以为君车[13]。"君曰:"彼其道幽远而无人,吾谁与为邻?吾无粮,我无食,安得而至焉?"市南子曰:"少君之费,寡君之欲,虽无粮而乃足。君其涉于江而浮于海,望之而不见其崖,愈往而不知其所穷。送君者皆自崖而反,君自此远矣!故有[14]人者累,见[15]有于人者忧。故尧非有人[16],非见有于人也。吾愿去君之累,除君之忧,而独与道游于大莫之国。方舟[17]而济于河,有虚船[18]来触舟,虽有偏心[19]之人不怒。有一人在其上,则呼张歙[20]之。一呼而不闻,再呼而不闻,于是三呼邪,则必以恶声随之。向也不怒而今也怒,向也虚而今也实。人能虚己以游世,其孰能害之!"

注释:

1. **市南宜僚**:姓熊名宜僚,家住市南。古人常以住地称谓其人,如东里子产、南郭子綦等。

2. 丰狐文豹：皮毛丰厚的狐狸和皮毛有美丽花纹的豹子。

3. 隐约：隐匿。

4. 胥疏：远避。

5. 定：知止审慎。

6. 洒心：洗涤心灵。

7. 建德之国：庄子虚构的按自身性情生活的理想社会。

8. 猖狂妄行：随心所欲而不加约束地行动。

9. 蹈乎大方：行走在大道上。

10. 捐俗：抛弃世俗观念的约束。

11. 形倨：因身处国君地位而形成的傲慢。

12. 留居：偏执于守住原来的地位。

13. 以为君车：以此作为通往大道的车。

14. 有：占有。

15. 见：被。

16. 非有人：不以天下为私有。

17. 方舟：两舟相并。

18. 虚舡：空船。

19. 褊（biǎn）：心胸狭隘。

20. 歙（xī）：合。

《山木》第二个故事是"市南宜僚见鲁侯"的故事，其核心的思想是指出贪图权位的必然危险。

宜僚拜见鲁侯，见他面有忧色，正在那儿犯愁呢，就问道："大王您面呈忧色是怎么回事呢？"鲁侯就对他讲："你看我学习先王治国的方法，我承继先君的事业；敬仰鬼神，尊重贤能，身体力行，我天天都没有休息的时间，忙成这个样子；可是你看这国家仍旧不能免除祸患，各种各样的事情还是层出不穷。我为这个忧愁烦恼，我夜不能寐，食不甘味啊！"

市南宜僚对鲁侯说："大王您这个消除忧患的办法太浅薄了！皮毛丰厚的狐狸和花纹美丽的豹子，栖息在深山老林，潜伏于岩穴山洞，这是静心；夜里行动，白天休息，这是警惕；即使饥渴也会隐藏形迹，远离江湖之上觅求食物，不去有人的地方，这是稳定。他们静心、警惕又稳定，可是都这个样子了，狡猾得像狐狸，敏锐得像豹子，最后还是逃不出这样的罗网和机关的灾祸。你说它们有什么罪过？那是它们自身美丽的皮毛带来的灾祸。如今为您鲁君带来灾祸的皮毛不就是鲁国吗？这个国家无论您再怎么费心，依然会有很多人盯着国君这个位置，就像狐狸和豹的毛皮太好了一样，大家当然都渴望拥有。我给您出个主意，我希望您舍弃皮毛，摈除欲念，逍遥于荒无人迹的原野，干脆就去那里算了。"

市南子这番劝退之论，就是我们听来也觉得挺突兀、挺荒诞的。这样给一个侯王出主意，他能听吗？当然还得有更进一步的说辞，他接着说："遥远的南越有座城邦，名叫建德之国，那里的人民淳厚质朴，很少有私欲；只知道耕作，不知道储备，给予别人的也不渴求能有回报；不懂得什么是义，也不懂得什么是礼。他们自然任意而为，竟能各自行于大道，生的时候自得其乐，死的时候安然而葬！鲁侯啊，你干脆舍去国家的政务、摒弃世俗的约束，跟大道相辅而行吧。"

这话跟哪一个国君说，他都不会听的。所以鲁侯用各种方法推脱，一味找客观理由，总之就是不想去，完全没明白市南子所说的建德之国的意思。我们都能感觉到，这两个人说话就不在一个频道上。鲁侯老在问："你要我去的到底是什么地方？那个地方那么远，我也去不了，我的条件也不具备。"如此种种。而市南子给他讲的是：只要您不是容颜高傲、不会墨守滞留，就可以作为运载您通向大道的车子。我所说的修行其实是从内在修起，走在正确的道上，并不是说您真的去无人之野，而是要在您内在的精神世界里做出一些改变。

"如果能减少您的耗费，节制您的欲念，这样没有粮食也是充足的。您渡过江河，浮游大海，一眼望去看不到边际，越向前行，便越不知道它的穷尽，送行的人都从岸边回去，您也就从此离得越来越远了。所以说统治他人必定受劳累，受制于别人必定会忧心。唐尧从不役使他人也从不受制于人，也就没有像您有那么多的忧虑。我希望能减除您的劳累，除去您的忧患，而独自跟大道一块儿遨游于太虚之境。"宜僚在这段话里切入了核心：其实鲁侯您在现实中就可以做到的，您节制自己，减少自己的欲望，不要老是想去控制别人、管别人，那您当然在这个方面就可以和大道同行了。

还需要强调的一点是"虚舟理论"，这是《庄子》的著名理论之一。其核心思想是别把自己看得太高，管住脾气，才能驾驭人生。这句"方舟而济于河，有虚舩来触舟，虽有惼心之人不怒"说得太好了！与空船相撞，没有生气的对象，就是"惼心者"也总不能像个傻子一样去骂天骂地骂空气吧？但是，一旦发现"有一人在其上"，无论如何被撞之人都会认为这撞船行为是有意为之的，是对自己颜面的冒犯。因此人们会生气愤怒，一定要与对方较量理论，甚至大打出手，为的是争回面子。这就让自己做了情绪的奴隶，拿本来正常的自然的事情折磨自己，这在庄子看来就是傻。

所以，庄子给了我们答案："人能虚己以游世，其孰能害之！"是啊，人若能够虚舟以游世，就是空心而处，超然境外，无所不安，安则定，定则静，静则得快乐！

三

北宫奢[1]为卫灵公赋敛[2]以为钟，为坛[3]乎郭门之外，三月而成上下之县[4]。王子庆忌见而问焉，曰："子何术[5]之设[6]？"

奢曰："一之间[7]，无敢设也。奢闻之：'既雕既琢，复归于朴。'侗[8]乎其无识，傥[9]乎其怠疑；萃[10]乎芒[11]乎，其送往而迎来；来者勿禁，往者勿止；从其强梁[12]，随其曲傅[13]，因其自穷[14]。故朝夕赋敛而毫毛不挫，而况有大涂[15]者乎！"

注释：

1. 北宫奢：卫国大夫，名奢，居于北宫。

2. 赋敛：募集。

3. 坛：铸钟的地方。

4. 县：悬。

5. 术：方法。

6. 设：施行。

7. 一之间：纯一无为的自然之间。

8. 侗（tóng）：无知。

9. 傥（tǎng）：无心。

10. 萃：聚集。

11. 芒：茫然。

12. 强梁：强横而不肯合作的人。

13. 曲傅：曲意相附的人。

14. 自穷：自尽其力。

15. 大涂：大道。

《山木》篇的第三个故事，讲的是一个叫北宫奢的大工匠用青铜铸钟的事。庄子借这个故事，说明铸钟其实跟领导国家一样，都应该顺应自然的规律，这样做才能够达到道家所追求的返璞归真的境界，也就是要回到人的本真，回到一种素朴的境界。

在《庄子》中，卫灵公是很负面的形象。在《则阳》中如此，在这里也如此，横征暴敛造巨钟。北宫奢在郭门之外那个地方弄一个高坛，三个月把它做成了，挂好了！王子庆忌见到这巨钟就问："你怎么有这么大的本事啊，坛也做好了，钟也立在那儿了，怎么弄的？"

北宫奢对他说："我只是精诚专一而又顺其自然罢了，不敢说有其他什么好的办法。我曾听说：'已然细细雕刻琢磨过的，仍要返归到事物的本真。'我在铸钟的时候，纯朴得像是无知，无心而显得从容；财物汇聚来的时候自己茫然无知，任由它们分发而去或者收聚而来；送来的不拒绝，离去的不阻留；强横不讲理的就随他们去，顺和的就加以随应，所以我早晚征集捐款，却丝毫不损伤他人，更何况遵循大道的人呢！"

这一段中的"既雕既琢，复归于朴"是出自《庄子》的又一个重要成语，它有着丰富的内容，需要再展开说一下。首先，从美学艺术角度看，错彩镂金、雕琢华饰也被看作是一种美，但道家更强调的是直任天真、复归于朴素之道的美。联系《庄子》全篇，类似的金句可谓比比皆是，如《天道》篇的"朴素而天下莫能与之争美"，把自然朴素看成是一种不可比拟之美，一种理想之美；如《马蹄》篇的"纯朴不残，孰为牺尊！白玉不毁，孰为珪璋"，为纯朴的原木和完整的白玉被剖分鸣不平：

原木没被分割，谁还能用它雕刻为酒器！一块白玉没被破裂，谁还能用它雕刻出玉器！再如《天运》篇中的"丑女效颦"的故事，生动地阐发了《庄子》崇尚自然朴素之美，反对雕削取巧之风的思想：美女西施"之所以美"，是由于西施"貌极妍丽"，既病心痛，颦眉苦之，出自自然，出自真情，益增其美；而邻里丑人，见而学之，不病强颦，故作媚态，倍增其丑。同时也可见，《庄子》并非完全否定事物外形的美，而是反对违反事物自然本性的人为摧残。

需要说明的是：这种返璞归真的思想并非只是道家的专利。《易经》里就有贲卦，推崇的就是白贲，也就是朴素无华的装饰。《易·贲》："上九，白贲无咎。"注解过《道德经》的王弼也注解过《周易》，他在《周易注》中说："处饰之终，饰终反素，故任其质素，不劳文饰，而无咎也。"认为白贲讲的正是这返璞归真的道理。之后孔子也推崇这个白贲，所谓"绘事后素"，推崇的也是这个"素"，也就是"既雕既琢，复归于朴"。

有人学道家学歪了，走了极端，以为"无为"就是什么都不做，"朴"就是什么技巧都不要，连外在的技巧都不学，这样的观点其实是不符合大道的。没经过雕琢的"朴"，只是一种原始低级的"朴"而已。要先有雕和琢的"术"，精雕细刻，对外在进行一种修饰，也是一种日积月累的追求与磨合，才能达到"复归于朴"的境界。

举例而言，"宁拙毋巧，宁丑毋媚，宁支离毋轻滑，宁真率毋安排"是明末大书法家傅青主的观点，这就是"复归于朴"。若像现在的很多所谓书法家的"丑书"，一开始就丑，那可就是真丑了，没有经过巧、媚精心安排，哪里谈得上返和归？再举个例子，李白说诗的最高境界是"清水出芙蓉，天然去雕饰"，他说的没错啊！他满腹经纶，更知先技巧而后才可以天马行空，一开始就天马行空，那不是天马行空，那是疯狗乱跑。正如《道德经》第二十五章所言"大曰逝,逝曰远",才能"远曰反"。

当然,如果仅仅停留在这些技巧修饰之上,那还是"远而不返",无法达到一个更高的境界,因为技巧之类只是形式,不是本质的东西,这些外在的修饰终究应该被超越,不断地提升它本身的修为和内在美,这样才能够永存。所以"既雕既琢,复归于朴"是超越技巧炫示的更高的境界,所谓"看似寻常最奇崛,成如容易却艰辛",讲究的是平中见奇,常中见鲜,于简洁中见率真,于质朴中尽现完美。艺术是如此,人生也是如此。

其次,《庄子》中这种崇尚自然、返璞归真的思想拓展开来,就是要"顺物之性",尊重个性的发展,反对人为的束缚,这是一种无为而无不为、回归天真本性的境界。再进一步讲,就是北宫奢以此说讲述的道家的"为政之道"。他认为为政和他造钟一样,把握自然之道,不以权力在握就随其私欲而任意妄为。要适其自然,顺应民意、民性来造钟,没有强制措施,也没有人为的横加干预,与民毫无损害和侵扰。北宫奢的这段话,委婉批判了现实中横征暴敛、扰民害民的暴政,展现了"无为"之治的良好景象,正是《道德经》"无为"政治理论的形象延伸。

四

孔子围于陈、蔡之间,七日不火食。大公任[1]往吊之,曰:"子几死乎?"曰:"然。""子恶死乎?"曰:"然。"任曰:"予尝言不死之道。东海有鸟焉,其名曰意怠[2]。其为鸟也,翂翂翐翐[3],而似无能;引援[4]而飞,迫胁[5]而栖;进不敢为前,退不敢为后;食不敢先尝，必取其绪[6]。是故其行列不斥[7]，而外人卒不得害，是以免于患。直木先伐，甘井先竭。子其意者饰知以惊愚，修身以明污，昭昭乎如揭日月而行，故不免也。昔吾闻之大成之人曰：'自伐者无功，功成者堕[8]，名成者亏。'孰能去功与名，而还与众人[9]？道流而不明居[10]，得行[11]而不名处[12]；纯纯常常[13]，乃比于狂[14]；削迹捐势[15]，不为功名。是故无责于人，人亦无责焉。至人不闻，子何喜哉？"

孔子曰："善哉！"辞其交游，去其弟子，逃于大泽，衣裘褐，食杼栗，入兽不乱群，入鸟不乱行。鸟兽不恶，而况人乎！

注释：

1. 大公任：虚构的人名。大公即太公，是对老者的尊称。
2. 意怠：燕子。
3. 翂（fēn）翂翐（zhì）翐：飞得又低又慢的样子。
4. 引援：引导协助。
5. 迫胁：偎依。
6. 绪：残余。
7. 斥：排斥。
8. 堕：毁败。
9. 还与众人：还和普通人一样。
10. 明居：明白可见的居留。
11. 得行：德行。
12. 名处：能用语言概念表述的存在。
13. 纯纯常常：纯一不杂，恒常不变。
14. 狂：随性而行。
15. 捐势：捐弃权势。

第四个故事是孔子围于陈、蔡之间。这是个老段子了，又在《山木》中讲出了新意。

一个老者叫任，是位避世高人，在孔子被困七日快要饿死时给他讲了一番"齐生死"的大道："我来谈谈不死的方法。东海里生活着一种鸟，它的名字叫意怠。意怠作为一种鸟啊，飞得很慢，好像不能飞行似的；它们总是要有其他鸟引领而飞，栖息时又都跟别的鸟挤在一起；前进时不敢飞在最前面，后退时不敢落在最后面；吃食时不敢先动嘴，总是吃别的鸟所剩下的，所以它们在鸟群中从不受排斥，既不受鸟群以外的伤害，也不引起鸟群以内的排斥，终日悠哉悠哉，远离祸患。"

太公任接着说："你看直木先伐，甘井先竭。你的用意是装扮得很有才干就会惊吓到普通的人，注重修养就会使别人的浊秽彰明，毫不掩饰地炫耀自己就像是举着太阳和月亮在走路，所以总不能免除灾祸。从前我听圣德宏博的老子说过，那些自吹自擂的人不会成就功业，功业成就了却不知退隐的人必定会毁败，名声彰显而不知韬光养晦的必定会遭到损伤。谁能够摈弃功名而还原到跟普通人一样呢？大道广为流传而个人则韬光隐居，道德盛行于世而个人则隐藏光耀不处其名；纯朴而又平常，就像随心所欲的人一样；削除形迹，捐弃权势，不求取功名。因此自己不会去谴责他人，别人也不会责备自己。道德修养极高的人不求闻名于世，你为什么偏偏那么喜好名声呢？"

其实啊，这么一大段话的核心，就是《道德经》第五十八章所云"光而不耀"的道理。这种思想影响很大，当然也有人并不完全认同，他们觉得即便知道这"直木先伐，甘井先竭"的危险，依然会为了义之所在挺身而出。

在此，推荐大家去阅读我非常喜欢的一篇文章，三国魏人李康的《运命论》。我们叫"命运"，李康叫"运命"，可通过主动的运来改变客观的命，一字之换则更具乐观之象。文中先说："木秀于林，风必摧之；堆出于岸，流必湍之；行高于人，众必非之。"这意思和《山木》的观点是一样的：你要是特别优秀，格外突出，会招致非议甚至陷害。但李康话锋一转，说明知如此，可真的志士仁人依然会"蹈之而弗悔"，目的是"遂志而成名"。"其身可抑，而道不可屈；其位可排，而名不可夺。"是说志士仁人其身可以被抑制，而道不能受委屈；地位可以被排斥，但名分不能被剥夺，这就比《山木》的观点更具慷慨悲歌的精神了！"明知不可为而为之"，孔子留给我们的也正是这样一种精神。

当然，在《庄子》中，孔子总是被道家高人说服的，《山木》篇也不例外。听了太公任的高论，孔子就觉得太公任说得对。于是他辞别朋友故交，离开众多弟子，逃到山泽旷野，穿兽皮麻布做成的衣服，吃栎树和栗树的果实，进入兽群和鸟群却不会扰乱它们。鸟兽都不讨厌他，何况是人呢？

孔子曾在《论语·微子》中说，自己绝不与那些道家隐士为伍，犹如"鸟兽不可与同群"。伟大的孔子，可怜的孔子，这次被《庄子》真的弄去与鸟兽为伍了。

五

孔子问子桑雽[1]曰："吾再逐于鲁，伐树于宋，削迹于卫，穷于商周，围于陈、蔡之间。吾犯此数患，亲交益疏，徒友益散，何与？"

子桑雽曰："子独不闻假[2]人之亡[3]与？林回[4]弃千金之璧，负赤子而趋。或曰：'为其布[5]与？赤子之布寡矣。为其累[6]与？赤子之累多矣。弃千金之璧，负赤子而趋，何也？'林回曰：'彼以利合，此以天属[7]也。'夫以利合者，迫穷祸患害相弃也；以天属者，迫穷祸患害相收也。夫相收之与相弃亦远矣。且君子之交淡若水，小人之交甘若醴[8]；君子淡以亲，小人甘以绝。彼无故以合者，则无故以离。"

孔子曰："敬闻命矣！"徐行翔佯而归，绝学捐书，弟子无挹于前，其爱益加进。

异日，桑雽又曰："舜之将死，真泠禹曰：'汝戒之哉！形莫若缘，情莫若率；缘则不离，率则不劳；不离不劳，则不求文以待形；不求文以待形，固[9]不待物。'"

注释：

1. 子桑雽（hù）：人名，隐士。

2. 假：国名，晋之属国，后为晋所灭。

3. 亡：逃亡。

4. 林回：人名，假国逃亡之民。

5. 布：古代钱币。

6. 累：拖累。

7. 天属：以天性相连属。

8. 醴（lǐ）：甜酒。

9. 固：通"故"。

这个故事还是拿孔子说事儿。

孔子问子桑雽："我两次在鲁国被驱逐，在宋国受到伐树的惊辱，在卫国被人铲除足迹，在商、周之地穷愁潦倒，在陈国和蔡国间受到围困。我遭逢这么多的灾祸，亲朋故交越发疏远了，弟子友人更加离散了，这是为什么呢？"

子桑雽回答说："你没有听说过这样的事吗，林回舍弃了价值千金的璧玉，背着婴儿就跑？有人议论：'他是为了钱财吗？初生婴儿的价值太小太小了。他是为了怕拖累吗？初生婴儿的拖累太多太多了。舍弃价值千金的璧玉，背着婴儿就跑，为了什么呢？'林回道：'价值千金的璧玉跟我是以利益相合，这个孩子跟我则是以天性相连。以利益相合的遇上困难、灾祸就会相互抛弃，以天性相连的则会相互包容。相互包容与相互抛弃，差别也就太远了。而且君子的交谊淡得像清水一样，小人的交情甜得像甜酒一样；君子淡泊却心地亲近，小人甘甜却利断义绝。大凡无缘无故而接近相合的，也会无缘无故地离散。"

看得出，这个子桑雽很有智慧，他以林回在逃亡时抛弃贵重的璧玉而选择背负婴儿的故事，阐明了人的交往不能以利害为原则，而应当以天性为本。亲朋故交、弟子友人疏远也好，离散也罢，都没什么可值得困惑和忧虑的，该来的就来，该去的就去。当然最后的结果也是一样。听完这番话，孔子什么反应呢？

经过子桑雽的指点，孔子改变了人生的方向，说："我会由衷地听取你的指教！"于是慢慢地离去，闲放自得地走了回来，终止了学业，丢弃了书简，弟子没有一个侍学于前，可是他们对老师的敬爱反而更加深厚。

有一天，子桑雽又说："舜将死的时候，用真道晓谕夏禹说：'你要警惕啊！身形莫如顺应，情感莫如率真。顺应就不会背离，率真就不会劳苦。不背离不劳神，那么也就不需要用纹饰来装扮身形；无需纹饰来矫造身形，当然也就不必有求于外物。"

孔子在这里，依然还是被庄子塑造为一位彻晓彻悟的道家思想者。

六

　　第六个故事比较短,叫"庄子衣大衣而补之",是说庄子与魏王对话,通过腾猿在高大丛林中可以腾跃自如,在低矮带刺的灌木丛就胆战心惊,缩手缩脚,比喻君子处"昏上乱相"间,不能展其才能,并非自己本事不济。这段对话体现了庄子贫而不改其志的傲骨。前面在讲庄子生平特点时就说过这个事,这里不再赘述。

七

　　孔子穷于陈、蔡之间,七日不火食,左据槁木,右击槁枝,而歌猋氏[1]之风,有其具而无其数[2],有其声而无宫角[3],木声与人声,犁然[4]有当于人之心。

　　颜回端拱还目而窥之。仲尼恐其广己[5]而造[6]大也,爱己而造哀也,曰:"回,无受天损易,无受人益难。无始而非卒[7]也,人与天一也。夫今之歌者,其谁乎?"

　　回曰:"敢问无受天损易。"仲尼曰:"饥渴寒暑,穷桎[8]不行,天地之行也,运物之泄[9]也,言与之偕逝[10]之谓也。为人臣者,不敢去之。执臣之道犹若是,而况乎所以待天乎!"

　　"何谓无受人益难?"仲尼曰:"始用四达,爵禄并至而不穷,物之所利,乃非己[11]也,吾命其在外[12]者也。君子不为盗,贤人不为窃。吾若取之,何哉?故曰:鸟莫知于鹢鹩[13],目之所不宜处,不给视,虽落其实[14],弃之而走。其畏人也,而袭[15]诸人间,社稷[16]存焉尔。"

"何谓无始而非卒?"仲尼曰:"化其万物而不知其禅[17]之者,焉知其所终?焉知其所始?正而待之而已耳。"

"何谓人与天一邪?"仲尼曰:"有人,天也[18];有天[19],亦天也。人之不能有天,性也。圣人晏然[20]体逝[21]而终矣!"

注释:

1. 燊(biāo)氏:即炎氏,指神农。

2. 数:节奏。

3. 宫角:古代五音有宫、商、角、徵、羽,此处指音乐的节奏。

4. 犁然:令人忘忧娱情的样子。

5. 广己:彰显自己。

6. 造:以至于。

7. 无始而非卒:没有哪个起点不同时又是终点的。

8. 桎:通"窒",阻滞。

9. 泄:万物运动之推移。

10. 逝:变化流行。

11. 非己:非关于己。

12. 在外:不由自己主宰。

13. 鹢鸸(yì ér):燕子。

14. 实:食物。

15. 袭:入。

16. 社稷:指鸟巢。

17. 禅:相互更代。

18. 有人,天也:人事变化受天道支配。

19. 有天:支配天道。

20. 晏然：安然。

21. 体逝：体悟天道常行不息的道理。

第七个故事还是拿"孔子穷于陈、蔡之间"来说事，但表达的思想则各有侧重点。

这个故事开头说，孔子受困于陈国、蔡国之间，整整七天不能生火就食，左手靠着枯树，右手敲击枯枝，而且还唱起了神农时代的歌谣，不过敲击的东西并不符合音乐的节奏，有了敲击的声响却没有符合五音的音阶，敲木声和咏歌声分得清清楚楚，而且恰如其分地表达了唱歌人的心意。弟子颜回恭敬地在一旁侍立，掉过脸去偷偷地看了看。孔子担心他把自己的道德看得过于高远以至于自大，爱惜自己以至于哀伤，就开始和颜回交谈。

孔子说："颜回啊，不受自然的损害容易，不受他人的利益则较困难。世上没有什么事的开始不同时又是终了的，人与自然原本也是同一的。至于现在唱歌的人又将是谁呢？"

针对老师的话，颜回一连提出四个问题，孔子也一一做了回答。

第一个问题：什么叫不受自然的损害容易？孔子答："饥饿干渴、严寒酷暑、穷困不通，这是天地的运行，万物的变迁，就是说一切都要随着天地、万物变化流逝。做臣子的，不敢违抗国君的旨意。做臣子的道理尚且如此，何况是人对待自然的办法呢！"

第二个问题：什么叫不受他人的利益则较困难呢？孔子答："开始被任用办事时无往不利，爵位和俸禄不断到来，这是外物带来的好处，与自己的天性无关，只不过是我的机遇一时与外物相应和而已。君子不会做盗贼，贤人也不会去偷窃。我去窃取外物的利益，是为了什么呢？所以说，鸟类中没有比燕子更聪明的了，它们看见不适合歇息的地方，绝不再看第二眼；即使食物掉落了，也能舍弃不顾地飞走。燕子很害怕人，却进到人的圈子里生活，只是因为它们将自己的巢窠暂寄于人们的房舍下罢了。"

第三个问题：什么叫没有什么事的开始不同时又是终了的？孔子答："变化无穷的万物，不可能知道是谁替代了谁，而谁又被谁所替代，如此一来，怎么能够知道它们的终了，又怎么能知道它们的开始呢？只不过是守持着正道，随机应变而已。"

第四个问题：什么叫人与自然原本也是同一的？孔子答："人类的出现，是由于自然；自然的出现，也是由于自然。人不可能具有自然的本性，也是人固有的天性所决定的。只有圣人安然体悟，随着自然变化而终老！"

这四个问题逐渐深入，但其主旨依然在于主张与时俱化，无所求索，纯任自然而免于累。

本章以孔子被围时的态度，借其口说明圣人身处逆境也能安然顺应。这次孔子的形象很高大，但依然是《庄子》文中道家的孔子。

八

庄周游于雕陵之樊[1]，睹一异鹊[2]自南方来者，翼广七尺，目大运寸[3]，感周之颡而集于栗林。庄周曰："此何鸟哉，翼殷不逝[4]，目大不睹？"蹇裳躩步[5]，执弹而留之[6]。睹一蝉，方得美荫而忘其身；螳螂执翳[7]而搏之，见得而忘其形；异鹊从而利之[8]，见利而忘其真。庄周怵然曰："噫！物固相累，二类相召也！"捐弹而反走，虞人[9]逐而谇^{10}之。

庄周反入，三日不庭^{11}。蔺且^{12}从而问之："夫子何为顷间甚不庭乎？"庄周曰："吾守形而忘身，观于浊水而迷于清渊。且吾闻诸夫子曰：'入其俗，从其令。'今吾游于雕陵而忘吾身，异鹊感吾颡，游于栗林而忘真，栗林虞人以吾为戮^{13}，吾所以不庭也。"

注释：

1. 雕陵之樊：雕陵为丘陵名。樊，通"藩"，篱笆。

2. 异鹊：异乎寻常之鹊，后成为影响很大的典故，苏轼也写过《异鹊》的长诗。

3. 运寸：径寸，指鸟眼很大，直径一寸。

4. 逝：飞走。

5. 蹇（qiān）裳躩（jué）步：蹇，通"褰"。提起衣裳，快步而走。

6. 留之：留守其下，伺机射之。

7. 执弹（yì）：用树叶遮蔽自身。

8. 从而利之：从中得利。

9. 虞人：守园之人。

10. 谇（suì）：责骂。

11. 不庭：不开心。

12. 蔺且（lìn jū）：庄子的学生。

13. 戮：辱。

第八个故事比较短，叫"庄周游于雕陵之樊"。

故事说庄子在雕陵的篱笆旁漫步，看见一只奇怪的鹊从南边过来，它翅膀宽有七尺那么宽，眼睛有一寸那么大，碰到庄周的额头后来到栗树林中。庄周很好奇,这是什么鸟啊?翅膀大却不会飞走,眼睛大却看不见。说着就提起裤腿快跑追去,拿着石子准备把它打下来。这时他看见一只蝉,因为刚刚找到一处很好的荫凉而忘记了隐藏自己的身体。同时,有一只螳螂躲在旁边准备抓那只蝉,它也因为看到就要有所捕获而忘了隐藏自己的身体;于是,那只异乎寻常的鹊就跟着螳螂准备抓它来吃,只知道眼前的美味却忘了自己的身体。庄周猛然惊觉道:"不好!事物都有福祸两面,福祸是互相依存的啊!"他丢掉石子走开了,园丁追出来责骂他。

庄周回到住所后,连着三天都很不开心。他的弟子蔺且便问:"先生为什么近来不开心呢?"庄周就说:"我只知看守外物,却忘记了自身的安危;我为了观看浑浊之水,忘记了珍贵的清渊。我听得道之人说啊,到一个地方去,就要随从那里的风俗。现在我到雕陵游玩却忘了自身的安危,让异鹊碰到了我的前额;走到栗林里却忘掉了自己的本性,让守园子的人侮辱了一顿,所以我三天都不开心。"

这个故事中有三句话给大家着重分析一下:

一是"睹一蝉,方得美荫而忘其身;螳螂执翳而搏之,见得而忘其形;异鹊从而利之,见利而忘其真"。这句后来演化成他们熟知的"螳螂捕蝉,黄雀在后",常用来讽刺那些只顾眼前利益、不顾身后祸患的人,对鼠目寸光的这类人提出警告,告诉我们在考虑问题、处理事情时要深思熟虑、考虑后果,不要只顾眼前利益而不顾后患。

二是"物固相累,二类相召"。物类本来是相互牵累,二类对立而又相互招致。比如利与害、祸与福、忧与乐、得与失等等相与为类,相互对立,又相互是招致对方的条件。如螳螂之利在捕蝉,专注此利忘记异鹊在后;异鹊之利在于螳螂,专注于此而忘记手持弹弓藏在树下的庄周。此利便成为招致彼此的条件,只有无求才能远害。

三是"守形而忘身"。自己虚静时知守形，动作时则忘身。如蝉、螳螂、异鹊在没有外利引诱而静处时都知道警觉，可一旦专注外利而动作时，警觉便消失，从而将自身暴露在危险之中。

上文写庄子游园，观察到蝉、螳螂、异鹊与人之间的相互关系，从中领悟出利害、得失、忧乐等对立事物无不在向相反方面转化，只有无欲无求，才可避祸。

九

阳子[1]之宋，宿于逆旅[2]。逆旅人有妾二人，其一人美，其一人恶[3]，恶者贵而美者贱。阳子问其故，逆旅小子对曰："其美者自美[4]，吾不知其美也；其恶者自恶，吾不知其恶也。"

阳子曰："弟子记之！行贤而去自贤[5]之行，安往而不爱哉！"

注释：

1. 阳子：阳朱，亦作杨朱。
2. 逆旅：旅店。
3. 恶：丑。
4. 自美：自以为美。
5. 自贤：自以为贤。

《山木》中最后一个故事叫"阳子之宋"，这个故事在《韩非子》中也讲过。

阳朱到宋国去，住在旅店里。旅店主人有两个妾，其中一个漂亮，一个丑陋,可是长得丑陋的那个受到宠爱,而长得漂亮的却受到冷淡。阳朱问他是何缘故,店主回答:"长得漂亮的那个自以为漂亮,但我却不觉得她漂亮;长得丑陋的那个自以为丑陋,但我却不觉得她丑陋。"阳子转对弟子说:"弟子们记住!品行贤良却又不自以为品行贤良的人,去到哪里都会受到敬重和爱戴的。"

这故事没什么难点,讲的是"齐是非"的道理,"美者自美,丑者自丑",所谓"美丑无对错,审美无争辩"是也。强调的是做人要品德高尚而又不因自己的长处而骄傲才对;恃才而傲会被人轻视,贤德而谦虚才受人喜爱;养德必须谦卑,自炫自伐则为人所贱。用此文为全篇作结,很有遗韵。

总结一下,《山木》这篇以寓言的形式完成,想象丰富、寓意深刻,有着很浓的文学意味。从"山中伐木"和"故人烹雁"这两个前后矛盾的故事中,我们不难看出作者所阐述的在污浊的社会中,如何远祸事、保自身的处世哲学。对于伐木的人来说,他来到山中当然是要选取一些有用的树木取以为材,于是乎成材的树木反而倒霉,无用的树木则可免遭厄运,如此说来"不材"也未必不可取。然而故人之雁,却又让我们看到了不成材也倒霉的结局。作者的用心是,无论是对于国家还是个体或者是个人,所谓"材"与"不材"无非是以自我为度,有用则取、无用则弃。而站在树木的角度,有用则被伐之,无用则得生存,这正是庄子见人所未见。

其实,正是看穿了人情冷暖、世态炎凉,深谙"木秀于林,风必摧之"的道理,他才会有这样一个"材与不材"之间两难的选择。通过《山木》我们不难看出庄子对"远祸全身"之难的愤懑和感慨,虽说有些地方略失偏颇,但庄子能够在那样一个污浊的社会里洁身自好,已经是难能可贵的了。

江头未是风波恶，别有人间行路难。处世不易，世事多患，很难找到一条万全之路，无论是材与不材，都是十分危险的，山木不材而能保全，雁不能鸣却被杀。即便处于材与不材之间也不能免于拘束与劳累，最好的办法只能是役使外物而不被外物所役使，浮游于"万物之祖"和"道德之乡"。也就是说，仅仅处于材与不材之间并不够，人生最高的境界是超脱于世俗的生活之外，彻底摆脱现实社会的羁绊。这种思想与庄子的"道"论是密切相关的，庄子认为人的生活应与自然融为一体，不要做违背自然规律的事，就会达到"至德之世"或"无为之乡"。概括为一句话，就是能以出世的态度做入世的事情，也就是以超然物外又积极入世的心态面对人生，这是庄子哲学的一大价值。

马蹄

庄子被认为是世界上最早反对人被异化的哲学家，像《山木》《马蹄》都是强调顺乎自然、反对人为异化的名篇。前面我们讲了《山木》，现在来讲《马蹄》。

《马蹄》的篇名也是取自这一章开头的两个字，原文如下："马，蹄可以践霜雪，毛可以御风寒。"各位一看也都会有想笑的感觉，这可是隔"空"取了马和蹄，强行配成"马蹄"。

《马蹄》篇讲了三件事：一件是"伯乐善治马"的事，一件是"上古之道"的事，一件是"圣人善治民"的事。《马蹄》巧妙地用前两件事来对比第三件事，寄喻一切从政者治理天下的规矩和办法，都直接残害了事物的自然和本性，后代推行所谓仁、义、礼、乐，都摧残了人的本性和事物的真情，并直接指出这就是"圣人之过"。

马是人们喜爱的动物，它原本是自由无羁的象征，所谓"天马行空"是也。但是人间有伯乐用各种各样的方式驯马，把马按照人所需要的样子去改造，这就是强加于它的。同理，社会上各种各样的礼仪，这也是人为强加的，都是"异化"。

一

马，蹄可以践霜雪，毛可以御风寒，龁[1]草饮水，翘足而陆[2]，此马之真性也。虽有义台、路寝[3]，无所用之。及至伯乐，曰："我善治马。"烧之[4]，剔之[5]，刻之[6]，雒之[7]，连之以羁絷[8]，编之以皁栈[9]，马之死者十二三矣；饥之，渴之，驰之，骤之，整之，齐之，前有橛饰[10]之患，而后有鞭策之威，而马之死者已过半矣。陶者曰："我善治埴[11]，圆者中规，方者中矩。"匠人曰："我善治木，曲者中钩[12]，直者应绳。"夫埴木之性，岂欲中规矩钩绳哉！然且世世称[13]之曰："伯乐善治马，而陶匠善治埴木。"此亦治天下者之过也。

注释：

1. 龁（hé）：咬嚼。

2. 陆：通"踛"，跳跃。

3. 义台、路寝：仪台、正寝。

4. 烧之：烙制印记。

5. 剔之：修剔马鬃。

6. 刻之：凿削马蹄。

7. 雒之：给马戴笼头。

8. 羁（jī）絷（zhí）：马络头、绊马脚的绳索。

9. 皁（zào）栈：饲马的槽枥、安放在马脚下的编木。

10. 橛（jué）饰：橛，马口所衔之木。饰，指马络头上的装饰。

11. 埴（zhí）：黏土。

12. 钩：木工画曲线的工具。

13. 称：称举，赞扬。

第一个故事：伯乐善治马。

伯乐终于出场了！这是个大家熟悉的相马大师，趁机多说几句：传说中，天上管理马匹的神仙叫伯乐。在人间，人们也把精于鉴别马匹优劣的人称为伯乐。第一个被称为伯乐的人本名孙阳，相传为秦穆公时人。他特善相马，人们便忘记了他本来的名字，干脆称他为伯乐，延续到现在。后世则以善相马来比喻善于发现人才，以伯乐为善于发现人才的人，几成定说。比如汉·韩婴《韩诗外传》卷七："使骥不得伯乐，安得千里之足？"唐·韩愈《马说》："世有伯乐，然后有千里马。千里马常有，而伯乐不常有。"然而，在与众不同的《庄子》里，伯乐可就不是一个正面形象了。

先来看，马的天性是什么样子呢？"蹄可以用来践踏霜雪，毛可以用来抵御风寒，饿了吃草，渴了喝水，性起时扬起蹄脚奋力跳跃。"高台正殿什么的，对马来说没什么用处。

接着再看，可以发现《庄子》的用字也总是别出心裁，好在这些文章，即便不明晰几个生僻字的意思，也能明白其要表达的内容。若评价一下下边这段话最大的特点，那就是有两次都连用六个动词，显出世人为了获得利益，而对自然生物所采取的种种极端的措施。如伯乐，说自己善于管理马，于是用烧红的铁器给马烙制印记，用剪刀修剔马鬃，凿削马蹄甲，用络头和绊绳来拴连它们，用马槽和马床来编排它们，这样一来马便死掉十之二三了。饿了不给吃，渴了不给喝，让它们快速驱驰，让它们急骤奔跑，让它们步伐整齐，让它们行动划一，前有马口横木和马络装饰的限制，后有皮鞭和竹条的威逼，这样一来马就死过半数了。

在《马蹄》这段文字中，我们仿佛也能想到，就是那些受尽苦难与折磨的幸存者也只能在鞭子下和车套中苟延残喘，度过丧失尊严的余生。而这一切，仅仅源自伯乐的一句"我善治马"！以伯乐为代表的以自我为中心的人类，何曾考虑过马儿的喜怒哀乐，更何曾考虑过其他生物与我们共存一隅所被迫承受的境遇有多么不堪？在车前温顺乖巧的马原本是更自由、更快乐的，即使没有丰盛的水草，即使可能遭受虎狼的追逐，它们也更愿意在旷野上狂奔，因为没有一匹马的天性里写着"驯服"二字。它们都是野地里随意往来的灵魂，绝不会堕落到丢弃性命之实而去换取仁义之名的虚伪之境。庄子说情愿做污泥里自在爬行的乌龟，也不愿登上庙堂受到膜拜，然而伯乐既存于世，良马便难逃被禁锢摧折的厄运。

前文"伯乐善治马"可谓奇思妙喻。然而事情还没完，紧接着又是两个小故事，其实是两个比喻，一个是"陶人制陶"，一个是"工匠锯木"，表达的意旨异曲同工。制陶工匠说："我最善于整治黏土，我用黏土制成的器皿，圆的合乎圆规，方的应于角尺。"木匠说："我最善于整治木材，我用木材制成的器皿，能够弯曲得合于钩弧的要求，笔直得跟墨线吻合。"黏土和木材的本性难道就是去迎合圆规、角尺、钩弧、墨线的标准和要求吗？然而世世代代却都称赞他们说："伯乐善于管理马，而陶匠、木匠善于整治黏土和木材。"庄子认为这其实也是那些治理天下的人的过错。

这三个妙喻一气勾连，把奉行万物因我善治而为我所用的原则、人对物的危害，以组合的方式缤纷而出。本来万物皆可在《庄子》中有讲话的权利，这次倒好，物有真性而无言可辩，万般委屈也只得在静默中顺应了。

二

吾意善治天下者不然。彼民有常性[1]，织而衣，耕而食，是谓同德[2]；一而不党[3]，命曰天放。故至德之世，其行填填[4]，其视颠颠[5]。当是时也，山无蹊[6]隧，泽无舟梁；万物群生，连属[7]其乡；禽兽成群，草木遂长。是故禽兽可系羁而游，鸟鹊之巢可攀援而窥。夫至德之世，同与禽兽居，族与万物并，恶乎知君子、小人哉！同乎无知[8]，其德不离；同乎无欲，是谓素朴[9]；素朴而民性得矣。及至圣人，蹩躠[10]为仁，踶跂[11]为义，而天下始疑矣；澶漫[12]为乐，摘僻[13]为礼，而天下始分矣。故纯朴不残，孰为牺尊[14]？白玉不毁，孰为珪璋[15]？道德[16]不废，安取仁义[17]？性情不离，安用礼乐？五色不乱，孰为文采？五声不乱，孰应六律？夫残朴以为器，工匠之罪也；毁道德以为仁义，圣人之过也。

注释：

1. 常性：固有的天性。

2. 同德：共性。

3. 党：偏私。

4. 填填：稳重的样子。

5. 颠颠：无忧的样子。

6. 蹊（xī）：小路。

7. 连属：混同。

8. 知：智，巧诈。

9. 素朴：比喻本性。素，未染色的生绢。朴，未加工的木料。

10. 蹩躠（bié xiè）：步履艰难的样子。

11. 踶跂（zhì qǐ）：足跟上提的样子。

12. 澶（dàn）漫：放纵逸乐。

13. 摘僻：繁琐。

14. 牺尊：精雕细刻的酒器。

15. 珪璋：玉器。上尖下方的为珪，半珪形为璋。

16. 道德：这里指人类的自然本性。

17. 仁义：这里指人为的道德规范。

  问题已经提出来了："此亦治天下者之过也。"那怎样进一步由马到人，由伯乐、陶者、匠人到"圣人"呢？

  讲完了三个比喻，道理来了。庄子认为当今所谓"善于治理天下的人"并没有顺应黎民百姓固有而普遍的本能和天性来治理天下。人民有自然的本性，它们织布后穿衣，耕种后吃饭，思想和行为浑然一体，没有一点儿偏私。为何要顺应自然本性来治理天下呢？我们回溯上古时代，山野里没有路径和隧道，水面上没有船只和桥梁，各种生物共同生活在一起，人类的居所相通相连，禽兽成群结队，草木随心生长。禽兽可以用绳子牵引着游玩，鸟鹊的巢窠可以攀登上去探望。那就是人类天性保留最完善的年代啊！当人类跟禽兽居住在一起，跟各种物类相互聚合并存的时候，哪里会知道有什么君子和小人呢！那时候，人人都敦厚而无智巧，人类的本能和天性也还没有丧失。每个人都没有私欲，这就叫"素"和"朴"。只要能够保持自然的本色，人类的本能和天性就会完整地流传下来。

  看！这就是《庄子》眼中的"至德之世"，"填填""颠颠"就是持重和专一，就是《老子》中的"专气致柔"；"无为""无欲"就是《逍遥游》里大臭椿树下睡大觉的逍遥，就是乘大葫芦而游江湖之豪放，正好与缓慢持重、专一踏实相衔接，也正好与当今人们普遍诟病的浮躁相比对。这样的庄子的"放"，应该能够把持重、专一与自然、得意统一起来。于今物欲横流时代，读读庄子的文章，想想庄子的说法，也是有趣和有益的。

反之呢？也就是和"至德之世"相反，而和伯乐、陶工、木匠一样的治理方式呢？那就是《庄子》中"圣人"的治理方式了。"及至圣人"这段话的核心就两字："圣人"。无论在道家还是儒家话语体系中，圣人都是一个很高端的概念，可为什么庄子要贬损圣人呢？首先要明确的是，庄子批评的"圣人"是带引号的，这些"圣人"勉为其难地去倡导所谓仁，竭心尽力地去追求所谓义，于是天下开始出现迷惑与猜疑。放纵无度地追求逸乐的曲章，繁杂琐碎地制定礼仪和法度，于是天下开始分离。毁弃人的自然本性以推行所谓仁义，这就是"圣人"的罪过！

由此可见，庄子此篇中的"圣人"，并不是道家所谓的圣人，而是当时窃国大盗一类的"诸侯"。当然，庄子赞成的圣人，也不是儒家认可的圣人，他们之间的差别主要是源于对"道"的不同理解。与一般认识不同的是，庄子并不反对"仁义"，而是反对儒家将仁义口号化、工具化。庄子这种主张，可以引申为反对将仁义作为一种牟取私利的手段强加给其他国家，从而造成被强加国家的社会崩溃与秩序混乱。如果我们读《庄子》读得多了，就会清楚，其实他极力批评的"圣人"，主要指的就是当时的在位者"诸侯"，其中很多都是篡夺窃位之流，却僭称王号，所以他在《胠箧》一文中高声叫骂，"窃钩者诛，窃国者为诸侯""圣人不死，大盗不止"。

其次，庄子也看到了儒家王道治国的缺陷所在，而这种缺陷所带来的痛苦与烦恼一直压迫着他。于是庄子转向了他所追求的逍遥境界，从而背离了儒家提倡的圣人观念并创造了新的"圣人"观。换言之，出于对儒家王道治国困境的担忧，庄子最终走向了逃避现实、追求单纯精神逍遥的道路。掌握了这个逻辑，《马蹄》篇的思想乃至《庄子》思想的难点也就迎刃而解了。

说也说了，骂也骂了，可又能怎么样呢？关于社会发展、技术发展的弊端，庄子是看得比较清楚的，或者说是梦醒得比较早的。可梦醒却也无路可走、无可奈何，只好再借马这杯酒浇自己心中的块垒，再歌颂下马的自由本性，再骂一下那些改变了人与自然原来的和谐状况，使得马和人、人民和统治者分别处于对立面的伯乐、圣人之流。

三

夫马，陆居则食草饮水，喜则交颈相靡，怒则分背相踶。马知已此矣。夫加之以衡扼[1]，齐之以月题[2]，而马知介倪[3]、闉扼[4]、鸷曼[5]、诡衔[6]、窃辔[7]。故马之知而态至盗[8]者，伯乐之罪也。夫赫胥氏[9]之时，民居不知所为，行不知所之，含哺而熙[10]，鼓腹[11]而游，民能以此矣。及至圣人，屈折[12]礼乐以匡天下之形，县跂[13]仁义以慰天下之心，而民乃始踶跂[14]好知，争归于利，不可止也。此亦圣人之过也。

注释：

1. 衡扼：车辕前的横木、叉马颈的条木。
2. 月题：马额上的月牙形装饰物。
3. 介倪：怒目侧视。
4. 闉扼：曲颈企图从轭下逃脱。

5. 鸷曼：指马狂突不羁，试图挣脱。

6. 诡衔：狡猾地吐出衔子。

7. 窃辔：偷偷地啃咬辔头。

8. 盗：与人抗敌的意思。

9. 赫胥氏：传说中的帝王。

10. 熙：通"嬉"，嬉戏。

11. 鼓腹：鼓着肚子，形容吃得很饱。

12. 屈折：矫造。

13. 县跂：空悬。

14. 踶跂：争先恐后。

　　好文章总值得我们多流连一会儿，就像含着青橄榄慢慢咀嚼一样。《马蹄》篇的确是奇文，庄子也真是知马之人，尤其是结尾这段锦绣文章，对马具的描写这么细腻，对马的天性和对抗性动作也如此清楚，在古人文章里恐怕无出其右者。闻一多先生说，庄子的文章是"前无古人，恐怕也是后无来者了"，在这一段看来应该是名副其实的。

　　庄子说，这马生活在陆地上，吃草饮水。高兴的时候，马与马相互交颈摩擦，就像人表示亲热的时候那样。生气的时候就背对背相互踢撞，马的智力其实也就这样子了。等到后来，人们把车衡和颈轭加在它身上，把配着月牙形配饰的辔头戴在它头上，那么马就会侧目怒视，僵着脖子抗拒轭木，暴戾不驯，或诡谲地吐出嘴里的勒口，或偷偷地挣脱头上的马辔。马以自身仅有的智力，竟能做出与人对抗的态度，这其实完全是伯乐的罪过啊！

　　然后庄子话锋一转，那么人呢？原来人不也是这样嘛，哪有那么多的技巧啊？还不是等到后来那些所谓的"圣人"出现了，强制的礼乐出现了，情况才变成现在这样的！他们用矫造的礼乐来匡正天下百姓，标榜那高高在上、做也做不到的礼仪，其结果只能让人民假意配合，哪怕心里并不认可。在这种情况下，人们便开始千方百计地去寻求智巧、投机取巧。"争归于利，不可止也"，也就是争先恐后地竞逐私利而不能终止，你说这是不是圣人治国的罪过呢？

本文也像《尚书》一样，以御马来比喻领导治理百姓，但文笔却奇峰突起，尤其篇首还有现在的篇尾，形容马之性情喜怒，真可谓是生花妙笔。更有意思的是，批评儒家所谓的"圣人"毁弃大道明德，而强为仁义的过错，其文辞也像腾驹野马奔放不羁。看得出《马蹄》篇自首至末，只是一意，是说以仁义为治是违逆了人之本性、民之本性。借马为喻，以马说事。开篇说马，不以各种治之为好事，关于"善治"的说辞从伯乐、陶匠口中讲出，感觉是那么踌躇满志。而《庄子》呢？来个大翻案，以治马为喻，归罪于伯乐，随手带出埴木，抹煞陶匠，令人自然首肯。然后接"善治"的所谓圣人治理天下之民，和治马的人烧、剔、刻、雒之类有何区别呢？这样的治天下者违反人民的真性啊！也就令人首肯了。

总之，《庄子·马蹄》篇提醒我们，治理社会，一定的规矩秩序还是需要的，但是不要把这个东西弄得过分，不要像驯服马一样驯化人民。过分了，就会把人给异化了，人一异化就走向了他的反面，那么这个社会的治理，也就出现了重大的问题。正像《道德经》第五十八章所说："其政闷闷，其民淳淳；其政察察，其民缺缺。"越是明察秋毫，制定得那么细的各种各样的治理管理方式，越让百姓感觉到不满。顺应自然，顺应民心才是真正大道，才是一种真正的领导和治理国家的方法。

虽然庄子追慕上古社会和否定社会发展的观点不可取，但他强调人与自然的和谐，强调不把自己的观点强加于人甚至强制于人，则是大有可取之处的。《庄子》多在《马蹄》《胠箧》《天地》《盗跖》等篇章中提及的"至德之世",是他的理想国,那里没有纷争,没有差别,不但人和人之间亲善友好,人和动物也是和睦相处。野兽们可以任由人们牵引着四处闲逛,鸟巢里的小鸟也不惧怕人们爬上树来窥探。"彼民有常性",此处的"常性"正是《骈拇》中的"常然",即"诱然皆生而不知其所以生,同焉皆得而不知其所以得"。常然状态下的人们不懂得要聚敛财物、贪求声名,也不懂得使用技巧来驯养动物。百姓无知而无欲,宛如生活在安详美好、宁静自适的远古社会。庄子追求的并非一个理性机制绝对完备、物质生活充裕富足的世界,相反,蒙昧混沌、真性不失才是他所向往的境地。而像伯乐驯马或圣人以仁义规箴天下的做法,都是损害自然本真的行为,其结果定是"将欲取天下而为之,吾见其不得已",也就是一定得不到好的结果。

庄子生活在"窃钩者诛,窃国者为诸侯"的乱世之中,眼见着人们颠倒黑白、混淆是非,统治者假仁义之名以妄为,怎能不生沉痛悲慨之心?当他在现实里找不到出路时,免不了回过头去怀想那曾经和谐友善而又恬静的原始世界,这种真诚的憧憬曾一再地被误解为软弱的逃避与空想,甚至是可怕的倒退。但我们必须承认,庄子以"自然"为唯一原则,超越世俗道德约束,甚至超越人类中心观念的思想,以及他对人性与自由的尊重,就显得益发难能可贵。庄子是诗人里的哲学家和哲学家里的诗人,而诗人是带我们回家的人!也许《庄子》的文字,能让我们心底"回家"的热望被点亮,不忘乡愁,热望人类的精神家园。

最后用一副对联来做本文结尾。上联:虎尾春冰真学问;下联:马蹄秋水大文章。上联出自《尚书·君牙》:"心之忧危,若蹈虎尾,涉于春冰。"意思是说,心里担忧国家的安危,就像踩着老虎尾巴,行走在春天薄薄的冰上一样。下联就出自《庄子》,"马蹄"就是我们讲的《马蹄》篇,而"秋水"则是紧接着要讲的《庄子·外篇》的《秋水》篇。

秋水

　　《秋水》是《庄子》的又一长篇，和《齐物论》的谋篇构局有异曲同工之美。全文由两大部分共七个故事构成。

　　第一部分是海神北海若跟河神的谈话，一问一答，一气呵成，构成本篇的主体。从哲学上说，此文中心是讨论人应该怎样去认识这个世界。这个故事主要强调事物本身的相对性和认知过程的变异性，指出了正确认知之不易和准确判断的困难，这很智慧。当然，本文也过分强调了事物变化的不定因素，各顺物自化，返归无为，有消极之成分，亦善鉴之。关于北海若和河神的对话篇幅很长，我们可以把它分为九段话来解读。

　　第二部分写了六个寓言故事。每个寓言故事自成一体，各不关联，跟前一部分海神与河神的对话没有多少结构上的联系，但是每个故事却也都非常有深意。很多故事里边的内容后来成为我们经常使用的成语典故，所以我们选几个讲述就好了。分别是：孔子弦歌不辍的故事；庄子钓于濮水的故事；惠子相梁的故事；庄子、惠子游于濠梁之上的故事。

　　接下去就让我们进入《秋水》的世界吧。

一

秋水时至[1]，百川灌河[2]，泾流之大，两涘[3]渚崖之间，不辨牛马。于是焉河伯欣然自喜，以天下之美为尽在己。顺流而东行，至于北海，东面而视，不见水端。于是焉河伯始旋[4]其面目，望洋[5]向若而叹曰："野语有之，曰'闻道百，以为莫己若[6]'者，我之谓[7]也。且夫我尝闻少[8]仲尼之闻而轻伯夷之义者，始吾弗信；今我睹子之难穷也，吾非至于子之门，则殆矣，吾长[9]见笑于大方之家[10]。"

注释：

1. 时至：按时令到来。

2. 河：黄河。

3. 涘：河岸。

4. 旋：改变。

5. 望洋：远视的样子。

6. 莫己若：即莫若己，没有谁比得上自己。

7. 我之谓：即谓我。

8. 少：认为……少。

9. 长：长久。

10. 大方之家：懂得大道理的人。

开篇这个故事是写河神的小却自以为大，对比海神的大却自以为小，说明了认识事物的相对性观点。

秋天的洪水应时而来，很多河流的水都流入黄河。河面宽阔，波涛汹涌，两岸和水中沙洲之间，分辨不清对岸的牛马。本来这牛和马都很大，一般距离都能分得出来。可现在，黄河涨大水了，两岸之间隔得远了，牛马分辨不出来了，于是河神洋洋得意、沾沾自喜，认为天下的壮美全都聚集在自己这里。

后来，黄河入海流，流到了北海，见到了海神若。他一看，这海也太大了，于是知道自己太小了，知道自己原来的看法不对，顿时不好意思了。于是，他说了一番感慨之语检讨自己："俗语有这样的说法，'听到了上百种道理，便以为没有谁比得上自己'，说的就是我这样的人啊！而且我还曾听说，有人认为孔子的学问少，伯夷的节义不值得看重，起初我还不相信，如今我看到了您是这样的无边无际，才知道我如果不是来到您的门前，那就危险了。我将永远被那些懂得大道理的人所耻笑啊！"

《庄子》讲的故事，几乎都有一个重要的主题：一个人可以安心于狭小的生活，但不可以没有广阔的视野。起初的河伯，受限于自己的狭隘视野，无法看到外部的广阔世界，自尊自大，自欺欺人。看到浩瀚的北海，方才认识到自己的无知和渺小。从哲学上说，这个过程就是不断突破局限，超越自我，追求更高真理和更高境界的过程。当然，还需要像北海若这样的名师点化。

北海若曰："井蛙不可以语于海者，拘于虚[1]也；夏虫不可以语于冰者，笃[2]于时也；曲士[3]不可以语于道者，束于教也。今尔出于崖涘，观于大海，乃知尔丑[4]，尔将可与语大理[5]矣。"

注释：
1. 虚：通"墟"，居住的地方。
2. 笃：固。引申为束缚。

3. 曲士：孤陋寡闻的人。
4. 丑：鄙陋。
5. 大理：大道。

  《秋水》这段话讲得很好，它告诉我们：与人交流要看对象，更要注意方式方法，从对方的生活经验和知识背景出发，以对方能理解的观念来谈论，比如：井里边的青蛙，不可以跟它谈论大海，因为它生活的地方就那么大点空间，天然受到空间的限制。夏天出生的草虫，秋天就死了，跟它谈冬天的冰，它都没见过，这就是时间的限制。见识浅陋的人，不可能跟他讲道，否则，肯定是一方认为自己在"对牛弹琴"，另一方则认为对方"不说人话"。

  那么，海神讲的大道理是什么样子呢？

  "天下之水，莫大于海，万川归之，不知何时止而不盈；尾闾[1]泄之，不知何时已而不虚[2]；春秋不变，水旱不知。此其过[3]江河之流，不可为量数。而吾未尝以此自多[4]者，自以比形于天地而受气于阴阳，吾在天地之间，犹小石、小木之在大山也。方存乎见少[5]，又奚以自多！计四海之在天地之间也，不似礨空[6]之在大泽乎？计中国之在海内，不似稊米[7]之在大仓乎？号[8]物之数谓之万，人处一焉；人卒九州，谷食之所生，舟车之所通，人处一焉，此其比万物也，不似豪末之在于马体乎？五帝之所连，三王之所争，仁人之所忧，任士[9]之所劳，尽此矣。伯夷辞之以为名，仲尼语之以为博，此其自多也，不似尔向之自多于水乎？"

注释：

1. 尾闾（lǘ）：海的底部排水之处。

2. 虚：流空。

3. 过：超过。

4. 自多：自以为多。

5. 见少：显得少。

6. 礨（lěi）空：石块间小孔穴。

7. 稊（tí）米：稊的果实，形如小米。

8. 号：称。

9. 仁人、任士：专讲仁义的儒家者流、身体力行的墨家者流。

北海若的大道理，中心思想就是"天外有天"。

北海若说："你觉得我已经很大了吧？我的海已经很广阔了，但我在这个天地之间啊，就像那小石头小草在大山之上一样。你以为我很大吗？我自己都知道我有多渺小。你算一算，四海在天地之间，不就像一个小岛在大湖里一样吗？就是中原大地，她在四海之内，不就像一粒米在粮仓之中吗？至于人类，不就像马身上的毛吗？万物都是这样的渺小。所以你看这些人争夺的东西，'五帝之所连，三王之所争，仁人之所忧，任士之所劳'，他们为此倾尽心力争夺的这个江山，不也就这么一点点大的地方吗？"

所以啊，人生在天地宇宙之间，不过是如苏轼在《前赤壁赋》中所云"渺沧海之一粟"。引这句话的目的是说，《秋水》中的这段话才是成语"沧海一粟"的真正出处。《前赤壁赋》的行文风格和这段话形似神似，足见庄子对后世影响之大。

再插叙一个《庄子·则阳》里的故事，很能印证这是庄子一贯的思想。这个故事叫"蜗角虚名",是说在蜗牛角上的两个国家,为争这个蜗牛角那一点地方天天打仗,甚至伏尸百万。庄子认为,站在更高的角度看,历史上争夺的不就是这么一个小小的地方,值得吗?

　　河伯曰:"然则吾大天地而小毫末,可乎?"北海若曰:"否。夫物量无穷,时无止,分无常,终始无故[1]。是故大知[2]观于远近,故小而不寡,大而不多,知量[3]无穷;证向今故[4],故遥而不闷[5],掇[6]而不跂[7],知时无止;察乎盈虚,故得而不喜,失而不忧,知分[8]之无常也;明乎坦涂,故生而不说,死而不祸,知终始之不可故也。计人之所知,不若其所不知;其生之时,不若未生之时;以其至小,求穷其至大之域[9],是故迷乱而不能自得也。由此观之,又何以知毫末之足以定至细之倪[10]?又何以知天地之足以穷至大之域?"

注释:

1. 故:固。

2. 大知:大智大慧的人。

3. 量:物量。

4. 向今故:明今古。

5. 不闷:不昏暗。

6. 掇:伸手可得。

7. 跂:求。

8. 分:界限。

9. 至大之域:无穷大的境界。

10. 倪(ní):头绪,引申为标准。

当河伯再问到海神，该怎样来看这个世界，站在一个什么高度，怎样看待大小的问题时，北海若又讲了一番"大小之辩"的道理。

从哲学上来说，北海若这段话谈的是真理标准的确定性问题。其中心意思依然是《道德经》所云："孰知其极？"《秋水》篇则更为丰富地说明了确知事物和判定其大小极其不易。因为万物的量是无穷无尽的，时间的推移是没有止境的，得与失的分辨没有不变的常理，事物的终结和起始也没有定因。人所懂得的知识远远不如他所不知道的多，他生存的时间也远远不如他不在世的时间长。用极为有限的智慧去探索无穷无尽的境域，内心必然会迷乱而不能有所得。我们怎么可以判定毫毛的末端就是最细小的限度呢？又怎么可以把天地看作是最大的境域呢？人的认知常受事物自身的不定性和事物总体的无穷性影响，所以那些具有大智的人观察事物的时候从不局限于一角一隅。

当然，《庄子》更强调的是真理标准的不确定性，有泯乎大小差别之嫌，但从"不自大，不自多"的角度来看，则是很有见识的智慧。

河伯曰："世之议者皆曰：'至精无形，至大不可围。'是信情[1]乎？"北海若曰："夫自细视大者不尽，自大视细者不明。夫精[2]，小之微也；垺[3]，大之殷[4]也。故异便[5]，此势之有也。夫精粗者，期于有形者也；无形者，数之所不能分也；不可围者，数之所不能穷也。可以言论者，物之粗也；可以意致[6]者，物之精也；言之所不能论，意之所不能察致者，不期精粗焉。是故大人[7]之行，不出乎害人，不多[8]仁恩；动不为利，不贱门隶；货财弗争，不多辞让；事焉不借人[9]，不多食乎力[10]，不贱贪污；行殊乎俗，不多辟异[11]；为在从众，不贱佞谄；世之爵禄不足以为劝，戮[12]耻不足以为辱；知是非之不可为分，细大之不可为倪。闻曰：'道人不闻，至德不得，大人无己。'约分¹³之至也。"

注释：

1. 信情：实情。

2. 精：细小。

3. 垺（fú）：通"郭"，城外之城。

4. 殷：大。

5. 异便：大小不同，却各有合宜处。便，宜。

6. 意致：运用思维意识可以获得的。

7. 大人：圣人。

8. 多：称许。

9. 借人：假借于他人。

10. 食乎力：自食其力。

11. 辟异：傲慢怪僻。

12. 戮：处以刑罚。

13. 约分：约束自己适得其分。

下面这段话依然是北海若和河伯的对话。这段话内容很丰富，也很深刻，是关于上文的进一步论述，也就是进一步说明认知事物之不易，常常是"言"不能"论"，"意"不能"察"。

海神说："从细小的角度看庞大的事物不可能全面，从庞大的角度看细小的事物不可能真切。精细是小中之小，庞大是大中之大，大小虽有不同，却各有合宜之处，这就是事物固有的态势了。所谓精细与粗大，也是仅限于有形的事物，至于没有形体的事物，是不能用数量来衡量的；而没有范围的东西，更是不能用数量来计算的。可以用言语来谈论的东西，都是事物粗浅的表象；不可以言传但可以用意识来领会的东西，则是事物精细的本质。言语所不能谈论的，心意所不能领会的，也就不限于精细或粗浅的范围了。所以那些修养高尚者的行动，不会出现对人的伤害，也不会称许对他人行仁和施恩；无论做什么都不是为了私利，也不会轻视守门之奴。无论什么财物都不去争夺，也不推崇谦和与辞让；凡事从不假借他人的力气，但也不提倡自食其力，同时也不鄙视贪婪与污秽；行动与世俗不同，但不主张邪僻乖张；行为追随一般的人，但不以奉承和谄媚为卑贱；人世间的所谓高官厚禄都不足以视为劝勉，所有刑戮和侮辱都不足以看作羞耻；知道是与非的界线不能清楚地划分，也懂得细小和巨大没有清晰明确的界限。"

我再重复下最后这句总结性名句："道人不闻，至德不得，大人无己。约分之至也。"讲得多好啊！能体察大道的人不求闻达于世，不是老去炒作，让别人知道自己；修养高尚的人不会计较得失，常以吃亏为福；清虚宁静的人能够忘却自己，虚己而逍遥。这也是于内在约束自己，而达到适得其分的境界。哲学上讲超越，而超越有外在的和内在的，道家讲的恰是内在的超越，用一个非常宏阔的角度和一个非常大的格局来理解这个世界，让我们心胸能够更广阔，不至于在计较那些微小的得失里耗费了自己的生命。

河伯曰："若物之外，若物之内，恶[1]至而倪[2]贵贱？恶至而倪小大？"北海若曰："以道观之，物无贵贱；以物观之，自贵而相贱；以俗观之，贵贱不在己。以差观之，因其所大而大之，则万物莫不大；因其所小而小之，则万物莫不小。知天地之为稊米也，知毫末之为丘山也，则差数[3]睹矣。以功观之，因其所有而有之，则万物莫不有；因其所无而无之，则万物莫不无。知东西之相反而不可以相无，则功分[4]定矣。以趣[5]观之，因其所然而然之，则万物莫不然；因其所非而非之，则万物莫不非。知尧、桀之自然而相非，则趣操睹[6]矣。昔者尧、舜让而帝，之、哙[7]让而绝；汤、武争而王，白公[8]争而灭。由此观之，争让之礼，尧、桀之行，贵贱有时，未可以为常也。梁丽[9]可以冲城，而不可以窒穴，言殊器也；骐骥、骅骝[10]一日而驰千里，捕鼠不如狸狌，言殊技也；鸱鸺[11]夜撮蚤，察毫末，昼出瞋目而不见丘山，言殊性也。故曰：'盖[12]师[13]是而无[14]非，师治而无乱乎？'是未明天地之理，万物之情者也。是犹师天而无地，师阴而无阳，其不可行明矣。然且语而不舍，非愚则诬也。帝王殊禅，三代殊继。差其时，逆其俗者，谓之篡夫[15]；当其时，顺其俗者，谓之义之徒[16]。默默乎河伯，女恶知贵贱之门，小大之家！"

注释：

1. 恶（wū）至：如何。

2. 倪：端倪，有区别之意。

3. 差数：差别的概念。

4. 功分：功能的分别。

5. 趣：通"趋"，思想取向。

6. 睹：可见。

7. 之、哙：之，燕国相名子之。哙，燕王名哙。燕王哙于周慎靓王五年（前316），让位给国相子之，燕人不服，大乱。齐乘机伐燕，杀哙与子之，燕国几近灭亡。

8. 白公：白公胜，楚平王之孙。其父太子建因受陷害流亡国外，生白公胜。后白公胜回国，为夺政权发动政变，事败后身亡。

9. 梁丽：皆指粗大木料。丽，通"榍"。

10. 骐骥、骅骝：指日行千里的良马。

11. 鸱鸺（chī xiū）：即鸱鸮，猫头鹰。

12. 盍：通"盇"，何不。

13. 师：推崇。

14. 无：抛弃。

15. 篡夫：篡夺地位的人。

16. 义之徒：合乎高义的人。

河伯的问题一个接一个，提得很有水平，都是当时学术界的代表观点。北海若的回答也越来越深刻，是道家的哲学和智慧。针对河伯的问题，北海若从事物的相对性出发，更深一步地指出大小贵贱都不是绝对的，因而最终是不应加以辨知的。问答之间，有很多卓有见识的观点。

比如"以道观之，物无贵贱；以物观之，自贵而相贱；以俗观之，贵贱不在己"，意思是："用自然的常理来看，万物本没有贵贱的区别；从万物自身来看，各自为贵而又以他物为贱；拿世俗的观点来看，贵贱不在于事物自身。"是啊，在兔子的眼里，狗肯定是不如它的，人也是不如它的，它觉得自己这个族类才是最尊贵的。想想人不也是这样吗？认为自己最尊贵，而万事万物可以任意掠夺，这就是"以物观之，自贵而相贱"。而"以俗观之，贵贱不在己"，是说拿世俗的观点来看，贵贱不在于事物自身，不在于我们自己，而是取决于别人的评价。举个例子，我们中国文字中人品的"品"字就是三个口，说明我们文化还是很在意他人的评价，而非自身的判断。

下面这几句话，则更能让我们具体化地领悟到《庄子》的智慧："梁丽可以冲城，而不可以窒穴，言殊器也；骐骥、骅骝一日而驰千里，捕鼠不如狸狌，言殊技也；鸱鸺夜撮蚤，察毫末，昼出瞋目而不见丘山，言殊性也。"讲得太好了！说栋梁之材可以用来冲击敌城，却不能用它来堵塞洞穴，这是器物的用处不一样。骏马良驹一天奔驰上千里，捕捉老鼠不如野猫与黄鼠狼，这是技能不一样。猫头鹰夜里能抓到小小的跳蚤，细察毫毛之末，大白天睁大眼睛，也看不见高大的山丘，这是禀性不一样。因为万事万物各自的特点不同，所以不能够用同一个方式来衡量。

河伯曰："然则我何为乎？何不为乎？吾辞受趣舍，吾终奈何？"北海若曰："以道观之，何贵何贱，是谓反衍[1]；无拘而志，与道大蹇。何少何多，是谓谢施[2]；无一而行，与道参差。严乎若国之有君，其无私德；繇繇[3]乎若祭之有社[4]，其无私福；泛泛乎其若四方之无穷，其无所畛域[5]。兼怀万物，其孰承翼[6]？是谓无方。万物一齐，孰短孰长？道无终始，物有死生，不恃其成[7]。一虚一满，不位[8]乎其形。年不可举[9]，时不可止。消息[10]盈虚，终则有始。是所以语大义之方[11]，论万物之理也。物之生也，若骤若驰，无动而不变，无时而不移。何为乎，何不为乎？夫固将自化[12]。"

注释：

1. 反衍：反复衍化。

2. 谢施：新陈代谢，交互为用。

3. 繇（yōu）繇：通"悠悠"，悠闲自得的样子。

4. 社：社稷神。

5. 畛（zhěn）域：疆界。

6. 承翼：承受庇护。

7. 成：万物之成形。

235

8. 位：固定。

9. 举：提取。

10. 消息：消亡与生息。

11. 方：方向。

12. 自化：按自身天性生息变化。

河伯的问题又来了，这回问到的事情比较具体了："既然如此，那么我该做什么，不该做什么呢？我应该以什么为准则呢？"

海神回答说："从道来观察，什么贵呀贱呀，都说的是反复转化的过程，万物原本就是齐一的，而大道是无始无终的，对万物都兼容并包。终而复始，运转不停，是大道的方向。万物之生息，如同奔马般疾速，无一刻不在变化，无一时不在推移。什么是该做的？什么是不该做的？你都不要去管，万物自会按自身天性生息变化。"

此段是从"万物一齐""道无终始"的观点出发，首先提出"反衍"和"谢施"两个哲学术语，意思是事物是反复不断地变化并且向相反方面转化，新陈代谢是宇宙间的规律，这是此文比较深刻的哲学思维。正是按此逻辑，所以无贵贱之别、无长短大小之分。王安石《如归亭顺风》说："人生万事反衍多，道路后先能几何？"也是活用庄文之语，人生反衍之事太多，谁先谁后又能有多少差别呢！

其次指出"万物一齐，孰短孰长？道无终始，物有死生，不恃其成"。这是前文《齐物论》里"齐物"思想的再现。是说世上的万物是一样的，怎么能去论它存在时间的长与短呢？物有死生或终始，尽管它能终而又始甚至其终即是其始，因此是不堪执着的。

最后，指出"物之生也，若骤若驰，无动而不变，无时而不移"。用马急驰来比喻事物的生长、变化、发展，这世界没有动了而不变化的，没有一刻是不在移动的。简单地说就是这世界变化太快，实可谓"方生方死，方死方生"，所以，人们认知外物必将无所作为，只能等待它们的"自化"，也就是按自身天性生息变化，也就是《齐物论》里所说的"超以物外，得其环中"的意旨。

可见《秋水》篇的河神和北海若部分，正是通过海神之口来讲述"齐物"的大道。《齐物论》和《秋水》篇可称为阐述庄子"齐物"哲学的双璧。

河伯曰："然则何贵于道邪？"北海若曰："知道者必达于理，达于理者必明于权[1]，明于权者不以物害己。至德者，火弗能热，水弗能溺，寒暑弗能害，禽兽弗能贼。非谓其薄[2]之也，言察乎安危，宁[3]于祸福，谨于去就，莫之能害也。故曰：'天在内，人在外，德在乎天。'知天人之行，本乎天，位乎得，蹢躅[4]而屈伸，反[5]要[6]而语极[7]。"

注释：

1. 权：权变，应变。

2. 薄：迫近。

3. 宁：安。

4. 蹢躅（zhí zhú）：通"踯躅"，徘徊不前。

5. 反：通"返"。

6. 要：枢要。

7. 极：大道的极致。

河神至此还是疑惑："那为什么还要那么看重大道呢？"北海若说：

"懂得大道的人必定通达事理，通达事理的人必定明白应变，明白应变的人必定不会因为外物而损伤自己。道德修养高尚的人，火不能烧灼他们，水不能淹溺他们，严寒酷暑不能侵扰他们，飞禽走兽不能伤害他们。这并不是说他们逼近这些伤害却能够幸免，而是说他们明察安危，安于祸福，慎处离弃与追求，因而没有什么东西能够伤害到他们。"所以说："天然蕴含于内里，人为显露于外在，高尚的修养则顺应自然。"

这一大段话，旨在说明懂得了道就能通晓事理，就能认识事物的变化规律。按照道去做，也就是顺应自然，而不是人为，这样才能"莫之能害也"，只是正如《道德经》第五十八章中所说"人之迷，其日固久"，人的迷惑于祸、福之门，而不知其循环相生之理者，其为时日必已久矣，只有返归大道的要冲方可谈论至极的道理。

曰："何谓天？何谓人？北海若曰："牛马四足，是谓天；落[1]马首，穿牛鼻，是谓人。故曰：无以人灭天，无以故[2]灭命[3]，无以得殉名。谨守而勿失，是谓反其真。"

注释：

1. 落：通"络"，羁络。
2. 故：有心而为。
3. 命：自然天性。

本部分的最后，河神问到了一个重要的问题：什么是天？什么是人？也就是什么是自然，什么是人为。北海若的回答很形象简练，其核心意思是返归本真的主张，即不以人为毁灭天然，不用圆滑世故作秀，来灭掉事物的本真，也不要因为贪名而导致最后殉于名。这些东西都叫谨守而勿失，才能返璞归真、宠辱不惊。

强调不要用人为来灭掉自然之道，河伯与北海若多番问答，至此终于推导出全文宗旨。庄子划分开天、人的界限，着墨不多却一针见血："牛马四足，是谓天；落马首，穿牛鼻，是谓人。"意思是："牛马长有四足，就是天性；给马带上笼头，给牛穿上鼻绳，就是人为。就是以人力来破坏天性。"以人类为绝对中心的执念，在所谓智慧机巧的背后，隐藏的往往不是对万物的呵护与珍惜，而是贪婪的利用和掠夺，这样的"治"不是万物之灵，而是万物之害。庄子倡导的"无以人灭天，无以故灭命，无以得殉名"，未必是无情的出世之语，他只是真诚地希冀我们谨守天真之本性，不要用造作来破坏物理，不要牺牲德行去谋求好名声，谨守天性不使失去，复归自性、本性。

这一部分核心是讲我们怎么样认识这个世界，也就是认知的问题。用《道德经》第七十一章来概括最为恰当："知不知，上；不知知，病。夫唯病病，是以不病。"意思就是说，知道自己的认识很狭窄，这是一个我们智慧高的表现。不知道自己不知道，反以为自己知道，就像一开始的河伯一样，就是"不知知，病。""夫唯病病，是以不病。"河伯见到了北海若之后，知道自己原来很渺小，见解太可笑了，所以他认真地向北海若学习。

河伯、北海若一问一答，一层一层递进，如剥蕉笋，其要义在于：道家最忌见识短浅。所以第一番回答要见大，第二番不可忽小，第三番小大齐同，第四番本无贵贱小大，那么何者当为，何者当不为？第五番则为与不为一齐放下，无方自化。第六番知道者超然物外，纯乎任天，则是无方自化，道之妙处，正天之妙处，岂不足贵？天人何所分别？第七番自然者是天，作为者是人，故不可以人灭天；不可以人灭天，岂可以故灭命？不可以故灭命，岂可以名丧德？七番层层递进，结语为返归其真，渐引渐深。不仅河神学到了大道，我们似乎也学到了：人类真应该返归大道，返璞归真，迷途而知返。

二

孔子游于匡[1]，宋人围之数币[2]，而弦歌不惙[3]。子路入见，曰："何夫子之娱也？"孔子曰："来，吾语女。我讳穷久矣，而不免，命也；求通久矣，而不得，时也。当尧、舜而天下无穷人，非知得也；当桀、纣而天下无通人，非知失也，时势适然。夫水行不避蛟龙者，渔父之勇也；陆行不避兕[4]虎者，猎夫之勇也；白刃交于前，视死若生者，烈士之勇也；知穷之有命，知通之有时，临大难而不惧者，圣人之勇也。由，处矣！吾命有所制[5]矣！"

无几何，将甲者进，辞曰："以为阳虎也，故围之；今非也，请辞而退。"

注释：

1. 匡：春秋时期邑名，在今河南睢县西。
2. 币：通"匝"，周。
3. 惙（chuò）：停止。
4. 兕（sì）：犀牛。
5. 有所制：有所限定。

接下去进入第二部分，共有六个寓言故事。

先来说第一个，孔子弦歌不辍的故事。要跟大家说明的是，在庄子的文章中，绝大部分对孔子都是非常尊敬的。如上文中，孔子师徒游经匡邑，卫国军人把他们层层包围起来，孔子和弟子们却仍在行礼作乐，唱诗，并以琴瑟等乐器伴奏。被围却弦歌不辍，是一个非常伟大的教师形象。至于像《盗跖》篇那样直接骂孔子的，已被公认为是后人伪造的，并非庄子之意。

这个故事的起因是以前阳虎曾侵暴过匡邑，而孔子长得很像阳虎，匡人误以为是阳虎卷土重来，便出兵把他们包围了起来。子路见状问孔子："身处险境，为什么先生还这样快乐呢？"孔子是这么回答的："我忌讳困穷很久了，却一直摆脱不掉，这是命该如此啊！我渴求通达很久了，却一直不能得到，这是时运不佳啊！处在尧舜的时代，天下是没有困穷之人的，不是因为他们智慧超群；处在桀纣的时代，天下没有通达之人，不是因为他们智慧低下，这一切其实都是时运造成的。在水底通行而不躲避蛟龙，是渔夫的勇敢。在陆上行走而不躲避犀牛、老虎，是猎人的勇敢。闪光的刀剑横在面前，把死看得同生一样平常，是烈士的勇敢。知道困穷是由于命运，知道通达是由于时机，遇到大危难而不畏惧的，这是圣人的勇敢。"孔子的言下之意是：被围了怕什么呢？你安心吧！我的命运是在老天那里，已经是安排定的了。

庄子钓于濮水，楚王使大夫二人往先[1]焉，曰："愿以境内累矣！"庄子持竿不顾，曰："吾闻楚有神龟，死已三千岁矣，王以巾笥[2]而藏之庙堂之上。此龟者，宁其死为留骨而贵乎？宁其生而曳尾于涂中乎？"二大夫曰："宁生而曳尾涂中。"庄子曰："往矣！吾将曳尾于涂中[3]。"

注释：

1. 先：意思是先以非正式的方式告诉庄子楚王的意图。
2. 笥（sì）：盛装衣物的方形竹箱。
3. 涂中：泥中。

再来说第二个，庄子钓于濮水的故事。

这个故事前面也提到过，楚威王派了两个大臣去拜访庄子，说：你受点累吧，别老天天在这钓鱼了，有那么大的本事，不如帮我做点事吧，国家的事就劳驾你了。庄子呢？持竿不顾，不愿居庙堂之上，宁愿活着"曳尾于涂中"。表面上看，"曳尾于涂中"是以乌龟拖着尾巴在泥中爬行来比喻生之微贱，而实际上庄子用隐喻来说明，生于乱世之中去做这些事，那不等于把命都搭上了吗？还不如自己留在田野乡间，在这个渠边垂钓。虽然生活清苦一点，但是还很好，命还保存着，不至于到朝廷里边与虎谋皮，最后连命都送掉了。

其实，许多人质疑楚王聘庄子为相，是否实有其事，还是方外横议之士的自夸，抑或只是寓言？其实，是不是史实倒在其次，重要的是这些记载真实地体现了庄子清高品格及对自由的欣羡。后人多有以此自况者，比如唐人胡曾有一首七绝咏史诗《濮水》，则是完全以此为典故，借庄子钓于濮水来表述自己也要终老故乡的心愿。诗云："青春行役思悠悠，一曲汀蒲濮水流。正见涂中龟曳尾，令人特地感庄周。"

再者，在北京的北海公园，有个明清之时皇家园林代表景点叫"濠濮间"，"濠"出自庄子与惠子在濠梁之上辩论，而"濮"就是庄子钓于濮水的故事，都足见这个故事余韵悠悠。

惠子相梁，庄子往见之。或谓惠子曰："庄子来，欲代子相。"于是惠子恐，搜于国中三日三夜。

庄子往见之，曰："南方有鸟，其名为鹓鶵[1]，子知之乎？夫鹓鶵发于南海而飞于北海，非梧桐不止，非练实[2]不食，非醴泉[3]不饮。于是鸱[4]得腐鼠，鹓鶵过之，仰而视之曰：'吓[5]！'今子欲以子之梁国而吓我邪？"

注释：

1. 鹓鶵（yuān chú）：传说中与鸾凤同类的鸟。

2. 练实：竹子的果实。

3. 醴（lǐ）泉：甘美如甜酒的泉水。

4. 鸱：猫头鹰。

5. 吓：怒声。

第三个寓言故事是惠子相梁。

惠子是庄子的老对头，其实也是庄子唯一的朋友。《庄子·徐无鬼》曾经讲过一个故事，说庄子经过惠子之墓时，对身边人说："有一个人技艺很高超，拿斧头可以砍掉人的鼻子上面拿白粉涂的那一点白。后来这事他不做了，问他是怎么回事，他说是因为那个当年敢拿白粉涂在鼻子上被他砍的人去世了，所以他就没办法展示他高超的技艺了。"这个故事讲完了，庄子继续说："惠子对我来讲就是这样一个人，你别看我们两个老是争辩，其实我们两个是真朋友。"

虽然庄子说他和惠子是真朋友，但在庄子的文章中，每次惠子出现的时候，常常都是一个倒霉蛋儿的形象，老是跟庄子辩论，却老是辩输，庄子也老拿他说事。就像我们看相声是一样的，有捧哏儿的，有逗哏儿的。捧哏儿的老拿逗哏儿的说事儿，把他往死里贬，但其实这两人是搭档。

下面我们来说《秋水》篇里惠子相梁的故事。

故事说惠子相梁,庄子往见之的事。惠子恐庄子来会取代自己的位置,派人搜了三日三夜,想找到庄子。庄子直接就去找惠子了,又开始给他讲故事,说南方有一种鸟叫鹓鶵,也就是凤凰的一种,问惠子:这事你知不知道啊?这鹓鶵啊,不是梧桐树不落,不是竹子的果实不吃,不是干净的醴泉水不喝。一只鸱鸮,也就是猫头鹰,得到了一只死老鼠,看见鹓鶵从天上飞过,还以为它要抢自己口中的这死老鼠,仰而视之曰:"吓!"做怪声驱赶。

在庄子的眼里,达官贵人所追求的功名富贵,都像猫头鹰口中的死老鼠,不值得为它殉名。庄子这样的一种精神,从陶渊明到李白到苏东坡,一脉而相承。上溯到的祖师,经常落到庄子这里。至于这"腐鼠"与"凤鸟",则成了文人诗文中的常客。从唐朝白居易的《感鹤》——"饥不啄腐鼠,渴不饮盗泉。贞姿自耿介,杂鸟何翾翩",到近代柳亚子的反袁世凯复辟名篇《孤愤》——"岂有沐猴能作帝?居然腐鼠亦乘时。宵来忽作亡秦梦,北伐声中起誓师",皆可见这些文人诗文中的常客,也是出自《秋水》一文。

庄子与惠子游于濠梁[1]之上。庄子曰:"儵鱼[2]出游从容,是鱼之乐也。"惠子曰:"子非鱼,安知鱼之乐?"庄子曰:"子非我,安知我不知鱼之乐?"惠子曰:"我非子,固不知子矣;子固非鱼也,子之不知鱼之乐,全矣。"庄子曰:"请循[3]其本[4]。子曰'汝安知鱼乐'云者,既已知吾知之而问我,我知之濠上也。"

注释：

1. 濠（háo）梁：濠水上的桥梁。

2. 鯈（tiáo）：通"鲦"，白条鱼。

3. 循：追溯。

4. 本：起始，指原来的问话。

最后，来说一下《秋水》篇最著名的一个故事：庄子与惠子游于濠梁之上，也就是"知鱼之乐"的故事。

故事是这样的，有一天，庄子和惠子游于濠梁之上。庄子说：鱼乐。惠子反驳：子非鱼，安知鱼之乐？庄子回击：子非我，安知我不知鱼之乐？这句话被惠子抓住逻辑上的漏洞了：我不是你，当然我确实是不知道你怎样一个情况；但同样道理，你确实也不是这鱼，所以你也不知道鱼到底是不是快乐的，这事不是已经很明确了吗？

按照逻辑推理来说，庄子也已经彻底被驳倒了，也该无话可说了，偏偏他又能讲出一番道理来。我们知道，逻辑上成立的东西未必在价值上成立，所以庄子就站在一个更高的角度，又夺回了主动权。庄子说：等等，等等！咱们从开头来捋一下，你开头是怎么讲的？一开始你就问我我是怎么知道的。你难道不是预设了我是知道鱼是快乐的，所以才问我是怎么知道的吗？那我现在就回答你，我是在渠边知道的。

其实最后一句话我们还可以再引申一下，"安"这个字其实有两个含义：一个是怎么，一个是在哪里。其实更容易听懂的是后一种。也可以这样理解：庄子就对惠子讲：咱俩从开头捋一下，你一开始问"汝安知鱼乐"，不就是问我在哪里知道鱼是快乐的吗？那我就回答你，刚才咱俩散步的时候，我就在这水边知道了。

这自然还是一个诡辩，但我们追究得更深一些，会发现这确实是庄子文章的又一个重要思想。庄、惠二人的"知"是不一样的，惠子的"知"是逻辑上的"知"，而庄子的"知"是一个把自己和外界融合在一起的"知"，确切地说，就是审美上的、移情于自然的"知"。我看山知道山是快乐的，我看水知道水是快乐的，我看鱼知道鱼是快乐的，那是因为我跟万物融为一体，所以有了这样一种诗意的结局。

是啊！人类不仅要用逻辑的、科学的眼睛看世界，还要用审美的、诗意的眼睛看世界；不仅要用白天的、理智的眼睛看世界，还要懂得用夜晚的、温情的眼睛来看世界。这样，我们跟整个世界才能达到一种融通，才能够把我们的情感移入到客观世界之中。所以我们会说，如果我们的情感和情绪不能和客观世界反复地沟通交流，那这个世界对我们而言就将是一片沙漠。很多科学家、逻辑学家经常挑古人诗词中的毛病，认为他们讲的许多东西都不符合逻辑。有一位逻辑学家研究中国的诗词，他说：你看李白讲的"金钱如粪土，朋友值千金"，若是从逻辑上来推理，金钱等于粪土，千金等于金钱，所以千金等于粪土，朋友等于千金，逻辑的结论是朋友等于粪土。可是大家都知道李白这句话是什么意思，非得按照这个逻辑来推理，不就把这个世界都推理成一片沙漠了吗？

所以我们说，惠子的逻辑水平高，而庄子的境界更高。我们看这个世界，用诗意的眼睛看，那么一切物语皆景语也，我们跟世界就有这样的一种沟通交流，就有这种天人合一的融合。收篇之时，庄子妙合天人，由开篇天风秋水之曲，复归于如今天净沙明之乐。

《秋水》一篇，处处与《齐物论》遥相呼应。秋水长天，蝶飞鱼游，庄子可谓自知其乐。尤其此篇"子非鱼"这三个字在我们文化中的影响很大，因为它告诉我们这个道理：若只用一种科学的、逻辑的眼睛来看待这个世界，是不会让这个世界变得更有情趣的。

这个世界不仅需要科学，需要逻辑，还需要诗和远方，还需要像《庄子》这样的文章，领着我们"知鱼之乐"，领着我们站在异乡眺望故乡。还是那句话：庄子是诗人里的哲学家，是哲学家里的诗人，是领着我们回家的人。

达生

关于《达生》,我们可以把它理解为比养生更深一层的概念。养生可以使人长生长寿,但是人生的意义并不仅仅在于长寿,更在于体道,这是比养生更有价值的。庄子在这篇文章里要阐述的,就是养神比养生更重要的道理。我们从这个意义上来了解生命的价值,这就叫作达生。说到《达生》一文,先得说说几个庄学名家对此文的评价。

明朝陆长庚对庄子有这样的一个评价,他说庄子《达生》这篇文章里所论的藏神守气,愈譬愈精,意思是比喻越用越精妙,做学问者不可不读此篇;清朝学者林云铭对庄子了解也很深,著有《庄子因》一书,在当时颇有盛名。林云铭就说此篇中大旨,发《内篇·养生主》所未备,意思是这篇文章的宗旨已经阐发了《内篇·养生主》中所没有阐述的内容,尤其是阐述了精、气、神道家三宝妙用;南宋词人吴文英提出,庄子这个人冷眼热心,意思就是庄子眼极冷但心肠极热,而《达生》是一篇能让人感觉到清醒冷静的冷雪之文。

引几位名家的评价,目的是说明这篇文章虽然处在《外篇》,但是讲的内容还是蛮深刻的,特别是对于天人关系,有着透彻而高深之见解,很值得学习。

关于本篇的定位,刘凤苞《南华雪心编》说:"此篇与《内篇·养生主》参看,各具妙境。"也就是说,《达生》是《庄子·内篇》的延伸演绎，并另具精彩之处，值得深读。那怎么来深读呢？刘说全篇："横峰侧岭，离立参差，合之则云蒸霞蔚，自成无缝天衣；分之则鹤渚凫汀，皆属真源妙境。前后本一气相生，要须逐节玩味，方可得其命意布局之奇。"这个说法有见识。要了解《达生》，我们也要一章一章逐渐深入，寻找其间的有机联系，寻找所谓"形散神不散"的"神"。

首先，全篇有两大部分。第一部分是全篇主旨所在，是全篇的"神"。《达生》篇的养生论，虽然宗旨是由《内篇·养生主》拓展而来，但从养生的途径上，由养生到养神，比《养生主》的"缘督以为经"更进一步。桓公之病，在于气荡神摇，而气定神清，外物自然无隙可入，精神的安宁放达，这更甚于身体形骸的修养，即使身体有疾而精神保全，也不会扰乱悟道之人的心性。

至于第二部分梓庆等人一系列的"技进乎道"过程和经验，其"用志不分，乃凝于神"的道理，也正是庖丁所说的"臣之所好者道也，进乎技矣"。看似与养生无甚关联，实际上蕴含的还是"神全而物莫能伤"的道理，也就是无视外物，保持心性，有助于技艺的学习和发挥，更能避免外物的伤害，所谓"神全则游行虚际，物莫能伤"。

第二部分则是分章递进，逐层深入。十二个寓言小故事，都是围绕"神"而展开的：关尹对列子的谈话，说明持守纯和元气是心理前提，然后才能使精神凝聚；痀偻承蜩的故事，则是说养神的基本方法是使神思高度凝聚专一；善游者忘水的故事，说明忘却外物才能真正凝神；田开之与周威公的对话故事，说明养神还得"养其内"与"养其外"并重，即处处顺应、适宜而不过，取其折中；用祭祀人对猪说话的寓言，讽喻争名逐利；桓公生病的故事，说明心神宁静释然才是养神的基础；养斗鸡的故事，用来说明凝神养气的方法；又写孔子观人游水，体察安于环境、习以性成的道理；以梓庆削木为鐻的故事，说明集思凝神的重要，把自我与外界高度融为一体，也就会有鬼斧神工之妙；以东野稷御马的故事，说明自恃轻用、耗神竭劳，终究要失败的，这与养神的要求相反；以工倕忘适之适的故事，说明养神要达到忘却自我也忘却外物、忘适则无所不适的境界；写孙休与扁子对话，仍在说明"忘"，忘身便能无为而自适，而无为自适才是养神的真谛。

总之，有达生的智慧，齐物、齐论、齐死生，方能至乐，方能逍遥而游。

一

达生[1]之情[2]者，不务[3]生之所无以为[4]；达命之情者，不务知之所无奈何[5]。养形必先之以物，物有余而形不养者有之矣；有生必先无离形[6]，形不离而生亡[7]者有之矣。生之来不能却，其去不能止。悲夫！世之人以为养形足以存生；而养形果不足以存生，则世奚足为[8]哉！虽不足为而不可不为者，其为不免矣。

夫欲免为形[9]者，莫如弃世。弃世则无累，无累则正平，正平则与彼更生，更生则几[10]矣。事奚足弃则生奚足遗？弃事则形不劳，遗生则精不亏。夫形全精复，与天为一。天地者，万物之父母也，合则成体，散则成始。形精不亏，是谓能移[11]；精而又精，反以相[12]天。

注释：
1. 达生：通达生命。
2. 情：实情。
3. 务：追求。

4. 无以为：无法做到的事情。

5. 无奈何：无可奈何的领域。

6. 无离形：生命不能离开形体而独存。

7. 生亡：形体虽未失去而心已死。

8. 奚足为：何足为，不足为。

9. 免为形：免去保养形体的操劳。

10. 几：接近。

11. 能移：能与自然一同变化。

12. 相：助。

可以清楚看到：《达生》开篇明义，说通晓生命真谛的人，不会去追求对生命没有益处的东西；通晓命运天理的人，不会去追求于命运无可奈何的事情。世上的人以为保养形体就足以养存生命，然而保养形体确实不足以保存生命，要想自己的身体得以保全，就要精神复归本原，舍弃世事则形体不劳累，遗忘人生则精神不亏损。形体健全和精神恢复，就能让生命与自然之道融为一体。

庄子是以道家思想，阐发人之生命追求的本质，这是"身心兼修"的哲学。芸芸众生，受各种杂念驱使，起心动念，耗尽精力，大多终生无成事。如何凝聚精神，专一从事，达到至高境界，实为修心之功夫。

二

子列子[1]问关尹[2]曰："至人潜行不窒，蹈火不热，行乎万物之上而不栗，请问何以至于此？"

关尹曰："是纯气之守[3]也，非知巧果敢之列。居[4]，予语女。凡有貌象声色者，皆物也，物与物何以相远？夫奚足以至乎先[5]？是色而已。则物之造乎不形而止乎无所化[6]，夫得是而穷之者，物焉得而止[7]焉？彼将处乎不淫[8]之度，而藏乎无端之纪[9]，游乎万物之所终始。壹其性，养其气，合其德，以通乎物之所造。夫若是者，其天[10]守全，其神无郤，物奚自入焉！夫醉者之坠车，虽疾[11]不死。骨节与人同而犯害[12]与人异，其神全也。乘亦不知也，坠亦不知也，死生惊惧不入乎其胸中，是故遻[13]物而不慴[14]。彼[15]得全于酒而犹若是，而况得全于天乎！圣人藏于天，故莫之能伤也。复仇者不折镆干[16]，虽有忮[17]心者，不怨飘瓦，是以天下平均[18]。故无攻战之乱，无杀戮之刑者，由此道也。不开人之天，而开天之天。开天者德生，开人者贼生。不厌其天，不忽于人，民几乎以其真。"

注释：

1. 子列子：即列子，名御寇。

2. 关尹：春秋时函谷关令，以官职为姓，称关尹。

3. 纯气之守：保守纯和之气。

4. 居：坐下。

5. 至乎先：在他物之先。

6. 无所化：虚静无为之道体。

7. 止：限定，留止。

8. 淫：过分。

9. 无端之纪：指没有起始也没有终结的大道。

10. 天：天性。

11. 疾：摔伤。

12. 犯害：受害。

13. 遌（è）：通"遻"，遇到。

14. 慴（shè）：害怕。

15. 彼：指醉酒者。

16. 镆干：即镆铘与干将，古代良剑名。

17. 忮：忌恨。

18. 平均：和平安宁。

第二部分是由一系列故事所组成，每个故事相互独立却又紧紧围绕开篇的宗旨和主题，我们分别来讲述。

第一个故事里有两个很有趣的说法，一个是"醉者之坠车，虽疾不死"，是说有的人喝醉了，从马车上掉下来反而没事，为什么？因为他根本没有恐惧，他的神思高度集中，乘坐在车子上也没有感觉，坠落到地上也不知道。庄子以此说明，有很多人是被吓死的。像醉酒者这样，死、生、惊、惧全都不能进入到他的思想中，所以遭遇外物的伤害却没有惧怕之感，则"醉酒者全"。有的人干脆说，得道的人跟喝醉酒的人差不多，他也是不会为外在的那些东西产生恐惧，就像醉者获得保全完整的心态。所以庄子说，你看这醉酒的人都能够这样忘却外物，何况从自然之道中忘却外物而保全完整的心态呢！如此，则没有什么能够伤害他的了。

第二个有趣的事就是"复仇者不折镆干，虽有忮心者，不怨飘瓦"。这话经常被引用。电视剧《北平无战事》中，燕大的副校长何其沧就引用了这两句话。复仇的人，并不会去折断曾经伤害他的宝剑，那不是宝剑的事，是人的事！即使常存忌恨之心的人也不会怨恨那偶然飘来，无心伤害到他的瓦片。还记得我们在《山木》篇讲过的"虚舟超越"吧？意思也很相近。用这种态度来对待世界，就没有那么多的怨恨之心，而不是看谁都不顺眼，跟人到处结下梁子，到处发飙。看辛稼轩的这首《卜算子·用庄语》："江海任虚舟，风雨从飘瓦。醉者乘车坠不伤，全得于天也。"虚舟、飘瓦、醉酒者全，可谓真爱《山木》《达生》之人啊！

仲尼适楚，出于林中，见痀偻[1]者承蜩[2]，犹掇[3]之也。仲尼曰："子巧乎，有道邪？"曰："我有道也。五六月累[4]丸二而不坠，则失者锱铢[5]；累三而不坠，则失者十一；累五而不坠，犹掇之也。吾处身也，若厥[6]株拘[7]；吾执臂[8]也，若槁木之枝。虽天地之大，万物之多，而唯蜩翼之知。吾不反不侧，不以万物易蜩之翼，何为而不得！"孔子顾谓弟子曰："用志不分，乃凝于神，其痀偻丈人[9]之谓乎！"

注释：

1. 痀偻（jū lóu）：驼背。

2. 承蜩（tiáo）：持竿粘蝉。

3. 掇：拾取。

4. 累：叠放。

5. 锱铢：古代重量单位，形容微小的数量。

6. 厥：直立。

7. 拘："枸"字之误，指树干靠近树根的部位。

8. 执臂：以臂执竿。

9. 丈人：老人。

第二个故事又是拿孔子说事。

说孔子往楚国去,从林中走出来,看见一位驼背老人在捕蝉,手法像拾取般熟练。孔子说:"老先生真是灵巧啊,有什么妙法吗?"回答说:"我是有妙法的。"技艺要练到什么程度呢?近乎道。

这个驼背老人家还真是有道:捕蝉的时候"用志不分乃凝于神",绝对的安静、宁静、冷静,身如立木,举竿的手臂就像枯木的树枝。虽然天地很大,万物品类很多,但我一心只注意这个蝉的翅膀,不思前想后,不左顾右盼,不肯用万物交换蝉翼,绝不因纷繁的万物而改变对蝉翼的注意,那怎么会不成功呢?啥叫工匠精神?用志不分散,就可比拟于神工。有意识地、反复不断地做一件事,做到精益求精,就进入了道的境界了。

颜渊问仲尼曰:"吾尝济乎觞深[1]之渊,津人操舟若神。吾问焉,曰:'操舟可学邪?'曰:'可。善游者数[2]能。若乃夫没人[3],则未尝见舟而便操之也。'吾问焉而不吾告,敢问何谓也?"

仲尼曰:"善游者数能,忘水[4]也;若乃夫没人之未尝见舟而便操之也,彼视渊若陵,视舟之覆犹其车却[5]也。覆却万方陈乎前而不得入其舍[6],恶往而不暇[7]!以瓦注[8]者巧,以钩[9]注者惮,以黄金注者殙[10]。其巧一也,而有所矜[11],则重外也。凡外重者内拙。"

注释:

1. 觞深:渊名。

2. 数:数次。

3. 没人:能长时间潜入水中的人。

4. 忘水:忘记对水的恐惧。

5. 却：后退。

6. 舍：内心。

7. 暇：闲适自得。

8. 注：赌注。

9. 钩：带钩，多以青铜制成。

10. 殙（hūn）：心绪昏乱。

11. 矜：怜惜。

《达生》讲的第三个故事叫"善游者忘水"。其意韵和鱼相忘于江湖、大鹏飞到九万里忘了风的阻碍一样，说的都是人相忘于道术的自由。

忘却外物才能真正凝神，讲得很好！这个意思也很好理解，其实鱼在水中游的时候，它是忘记水的。水对它形成不了限制，所以它自由自在。人真正善于游泳的时候，不会老是注意到水，而是跟在陆地上一样。善游者忘水，推而广之，忘却外物，才能真正凝神。

讲完这个道理，庄子又借孔子之口说了一件事：你看这些人能够忘却外物，他就从容自得。以赌博来说，有人用瓦去作为筹码，赌的时候心地坦然，技术就高。这人认为这东西不值钱，没有太多价值，用它做筹码大家都不当回事，不会患得患失。可是用金属带钩作为筹码的人就心存疑惧，这输了可咋办？这东西挺贵的。要是用黄金作为筹码的人，这头脑即时发昏，内心立刻迷乱。为什么有的人说他赌的水平挺高的，可一旦筹码高的时候，他的技术就不行了？那是因为心理素质不行。所以《达生》篇里孔子就讲，其实他们各种赌的技巧都是一样的，只是因为有所顾惜，以身外之物为重罢了。但凡对外物看得过重的人，其内心世界一定笨拙。太关心这些外物，真正的水平就展现不出来了。

田开之[1]见周威公，威公曰："吾闻祝肾[2]学生[3]，吾子[4]与祝肾游，亦何闻焉？"田开之曰："开之操拔篲[5]以侍门庭，亦何闻于夫子！"

威公曰："田子无让，寡人愿闻之。"开之曰："闻之夫子曰：'善养生者，若牧羊然，视其后者而鞭之。'"

威公曰："何谓也？"田开之曰："鲁有单豹[6]者，岩居而水饮，不与民共利，行年七十而犹有婴儿之色；不幸遇饿虎，饿虎杀而食之。有张毅[7]者，高门[8]县薄[9]，无不走[10]也，行年四十而有内热之病以死。豹养其内而虎食其外，毅养其外而病攻其内，此二子者，皆不鞭其后[11]者也。仲尼曰：'无入而藏，无出而阳[12]，柴[13]立其中央。三者若得，其名必极。'夫畏涂[14]者，十杀一人，则父子兄弟相戒也，必盛卒徒[15]而后敢出焉，不亦知乎！人之所取畏者，衽席[16]之上，饮食之间，而不知为之戒者，过也！"

注释：

1. 田开之：人名，一位学道之人。

2. 祝肾：人名，一位怀道之人。

3. 学生：学习养生之道。

4. 吾子：相亲之辞，相当于"您"。

5. 拔篲（huì）：扫帚。

6. 单豹：人名，鲁国隐者。

7. 张毅：人名，鲁人，以谦恭著称。

8. 高门：富贵之家。

9. 县薄：县，通"悬"。悬垂帘以代门，为贫寒之家。

10. 走：趋，靠近。

11. 鞭其后：去其不足。

12. 阳：显露。

13. 柴：枯木。

14. 畏涂：险阴多盗之途。涂，通"途"。

15. 盛卒徒：将众人聚集在一起。

16. 衽（rèn）席：卧席。指色欲之事。

  田开之见周威公，威公求教祝肾的养生之道，田开之讲的牧羊之喻，被很多庄学研究者称为妙境。牧羊者驯其性，可以不须着鞭，却不可以稍微松懈。掉队的羊挥鞭督促，就会步步向前：张毅奔走于富贵之家，过分追名逐利而不注重内心修养，最终疾病深入体内，四十而亡，像张毅这类单知养形的人就是落后者，要鞭策。单豹远离尘世纷争，住岩石洞穴，喝山泉溪水，极为注重内在修养，七十岁仍有婴儿面容，但是不幸被饿虎扑食，像单豹这类人，只防患于内而外患乘之，也需警策。这个牧羊的比喻一喻两证，可称精妙。

  庄子借孔子之口传达这样的道理，不需要把自己深藏起来，也不过分显露于世俗之中，要像枯木一样游走于二者之间。人必须时刻保持警惕，不可沉溺于美色，不可过度饮食。既要注重提升内在修养，也不能完全忽视外界情况，如此才是养生之道。

  祝宗人[1]元端[2]以临牢筴[3]，说彘[4]曰："汝奚恶死？吾将三月豢[5]汝，十日戒，三日齐[6]，藉白茅[7]，加汝肩尻乎雕俎[8]之上，则汝为之乎？"为彘谋，曰不如食以糠糟而错[9]之牢筴之中；自为谋，则苟[10]生有轩冕之尊，死得于腞楯[11]之上、聚偻[12]之中则为之。为彘谋则去之，自为谋则取之，所异彘者何也？

注释：

1. 祝宗人：祭祀官。

2. 元端：黑色礼服，这里作动词用。

3. 牢筴：猪圈。

4. 彘（zhì）：猪。

5. 豢：通"豢"，豢养。

6. 齐：通"斋"。

7. 藉白茅：用白茅做祭器的衬垫，以示洁净。

8. 俎：祭祀时盛肉的礼器。

9. 错：通"措"，放置。

10. 苟：希望。

11. 滕楯（zhuàn shǔn）：带有装饰的灵柩之车。

12. 聚偻：带有繁多装饰物的棺椁。

  这个故事叫"祝宗人临牢筴"，是在借一个祭祀官对祭祀用猪讲的话，来讽喻争名逐利的行为。

  有个主持祭祀的人要拿猪去祭祀了，他穿好礼服，戴上礼帽，来到猪圈边对猪说了一大通话。他说得多好听啊！说自己要好好喂养它三个月，要戒十日，斋三日，还要给它铺上洁净的茅草作衬垫，最后还要把它的肩胛和臀部放在雕有花纹的祭器上，你看这有多尊贵啊！死了也幸福啊！这么好的事，你为什么要怕呢？

  这里庄子的讽刺很辛辣，他说要真是为猪打算，还不如让它吃糠咽糟，在猪圈里活着。最后要把它宰了，哪里是为它打算？弄的什么白茅衬垫、雕花祭盘，又有何用？那些火中取栗、求取富贵荣华的人，跟这头猪有什么区别呢？

广而言之，这是道家一贯的思想：不要拿这些外在东西和自己宝贵的生命对调。死前有那么荣华的待遇，死后有那么高贵的位置，都不如自然而然地、从从容容地、快快乐乐地活着。

桓公[1]田于泽，管仲御[2]，见鬼焉。公抚管仲之手曰："仲父何见？"对曰："臣无所见。"公反，诶诒[3]为病，数日不出。

齐士有皇子告敖[4]者曰："公则自伤，鬼恶能伤公！夫忿滀[5]之气，散而不反，则为不足[6]；上[7]而不下，则使人善怒；下而不上，则使人善忘；不上不下，中身当心，则为病。"

桓公曰："然则有鬼乎！"曰："有。沈[8]有履[9]，灶有髻[10]。户内之烦壤[11]，雷霆[12]处之，东北方之下者，倍阿鲑蠪[13]跃之；西北方之下者，则泆阳[14]处之。水有罔象[15]，丘有峷[16]，山有夔[17]，野有彷徨[18]，泽有委蛇[19]。"

公曰："请问，委蛇之状何如？"皇子曰："委蛇，其大如毂[20]，其长如辕[21]，紫衣而朱冠。其为物也，恶闻雷车之声，则捧其首而立，见之者殆[22]乎霸。"桓公囅然[23]而笑曰："此寡人之所见者也。"于是正衣冠与之坐，不终日而不知病之去也。

注释：

1. 桓公：齐桓公，春秋五霸之一。
2. 御：驾驭车马。
3. 诶诒（xī tái）：因病失魂。
4. 皇子告敖：齐国贤人。
5. 忿滀（fèn chù）：郁结。
6. 不足：萎靡不振。

7. 上：指忿滀之气上攻头部。

8. 沈：水底污泥。

9. 履：鬼名。

10. 髻：灶神名。

11. 烦壤：粪壤。

12. 雷霆：鬼名。

13. 倍阿、鲑蠪（wā lóng）：皆为神名。

14. 泆（yì）阳：神名。

15. 罔象：水怪名。

16. 莘（shēn）：山丘之鬼。

17. 夔（kuí）：木石之怪。

18. 彷徨：野外之神。

19. 委蛇（wēi yí）：草泽之鬼。

20. 毂：车轮中心的圆木。

21. 辕：车前驾牲口的两根直木。

22. 殆：差不多。

23. 鞅（zhěn）然：喜笑的样子。

　　第六个是"委蛇"的故事，委蛇是一种大鬼。故事以管仲辅佐的齐桓公见到了鬼恐惧生病为例，说明心神宁静释然才是养神的基础。

　　齐桓公在草泽中打猎，管仲替他驾车。突然，桓公见到了鬼，拉住管仲的手说："仲父，你见到了什么？"管仲回答："我什么都没见到。"桓公打猎回来，疲惫困怠而生了病，好几天都不出门。有皇子告敖来见他，跟他说：你这是自己伤害了自己，鬼怎么能伤害到你呢？身体内部郁结着气，精魂就会离散而不返归于身，对于来自外界的骚扰也就缺乏足够的精神力量来抵抗。郁结着的气上通而不能下达，会使人易怒；下达而不能上通，会使人健忘；不上通又不下达，郁结内心而不离散，就会生病。

皇子告敖一说，齐桓公好多了，但依然心存疑虑。他就问告敖有关鬼的事，告敖给他说各种各样的鬼，其中就包括草泽中叫"委蛇"的大鬼，齐桓公立马开始追问这个鬼的事。

告敖就说，委蛇身躯大如车轮，长如车辕，穿着紫衣，戴着红帽。"见之者殆乎霸！"见到了他的人，恐怕也就成了霸主了！桓公听后开怀大笑，一句话解了心病。鬼又怎么样？见到委蛇，能成为霸主，这不是一个吉祥之物吗？病就好了。世界上本没有鬼，都是人的心理作用而已，庄子的哲学也不信鬼。齐桓公所见之鬼，只是他内心忧恐的投影。因田猎于泽，故其形随车行而委蛇，遂以成名。当皇子告敖以见之则成霸说于桓公，桓公乐以忘忧，其病不药乃祛。可见人心之忧恐，才是人生之大病。而忧恐则根源于有己有私，故无私则无忧，无忧则无鬼，无鬼则无畏，无畏则能勇猛前行。

顺便说一句，很多人只知道成语"虚与委蛇"是对人假意相待，敷衍应酬。也知道《庄子·应帝王》中这句话："乡吾示之以未始出吾宗，吾与之虚而委蛇。"其委蛇是敷衍的意思。但为什么是这个意思呢？读了这一段就明白了：在当时委蛇是一种鬼的名字，见鬼的事自然只是敷衍而已，所以是"虚与委蛇"。

纪渻子为王[1]养斗鸡。十日而问："鸡已乎？"曰："未也。方虚憍而恃气。"十日又问，曰："未也。犹应向景[2]。"十日又问，曰："未也。犹疾视而盛气。"十日又问，曰："几[3]矣。鸡虽有鸣者，已无变矣，望之似木鸡矣，其德全矣，异鸡无敢应[4]者，反走矣。"

注释：

1. 王：指齐王。
2. 应向景：对其他鸡的声音和身影有反应。向，通"响"，指鸡鸣声。景，通"影"，指鸡的身影。
3. 几：差不多。
4. 应：应战。

  第七个故事是纪渻子养斗鸡，成语"呆若木鸡"的出处正在这里。现在说呆若木鸡多贬义，可是在庄子的文章里，就跟"痀偻承蜩"一样，讲的是凝神。

  整个故事没什么难点：纪渻子是驯养斗鸡的高手。战国时斗鸡之风盛行，王有此爱好，便招纪渻子为他驯养斗鸡。但王是个急脾气，急于要斗鸡投入战斗。刚过了十天，就问：鸡驯好了吗？纪渻子说不行，现在还虚浮骄矜，自恃意气。又忍了十天，王又问：这回可以了吧？纪渻子说还不行，还是听见响声就叫，看见影子就跳，老想去斗。又过了十天，王又问：这回总可以了吧？纪渻子说还是不行，还是顾看迅疾，意气强盛，还不能投入战斗。再过十天，王又问，纪渻子说差不多了，现在别的鸡即使打鸣，它也没有什么变化，看上去跟木鸡一样，整个呆了傻了，可以去斗了。果然，其他的鸡一见到这个鸡，在它周边挑衅了半天，它连反应都没有，呆若木鸡，后来那些鸡都跑了，木鸡不战而胜。

  这是什么意思呢？意思就是：这鸡摒除掉所有干扰，全神贯注，精神内敛。其他斗鸡站在它面前，还没开始战斗，已经被呆鸡的气势所折服。"呆若木鸡"不是真呆，只是看着呆，实际上却有很强的战斗力，它根本不必出击，就令其他的斗鸡望风而逃。

  从哲学上说，庄子是要阐明"相反的两极在某种高度便相互接近转化"的道理，这也正是道家思想所特有的辩证思维。仔细体会一下，我们人生的过程不也是如此吗？急功近利是不可以的，要沉心静气、循序渐进，方能成就大器。

孔子观于吕梁，县水[1]三十仞，流沫四十里，鼋[2]鼍[3]鱼鳖之所不能游也。见一丈夫[4]游之，以为有苦而欲死也，使弟子并流[5]而拯之。数百步而出，被[6]发行歌[7]而游于塘下。

孔子从而问焉，曰："吾以子为鬼，察子则人也。请问，蹈水有道乎？"曰："亡，吾无道。吾始乎故[8]，长乎性，成乎命。与齐[9]俱入，与汩[10]偕出，从水之道而不为私焉。此吾所以蹈之也。"孔子曰："何谓始乎故，长乎性，成乎命？"曰："吾生于陵而安于陵，故也；长于水而安于水，性也；不知吾所以然而然，命也。"

注释：

1. 县水：瀑布。县，通"悬"。

2. 鼋（yuán）：鳖的一种。

3. 鼍（tuó）：扬子鳄。

4. 丈夫：成年男子。

5. 并流：靠近岸边、顺着水流游去。

6. 被：通"披"，披散。

7. 行歌：边走边唱。

8. 故：本然。

9. 齐：通"脐"，指漩涡。

10. 汩：为"汩"字之误，上涌的波流。

这个故事叫"吕梁丈夫急流畅游"。孔子周游至吕梁时，路遇二三十丈的瀑布，激流汹涌，溅起的水花远达四十里，鼋、鼍、鱼、鳖都不敢在这一带游水。只见一个男子游在水中，孔子以为他想寻死，便派弟子去救他。却见那男子露出水面披着头发，边唱边游出数百步远。孔子前去询问男子是否有特别的游水之道，男子回答："并没有什么特别的方法。起初是本能，长大是习性，成就于顺应自然。随着漩涡下到水底，又与涌流一起游出水面，顺着水势而没有任何违拗。这就是我游水的方法。"孔子追问："什么叫作'起初是本能，长大是习性，成就于顺应自然'呢？"男子回答："我生于山地就安于山地的生活，这就叫作本能；长大后生活在水边就安于水边的生活，这就叫作习性；不知道为什么这样而安于这样生活，这就叫作自然。"

在中国文字中，"游"本作"遊"，不知何时成为有水的"游"，恐怕和《庄子》中多讲鱼在水中乃至人在水中游有莫大关系。前文讲过《大宗师》中的："鱼相造乎水，人相造乎道。相造乎水者，穿池而养给；相造乎道者，无事而生定。故曰，鱼相忘乎江湖，人相忘乎道术。"庄子就是以鱼在水中畅游来比况人在"道"中修习。江湖浩渺，鱼在水中忘了水的限制，自在逍遥。在庄子看来，这"忘"是逍遥游的必要条件，没有"忘"就不能展开"游"的翅膀。鱼相忘乎江湖，就超越了失水的局限性。由物及人，同样，人只有超越"有待"，才能有外忘于现实的期待和羁绊的"无待"，遨游于无限的自由天地之中，优游自在，无牵无挂，一任自然。

从老子的"上善若水"到庄子的《秋水》乃至此篇，似乎庄子更喜欢从游水中体悟他的逍遥游的境界。除了"鱼相忘于江湖""游鱼之乐"等，还有这《达生》中的"津人操舟若神"和"吕梁丈人在急流中畅游"，都是从游水中感悟出人生逍遥游的道理。一是前文的"善游者数能，忘水也"，即从实践中能够达到熟能生巧、由技入道的自由境界。而这种境界的获得，其前提是"忘水"，即必须超越现实环境和技术的束缚，习而成性，无所顾忌，自由挥洒。二是本段的吕梁丈人之所以能在"县水三十仞，流沫四十里"的急流中畅游无碍，是因为自己与水已浑为一体，水已成为自己"故——习惯""性——本性""命——生命"的一部分，达到了与天为一、与自然浑然一体、不知所以然而然的境界。这种境界即"道"的境界，也就是逍遥游的境界。

梓庆[1]削木为鐻[2]，鐻成，见者惊犹鬼神。鲁侯见而问焉，曰："子何术以为焉？"对曰："臣，工人，何术之有！虽然，有一焉。臣将为鐻，未尝敢以耗气[3]也。必齐[4]以静心。齐三日，而不敢怀庆赏爵禄；齐五日，不敢怀非誉巧拙；齐七日，辄然[5]忘吾有四枝[6]形体也。当是时也，无公朝，其巧专而外骨[7]消；然后入山林，观天性，形躯至矣，然后成见鐻，然后加手[8]焉；不然则已。则以天合天，器之所以疑神[9]者，其是与！"

注释：

1. 梓庆：名叫庆的梓人。梓人，周朝时的官名，主造筍鐻（jù）、饮器等。
2. 鐻：悬挂钟鼓的架子，刻有鸟兽图案。
3. 耗气：耗费神气。
4. 齐：通"斋"，斋戒。
5. 辄然：不动的样子。
6. 枝：通"肢"。
7. 骨：通"滑"，乱。
8. 加手：着手取木。

9. 疑神：疑是鬼神所为。

　　这个故事叫"梓庆为鐻"，还是讲"用志不分，乃凝于神"的道理，简直就是"工匠精神"的最好例证。

　　这位名叫庆的梓人可真是个大工匠啊！他把"鐻"这种乐器做得鬼斧神工，所见之人无不惊叹。怎么做到的呢？一旦开始做，就不再随便耗费精神，必定斋戒静养心思。斋戒三天，至于庆赏、爵位和俸禄啊，全部都去掉了。然后再斋戒五天，不再心存非议，至于夸誉、技巧和杂念啊，别人到底说好还是说坏啊，也全部都去掉了。再斋戒七天，已不为外物所动，仿佛忘掉了自己的四肢和形体。这个时候，庆的心里已经不存在公室和朝廷，技巧专一，而外界的扰乱全部消失。然后再进入山林，观察各种木料的质地，选出其中外形和体态与鐻最相合的。此时，鐻的形象已经呈现在他的眼前，他才开始动手加工制作。如果不是这样，就停下来不做。他融合自己木工的纯真本性和木料的自然天性制作而成的器物，自然鬼斧神工。

　　概而言之，此篇的核心继承庄子"心斋"的概念，即心的斋戒，排除一切"庆赏爵禄"和"非誉巧拙"的外部干扰，以表达内在的诚意。梓庆之所以有如此高的技艺，是因为拥有一颗虔诚之心，是因为对自己职业的崇拜，这是很高的境界。反之若自恃轻用、耗神竭劳，与养神的要求正好相反，终究是要失败的。学道者要像庆一样，用志不分，乃凝于神，工匠如此，大工匠亦如此，养生更是如此，这就进入了达生的境界。

　　东野稷[1]以御见庄公，进退中绳[2]，左右旋中规[3]。庄公以为文[4]弗过也，使之钩[5]百而反。

颜阖[6]遇之，入见曰："稷之马将败。"公密[7]而不应。少焉，果败而反。公曰："子何以知之？"曰："其马力竭矣，而犹求[8]焉，故曰败。"

注释：

1. 东野稷：复姓东野，名稷，善驭马。
2. 中绳：符合拉直的墨线的标准。
3. 中规：符合圆规的标准。
4. 文：应为"造父"之误。造父为周穆王御车，为古代出名的善御者。
5. 钩：让马车转圈。
6. 颜阖：姓颜，名阖，鲁国贤人。
7. 密：沉默。
8. 求：驱使。

这个故事叫"东野稷翻车"。

东野稷因为善于驾车而被鲁庄公召见，他驾车时能在一条直线上进退，左右转弯能形成规整的圆弧。庄公认为就算是善御者造父也未必能赶得上，就要他转上一百圈后再回来。

颜阖知道了这件事，就大胆地对庄公说："东野稷的马一定会失败的。"庄公听了以后默不作声。没过多久，东野稷果然失败而归。庄公问颜阖："奇怪，你怎么事先就知道一定会失败呢？"颜阖回答说："东野稷的马力气已经用尽，可你却还要它转圈奔走，所以我说这是一定会失败的。"

本段主旨是，世间万物，其能力总有一个限度。如果不认真把握这个限度，只是一味蛮干或瞎指挥，最终只会弄巧成拙。

看看这东野稷，他的马是很优秀，他的马术也确实高超，但是他的要求超过了马的体力所许可的限度。就算艺高人胆大，也不能不知止。当一匹马不得不将所有力气用于奔驰时，它还有什么体力去维持平衡呢？继续让马跑下去，马在承受了远能承受的体力付出后便不可避免地失败了，这正是许多人做事落败的原因。无论多有本事，多卖力，但主观愿望超过了客观条件所允许的限度，便是和东野稷败马一样的结果。

《道德经》第九章有云："持而盈之，不如其已。"其已就是适可而止，恰到好处。东野稷的马术表演，用到八分力量与速度最为适宜。所谓力不可使尽，势不可去尽，福不可享尽，便宜不可占尽，聪明不可用尽，世间万事都应该适可而止、留有余地。

总之，人生是长跑，不停地奔驰不是赢得人生旅程的筹码，相反，过于全力的奔驰容易像东野稷一样败马翻车。正如《道德经》第二十四章所说"企者不立，跨者不行"，意思是说踮起脚尖是站不长久的，老是跨跃奔驰是要累垮的，所以我们要脚踏实地、稳定致远。

工倕[1]旋[2]而盖规矩，指与物化而不以心稽[3]，故其灵台[4]一而不桎[5]。忘足，屦之适也；忘要[6]，带之适也；知忘是非，心之适也；不内变，不外从，事会[7]之适也；始乎适而未尝不适者，忘适之适也。

注释：

1. 工倕：名叫垂的尧时巧匠。相传他主理百工，创造耒耜、钟、规矩等。
2. 旋：以手指旋转画圆。
3. 稽：考察。
4. 灵台：即灵府，心灵。
5. 桎：窒塞。

6. 要：通"腰"。

7. 事会：与外物交会。

　　这个故事叫"工倕忘适之适"。工倕随手画圆就胜过用圆规与矩尺画出的，他的手指随事物一同变化因而不须刻意观察，他心灵专一因而不受拘束。忘掉了脚，便拥有了合适的鞋子；忘掉腰，就拥有合适的腰带；懂得忘掉是非，便会拥有安适的内心；不改变内心的坚守，不随波逐流，便拥有与外物交会的安适。

　　"忘适之适"特别具有哲学意味，忘记了舒适，就是最舒适，这同样是一种很高的境界。世上之事大多与人的感觉有关，感觉犹如一把尺子，时刻在衡量人的欲望尺度。感觉满足了，就会知足而止；感觉不满足，就会不断索取。忘掉了存在，才是真正的存在；感觉到存在，就表明和环境还没有融为一体。犹如试鞋，没有了或紧或松的感觉，也就是脚没有了感觉，鞋就是最合适的。推而广之，忘掉是非争执，就是内心的最适宜。不改变自己的本心，不顺从外物影响，处事一定能恰如其分。"忘适之适"是修心的最高境界。

　　有孙休[1]者，踵[2]门而诧[3]子扁庆子[4]曰："休居乡不见[5]谓不修[6]，临难不见谓不勇，然而田原[7]不遇岁，事君不遇世，宾于乡里，逐于州部，则胡罪乎天哉？休恶遇此命也？"

　　扁子曰："子独不闻夫至人之自行邪？忘其肝胆，遗其耳目，芒然彷徨[8]乎尘垢之外，逍遥乎无事之业，是谓为而不恃，长而不宰[9]。今汝饰知以惊愚，修身以明污[10]，昭昭乎若揭日月而行也。汝得全而[11]形躯，具而九窍，无中道夭于聋盲跛蹇[12]而比于人数[13]，亦幸矣，又何暇乎天之怨哉！子往矣！"

孙子出，扁子入，坐有间，仰天而叹。弟子问曰："先生何为叹乎？"

扁子曰："向者休来，吾告之以至人之德，吾恐其惊而遂至于惑也。"

弟子曰："不然。孙子之所言是邪？先生之所言非邪？非固不能惑是。孙子所言非邪？先生所言是邪？彼固惑而来矣，又奚罪焉！"

扁子曰："不然。昔者有鸟止于鲁郊，鲁君说之，为具太牢以飨[14]之，奏《九韶》以乐之，鸟乃始忧悲眩视，不敢饮食。此之谓以己养养鸟也。若夫以鸟养养鸟者，宜栖之深林，浮之江湖，食之以鳅鲦[15]，委蛇，则平陆而已矣。今休，款启[16]寡闻之民也，吾告以至人之德，譬之若载鼷[17]以车马，乐鴳[18]以钟鼓也，彼又恶能无惊乎哉！"

注释：

1. 孙休：鲁国人。

2. 踵：走到。

3. 诧：诧问。

4. 子扁庆子：子，先生。扁庆子，鲁国贤人，孙休的老师。

5. 见：被。

6. 不修：品行不端。

7. 田原：耕作田地。

8. 芒然、彷徨：无知无识、自得逸豫。

9. 宰：主宰。

10. 明污：显露别人的污秽。

11. 而：通"尔"，你。

12. 蹇（jiǎn）：跛足。

13. 数：行列。

14. 飨（xiǎng）：以酒食款待。

15. 鳅鲦（tiáo）：鳅，泥鳅。鲦，白条鱼。

16. 款启：以开孔之小，比喻所见之小。款，孔。启，开。

17. 鼷（xī）：最小的鼠类。

18. 鷃（yàn）：小雀。

　　《达生》中最后一个寓言故事是"鲁侯养鸟"。该篇主旨并不在于揭露鲁侯的无知和荒谬，而是通过鲁侯不是"以鸟养养鸟"，而是"以己养养鸟"的失败教训启发人们养鸟要顺乎自然，充分掌握养鸟的特点和规律，才能养好鸟。推而广之，治民也要顺乎自然，治理老百姓要掌握老百姓的迫切要求和特点习惯。老百姓被治理得丰衣足食了，"百姓皆谓我自然"，这是道家认为的最大成功，也是这篇寓言故事的深层寓意。

　　"鲁侯养鸟"是一个著名的典故，字面上它讽刺了那些不以符合鸟类习性特点的正确方法养鸟，而是用供养自己的方法养鸟的国君。向人们揭示了这样的道理：好的愿望必须符合事实，如果只有主观愿望而违背客观实际，好事便会变成坏事。而更深层的意义是庄子"齐是非"的哲学的具体例证：强调的是不能把自己的意志强加给别人。

　　在道德实践中，也经常有这样一种困境：当一个人以他所认为好的方式来对待对方时，这种方式对对方而言可能是坏的、糟糕的，就像本段中扁庆子对自己的学生孙休的教导一样。用扁庆子的话来说，如今的孙休乃是孤陋寡闻之人，如果告诉他那些道德修养极高的人的德行，就好像鲁侯用钟鼓的乐声来取悦小鷃雀一样，他又怎么会不感到吃惊呢？

　　这提醒我们，在与人打交道的时候，尤其是在与我们文化背景差异比较大的人打交道的时候，我们需要去充分地了解对方、容忍对方，以此寻求到正确的对待方式。这种了解、同情、容忍，以及打破自身狭窄立场的待人方式，对一般人的设身处世而言，才是成熟的、有智慧的表现。

从我们选的几个寓言故事来看，《庄子·达生》虽为外篇，但也秉承了庄子之一贯思想，其中的酒醉神全、痀偻承蜩、外重内拙、呆若木鸡、梓庆为鐻、忘适之适、鲁侯养鸟等几则寓言，更是哲理深刻、精妙绝伦，深刻地说明摈弃杂念，专一精神，是成就一切事业的本质所在。只有心无旁骛，专心致志，反复不断地、有意识地做一件事，才能越来越专业，越来越精通。进而言之，这样才能"达生"，也就是通达生命的哲理。

在本文中，庄子运用寓言的手法，非常睿智而富有哲理，有着透彻而高深的见解。庄子以道家思想，阐发人之生命追求的本质，充分体现了中华传统之"身心兼修"的古老哲学。芸芸众生，受各种杂念驱使，起心动念，耗尽了精力，大多终生无成事。如何凝聚精神，专一从事，达到至高境界，实为修心之功夫。正如《尚书》所记舜在禅让帝位给大禹的时候告诫大禹的十六字："人心惟危，道心惟微，惟精惟一，允执厥中。"意思就是说人的贪欲之心越来越危险，对天道的追求越来越微弱，只有精益求精、专一其心，才能做到中正平和、通达天理。它的核心是说，中华文化修心之精要在于，凝聚精神，抛却私欲杂念，追求本心自明之"道心"。这也正是《庄子·达生》篇所要阐明的宗旨。

同时，在本篇，庄子又一次讲到了"心斋"，即心的斋戒。痀偻也罢，木鸡也罢，梓庆也罢，都是排除一切毁誉巧拙的外部干扰，以表达内在的诚意。特别是梓庆的故事，他之所以有如此高的技艺，是以虔诚之心，对自己职业的崇拜，这是很高的境界。心怀至诚，则能发挥人之灵性，打开天人合一的奥妙之门。他以"忘我"的心态，全神贯注地投入到制镳当中。完全与器物融为一体，是人的本性和物的自然属性的完美结合，这就是天成。而"忘适之适"极具哲学意味，忘记了舒适，就是最舒适，这同样是一种很高的境界。这些有深意的寓言故事，之所以能给人那么深的印象，是因为其中蕴含着这么深和这么有趣的道理。

至乐

"至乐"是首句中的两个字，意思是最大的快乐。人生在世什么是最大的快乐呢？人应怎样对待生和死呢？这篇的内容就是讨论、回答这样的问题。

全文有三大部分。

第一部分以连续六句提问切入，列举并逐一批评了世人对苦和乐的看法，指出从来就没有什么真正的快乐，所谓"至乐"也就是"无乐"。只有无为任自然，效法天道，才是"至乐"，并归结为"至乐无乐，至誉无誉"。

第二大部分是由四个故事串成。主要是讲生死问题。好生恶死是通行的世俗观念，庄子则对此提出怀疑。《齐物论》就讲，死何以不是从小丢失的孩子不知回归老家呢？这几段也发挥这一思想，提出生死是无穷转化的过程，追究其终极处，则是无生无死。恍惚迷离中变而有气，气变而有形，有生命，也才有了人，人又由生而死，这是一种极平常的自然现象，如同四时昼夜的更替一样，何必为此而悲伤？这种生死观有一定合理性。

第三大部分可以看作一个总结。写物种的演变，其目的在于说明万物从"机"产生，又回到"机"，人也不例外。从而照应了首段，人生在世无所谓"至乐"，人的死与生也只是一种自然的变化。用《大宗师》来概括——"不知说生,不知恶死"。

一

天下有至乐无有哉?有可以活身者[1]无有哉?今奚为奚据?奚避奚处?奚就奚去?奚乐奚恶?

夫天下之所尊者,富、贵、寿、善也;所乐者,身安、厚味、美服、好色、音声也;所下者,贫贱、夭恶也;所苦者,身不得安逸,口不得厚味,形不得美服,目不得好色,耳不得音声。若不得者,则大忧以惧[2]。其为形也亦愚哉!

夫富者,苦身疾作,多积财而不得尽用,其为形也亦外矣[3]。夫贵者,夜以继日,思虑善否,其为形也亦疏矣。人之生也,与忧俱生,寿者惛惛[4],久忧不死,何苦也!其为形也亦远矣。烈士为天下见善矣,未足以活身。吾未知善之诚善邪,诚不善邪?若以为善矣,不足活身;以为不善矣,足以活人[5]。故曰:"忠谏不听,蹲循[6]勿争。"故夫子胥争之,以残其形;不争,名亦不成。诚有善无有哉?

今俗之所为与其所乐,吾又未知乐之果乐邪,果不乐邪?吾观夫俗之所乐,举群趣者,誙誙然[7]如将不得已,而皆曰乐者,吾未之乐也,亦未之不乐也。果有乐无有哉?吾以无为诚乐矣,又俗之所大苦也。故曰:"至乐无乐,至誉无誉。"

天下是非果未可定也。虽然,无为可以定是非。至乐活身,唯无为几存。请尝试言之:天无为以之清,地无为以之宁,故两无为相合,万物皆化。芒乎芴乎[8],而无从出乎!芴乎芒乎,而无有象乎!万物职职[9],皆从无为殖。故曰:"天地无为也而无不为也。"人也孰能得无为哉!

注释：

1. 活身者：指全生保身的方法。

2. 大忧以惧：大忧和大惧。以，和、同。

3. 外：追求外在之物以养身，结果反而害身。即《老子》第七章之"外其身而身存"。

4. 惛（hūn）惛：糊涂，神志不清。

5. 活人：用自己之死，换取他人之活。

6. 踆循：通"逡巡"，退却之意。

7. 謑（kēng）謑然：世俗争奔求乐的样子。

8. 芒芴（hū）：通"恍惚"。渺茫暗昧，无形无象，似有若无的一种状态。

9. 职职：繁多。

本段理解，"要本归于老子之言"的"至誉无誉"（三十九章）和"道常无为而无不为"（三十七章）的思想。基本逻辑，是由"至誉无誉"引申出本文的核心"至乐无乐"。

开篇即问：世上有没有至极之乐呢？然后描述现象：天下人都崇尚喜欢富有、尊贵、长寿、善名等；厌恶畏惧、贫穷、位低、夭折。得不到美好、富有、尊贵就大为忧惧，这样的养身方法太愚蠢！

进而评论道：富有的人，劳苦身体加速做事，多积财富而不能尽数享用，完全是求养身于外！高贵的人，夜以继日，思虑分辨为善去恶，这对养身不是太疏远了吗？人一生下来，就与忧愁同在。长寿的人衰老得糊里糊涂，长处忧愁而不死去，何等苦恼啊！这与养生健体离得更远了！殉名之上为天下人称善，却不能使自身生命得以保存。这到底是善还是不善呢？如果认为是善，又不能使自身存活；认为是不善，又使他人存活。该如何判断呢？所以说，现今世俗之所为与所乐，也不知那果真是乐呢，还是不乐呢？果真有乐没有呢？庄子认为无为确实是可乐的，而世俗之人又认为是大苦。

所以说："最高的快乐就是无忧无乐，最完美的赞誉就是不赞誉。"

由此可见，最高的快乐与存活自身，唯有无为差不多可以做到。进而以天地为例，"天无为以之清，地无为以之宁，故两无为相合，万物皆化。芒乎芴乎，而无从出乎！"意思是，天由于无为而能清虚，地由于无为而得宁静，故而天地两者无为相合，万物都化生出来。而结尾两句——"万物职职，皆从无为殖。故曰："天地无为也而无不为也。人也孰能得无为哉！"，无非是感叹这世上之人不知老子无为而无不为的"众妙之门"，没有好好效法啊！当然，更不知"无乐之乐"啊！

二

第二大部分是由四个故事组成。这几个部分，我们还是以故事为线索来讲述：第一个故事讲庄子在妻子死时鼓盆而歌，借庄子之口指出人的死生乃是气的聚合与流散，犹如四季的更替。

庄子妻死，惠子吊之，庄子则方箕踞[1]鼓盆而歌。惠子曰："与人居，长子、老、身死[2]，不哭，亦足矣，又鼓盆而歌，不亦甚乎！"

庄子曰："不然。是其始死也，我独何能无概然！察其始而本无生[3]，非徒无生也而本无形，非徒无形也而本无气。杂乎芒芴[4]之间，变而有气，气变而有形，形变而有生，今又变而之死，是相与为春秋冬夏四时行也。人且偃然寝于巨室[5]，而我噭噭然随而哭之，自以为不通乎命，故止也。"

注释：

1. 箕踞（jī jù）：盘腿而坐，形如簸箕，是傲慢、不拘礼节的行为。
2. 长子、老、身死：省略主语"妻子"，生儿育女、白头偕老、死去。
3. 无生：未曾生。庄子认为生死不过是物象幻化，本没有什么分别，生也是未曾生。
4. 杂乎芒芴：一种恍惚迷离、亦真亦幻的神秘状态，是从无到有转化的中间环节，也是天地万物的起点。
5. 巨室：比喻天地之间。

上文是说妻子故去，庄子却鼓盆而歌，惠子质疑。庄子认为，人的生死轮回，就像春夏秋冬四季运行一样。死去的那个人安安稳稳地寝卧在天地之间，围着啼哭，是不通晓天命的行为。

其实《至乐》这段不过是想表达《庄子·内篇·养生主》的"县解"之义：所谓"安时而处顺，哀乐不能入也，古者谓是帝之县解"，意思就是天然的解脱，谓于生死忧乐无所动心。此篇再说，似有啰唆之嫌。再者，若真生死自然，也大可不必敲盆，也似有作秀之嫌，毕竟《外篇》出自弟子之笔，和庄子本人境界还有差距啊！白居易说"犹嫌《庄子》多词句，只读《逍遥》六七篇"，这一点也是我们《内篇》全选，而《外篇》《杂篇》只是选讲的理由。

第二个故事，是"支离叔、滑介叔观化"的故事。以"柳生肘"为例，指出"死生如昼夜"，人只能顺应这一自然变化。

支离叔与滑介叔[1]观于冥伯之丘、昆仑之虚[2]，黄帝之所休。俄而柳[3]生其左肘，其意蹶蹶然[4]恶之。

支离叔曰："子恶之乎？"滑介叔曰："亡，予何恶！生者，假借[5]也；假之而生生者，尘垢也。死生为昼夜。且吾与子观化[6]而化及我，我又何恶焉！"

注释：

1. 支离叔与滑介叔：皆虚拟人名。支离表示忘形，滑介表示忘智。
2. 冥伯之丘、昆仑之虚：皆指代遥远渺茫神秘的去处，凡人难于到达。
3. 柳：通"瘤"。
4. 蹶（jué）蹶然：惊动的样子。
5. 假借：意为人之生是借助二气五行，四肢百体合和而成。如《大宗师》说："假于异物，托于同体。"故称假借，人体之瘤也是。
6. 观化：观察造化之运行。

从哲学上来理解这个故事，可以理解《庄子》生死观的基本面貌。是说生命只是暂时以身形作为寄托，因此，身形的问题与生命其实本无关系，无非是一种"偶然"，就像是灰土微粒一时间的聚合和积累。人的死与生也就犹如白天与黑夜交替运行一样。如此，我们个人的身形与精神便是两种事由，我们内心的快乐也本不因外界而存在。死生基本上就是白天和晚上的轮流出现。《外篇·田子方》："死生终始，将为昼夜。"意思都一样：终和始，死和生，基本上就与昼和夜这一个自然的过程一样，不必欢喜悲哀。

第三个故事是"庄子见髑髅"，借其口写出人生在世的拘累和劳苦。

还是谈生死观问题。

庄子之楚，见空髑髅[1]，髐然[2]有形，撽[3]以马捶，因而问之，曰："夫子贪生[4]失理，而为此乎？将子有亡国之事，斧钺之诛，而为此乎？将子有不善之行，愧遗父母妻子之丑，而为此乎？将子有冻馁之患，而为此乎？将子之春秋故[5]及此乎？"于是语卒，援髑髅，枕而卧。

夜半，髑髅见[6]梦曰："子之谈者似辩士。视子所言，皆生人之累也，死则无此矣。子欲闻死之说[7]乎？"庄子曰："然。"髑髅曰："死，无君于上，无臣于下，亦无四时之事，从然[8]以天地为春秋，虽南面王乐，不能过也。"庄子不信，曰："吾使司命[9]复生子形，为子骨肉肌肤，反子父母、妻子、闾里、知识[10]，子欲之乎？"髑髅深膑[11]蹙頞曰："吾安能弃南面王乐而复为人间之劳乎！"

注释：

1. 髑（dú）髅：死人的头骨。

2. 髐（xiāo）然：尸骨干枯的样子。

3. 撽（qiào）：通"敲"。

4. 贪生：此处指贪图享乐，纵欲无度。

5. 春秋故：年事已高。享尽天年，本应如此。故，通"固"。

6. 见：现，显现。

7. 说：道理，论说。

8. 从然：放纵自如的样子。从，通"纵"。

9. 司命：主管人生死之神。有大司命、少司命。

10. 知识：相知相识的朋友。

11. 矉（pín）：通"颦"，皱眉头。

　　《庄子》与死人头骨对话，真是想别人之所不敢想啊！要表述的是人生的快乐与忧愁。百年之后，又从何而起？生之过客，死归尘土，后人又谁论之！如此而已。唯有生时坦荡，死时自然悠哉也！
　　这三个故事意旨一致，可统一做个总结，其实都是《齐物论》《养生主》思想的形象化，都是讲生死问题。好生恶死是通行的世俗观念，庄子则对此提出怀疑。《齐物论》就讲，死何以不是从小丢失的孩子不知回归老家呢？这几段也发挥这一思想，提出生死是无穷转化的过程，追究其终极处，则是无生无死。恍惚迷离中变而有气，气变而有形，有生命，也才有了人，人又由生而死，这是一种极平常的自然现象，如同四时昼夜的更替一样，何必为此而悲伤？这种生死观还是很有智慧的。

　　第四个故事，是借孔子之口讲述一个寓言故事，对颜回去齐一事加以评论，并讲述鲁侯养海鸟。旨在说明"至乐"就是按物之自然本性去养它，应无为而顺其自然，不可以己之好恶强加于物，圣人治世亦如此，只有这样才能使一切顺心而幸福。由于本故事重点鲁侯养鸟在《达生》篇出现过，属于重出，所以我们简略述之。

　　颜渊东之齐，孔子有忧色。子贡下席[1]而问曰："小子敢问，回东之齐，夫子有忧色，何邪？"
　　孔子曰："善哉汝问！昔者管子有言，丘甚善之，曰：'褚小者不可以怀[2]大，绠[3]短者不可以汲深。'夫若是者，以为命有所成而形有所适也，夫不可损益。吾恐回与齐侯言尧、舜、黄帝之道，而重以燧人、神农之言。彼将内求于己而不得，不得则惑，人惑则死。且女独不闻邪？昔者海鸟止于鲁郊，鲁侯御而觞[4]之于庙，奏《九韶》[5]以为乐，具太牢以为膳[6]。鸟乃眩视忧悲，不敢食一脔[7]，不敢饮一杯，三日而死。此以己养养鸟也，非以鸟养养鸟也。夫以鸟养养鸟者，宜栖之深林，游之坛陆[8]，浮之江湖，食之鳅鲦[9]，随行列而止，委蛇而处。彼唯人言之恶闻，奚以夫譊譊[10]为乎！《咸池》[11]《九韶》之乐，张之洞庭之野，鸟闻之而飞，兽闻之而走，鱼闻之而下入，人卒闻之，相与还而观之。鱼处水而生，人处水而死，彼必相与异，其好恶故异也。故先圣不一其能，不同其事。名止于实，义设于适，是之谓条达而福持[12]。"

注释：

1. 下席：又称避席。古人席地而坐，在问话时，为了表示敬意，离座站立，称下席。

2. 褚（zhǔ）：盛衣物的袋子。怀：包藏。

3. 绠（gěng）：汲水时，系吊桶的绳子，俗称井绳。

4. 觞：设酒宴招待。

5. 《九韶》：舜时乐曲名，共有九章，故称《九韶》。《韶乐》被孔子称为尽善尽美之音乐。

6. 太牢：牛羊猪三牲皆备的最隆重的祭祀规格。膳：饭食。

7. 脔（luán）：切成的肉块。

8. 坛陆：水中荒岛沙洲。

9. 鳅鲦（tiáo）：鳅，泥鳅。鲦，白条鱼。

10. 譊（náo）譊：吵杂喧闹。

11. 《咸池》：黄帝时乐曲名。

12. 条达：条理通达。福持：保持福德。

283

此段内容与《人间世》"颜回见仲尼"段意思相同，只不过一个是去卫国，这个是去齐国，孔子所忧者也一样。

孔子提到这样一个故事。从前，一只海鸟飞到鲁国都城郊外停息下来，鲁国国君让人把海鸟接到太庙里供养献酒，奏《九韶》之乐使它高兴，用《太牢》作为膳食。海鸟竟眼花缭乱忧心伤悲，不敢吃一块肉，不敢饮一杯酒，三天就死了。这是按自己的生活习性来养鸟，不是按鸟的习性来养鸟。

由此可见，做事的方式极为重要。方式方法不对，不仅无法达成心愿，反其身形不保。

三

列子行，食于道从，见百岁髑髅，攓[1]蓬而指之曰："唯予与汝知而未尝死[2]，未尝生也。若果养[3]乎？予果欢乎？"种[4]有几[5]，得水则为㡭，得水土之际则为蛙蠙之衣[6]，生于陵屯[7]则为陵舄[8]，陵舄得郁栖[9]则为乌足[10]。乌足之根为蛴螬[11]，其叶为胡蝶。胡蝶胥也化而为虫，生于灶下，其状若脱，其名为鸲掇[12]。鸲掇千日为鸟，其名为乾馀骨[13]。乾馀骨之沫为斯弥[14]。斯弥为食醯[15]。颐辂[16]生乎食醯，黄軦生乎九猷[17]，瞀芮[18]生乎腐蠸[19]，羊奚比乎不箰[20]。久竹生青宁，青宁生程[21]，程生马，马生人，人又反入于机[22]。万物皆出于机，皆入于机。

注释：

1. 攓（qiān）：通"搴"，拔取。

2. 予：列子自称。汝、而：你，指髑髅。

3. 恙：通"恙"，作忧解。

4. 种：物种。

5. 几：几微。指物种包含的精微本质，潜存着运动变化的因由。

6. 蛙蠙（pín）之衣：生长在水边，覆盖在水面上的水藻、浮萍之类。因蛙蚌常隐蔽于其下，故名蛙蠙之衣。蠙，能产珍珠的蚌类。

7. 陵屯：高旱之地。

8. 陵舄（xì）：车前草，一种生长在路边的野草，俗称车轱轳菜。

9. 郁栖：栖息于粪土之中。

10. 乌足：草名。

11. 蛴螬（qí cáo）：俗称地蚕，金龟子幼虫，生在粪壤中。

12. 鸲掇（qú duō）：虫名，其状柔嫩，像刚刚脱皮的样子。

13. 乾馀骨：鸟名，山鹊。

14. 斯弥：虫名，米虫。

15. 食醯（xī）：醯鸡，生于食醋中。

16. 颐辂（lù）：醋放久了，孳生出的一种小飞虫，称蠛蠓，与蚋相似。《荀子·劝学》篇亦有"醯酸而蚋聚焉"之句。

17. 黄軦（kuàng）：虫名。九猷：虫名。

18. 瞀芮（mào ruì）：蠓虫之类。

19. 腐蠸（quán）：黄守瓜。

20. 羊奚：竹荪。不箰：不生笋之竹。箰，通"笋"。

21. 青宁：竹根虫。程：豹子。

22. 机：通"几"，即"种有几"之"几"。万物由精微之本质化生出来，因环境条件不同而表现为千差万别，最后化而成人，人又复归于几。

第三部分，是"列子见百岁髑髅"的故事，可以看作一个总结。这段话讲述万物是一个无穷生化过程。提出物种中包含精微之本质，由于其所遭遇之环境条件不同，发生千变万化，而成千差万别之物。最后最高是化成人，人又复归于物种之几。其中讲述的内容与《列子·天瑞》篇所载基本相同，并为后代人所引用，而产生一定影响。现在虽不能对这些具体论述作出完全科学的解释和评价，但可以看出，作者是对客观世界做了实际观察，并把观察到的现象联系起来，形成一种对自然界运动变化及其统一性的认识，这是深刻而有价值的思想。其中主观臆测、神秘性的东西则应扬弃。

本段中，列子指点骷髅："只有我和你知道你是未曾死，也未曾生。你果真忧愁吗？我果真欢乐吗？"从精微到断续如丝的鼷，到覆盖水面的藻类和浮萍，再到车前草、乌足、地蚕、蝴蝶、虫、鸲掇、鸟、斯弥虫、食醯、蠛蠓、黄軦虫、九猷……竹根虫、豹子、马、人，人又复归于物种之精微。

万物都由物种精微生出，又都返回于它。"万物皆出于机，皆入于机"，可看作这段的总结。这个"机"，是万物生演变化过程中某种不变的东西，学术界对这个"机"字有多种解释，但不论其为何意，有一点是可以肯定的，即道家已认为万物的生灭变化过程含某种不灭的因素。由此表明，战国时期道家已在探论生命现象的统一本质，认为把纷繁复杂的生命活动归结为一种永恒的因素，这种探论有助于促进古人对物质不灭性的认识。当然，从《庄子》角度讲，天地自然万物，物之有所生，物之又有所终，但物物相连，彼此依托，这些生物以自化，无穷无尽。所以人也一样，生生死死，顺其自然，生亦何欢，死亦足乐，何惧之有？这就是《庄子》的"自化为乐"。

总结一下，《至乐》篇中的核心命题是"至乐无乐"。意思是以富贵寿善为"乐"的评价标准，是错误的。庄学之观点，任何事物皆有两面性，有乐也就必然有悲，所以想要"至乐"，就必须"无乐"，也就无悲也。既然"通天下一气耳"，人的死生乃是气的聚合与流散，犹如四季的更替。既然"死生如四季、如昼夜"，人也就只能顺应这一自然变化。进一步说，人为的强求只能造下灾祸，一切都得任其自然，人的死与生也只是一种自然的变化，在生活中排除了这些引人忧伤的事，顺其自然，也就可以得到最大的快乐了。

至乐思想与庄子的哲学体系相符，强化的是无所用于天下的"无为"思想以及追求自由与超脱的人生态度。这种追求是试图摆脱社会、自我的束缚所造成的人生困境，进入一种超脱任何对立面的无拘无束、自由自在的精神境界，这正是庄子人生哲学的基本方向。

杂篇

说剑

　　《说剑》是《杂篇》中的一篇，内容就是写庄子说剑，如何成为天子之剑。历来有人认为《说剑》是伪书，其实细读之，此篇内容所讲的并非与庄子思想无关。文章讲赵文王喜欢剑，整天与剑士为伍而不料理朝政，庄子前往游说。庄子说剑有三种，即天子之剑、诸侯之剑和庶民之剑，委婉地指出赵文王的所为实际上是庶民之剑，而希望他能成为天子之剑。文章的主旨在于说明为政当无事，以无为而治就会得到治理，可说是《应帝王》观点的继续。尤其是"大王安坐定气"之句，就颇有道家无为而治就可以达到治理目的了。还有最后结局，文王三月不出宫，剑士自毙也就万事大吉了。

　　当然，《说剑》也只是继承庄子之学的庄子后学的作品，所以文章里的庄子自然不是倡导无为无已、逍遥顺应、齐物齐论中的庄子，而更像是活跃在战国时代的策士形象，它标志着道家思想在战国之时的转变。

　　由于《说剑》一文一气呵成，是一个完整的故事，我们也就不分段来讲了，只以原文、注释、评析三部分来解读。

　　昔赵文王喜剑[1]，剑士夹门而客[2]三千余人，日夜相击于前，死伤者岁百余人，好[3]之不厌。如是三年，国衰，诸侯谋之[4]。

　　太子悝[5]患之，募左右[6]曰："孰能说王[7]之意，止剑士者，赐之千金。"左右曰："庄子当能[8]。"

太子乃使人以千金奉[9]庄子。庄子弗受[10]，与使者俱往见太子，曰："太子何以教周，赐周千金？"太子曰："闻夫子明圣，谨奉千金以币从者[11]。夫子弗受，悝尚何敢言！"

庄子曰："闻太子所欲用周者，欲绝王之喜好也。使臣上说大王，而逆王意[12]，下不当太子[13]，则身刑而死，周尚安所事金乎[14]？使臣上说大王，下当太子，赵国何求而不得也！"太子曰："然，吾王所见，唯剑士也。"庄子曰："诺。周善为剑。"

太子曰："然吾王所见剑士，皆蓬头突鬓[15]，垂冠[16]，曼胡之缨[17]，短后之衣[18]，瞋目而语难[19]，王乃说[20]之。今夫子必儒服而见王，事必大逆[21]。"庄子曰："请治剑服[22]。"

治剑服三日，乃见太子。太子乃与见王，王脱白刃[23]待之。庄子入殿门不趋[24]，见王不拜。王曰："子欲何以教寡人[25]，使太子先[26]？"曰："臣闻大王喜剑，故以剑见王。"王曰："子之剑何能禁制[27]？"曰："臣之剑，十步一人[28]，千里不留行。"王大悦之，曰："天下无敌矣！"

庄子曰："夫为剑[29]者，示之以虚[30]，开之以利[31]，后之以发[32]，先之以至。愿得试之。"王曰："夫子休[33]就舍[34]，待命令设戏[35]请夫子。"

王乃校[36]剑士七日，死伤者六十余人，得五六人，使奉剑于殿下，乃召庄子。王曰："今日试使士敦剑[37]。"庄子曰："望[38]之久矣。"王曰："夫子所御杖[39]，长短何如？"曰："臣之所奉[40]皆可。然臣有三剑，唯王所用，请先言而后试。"王曰："愿闻三剑。"曰："有天子剑，有诸侯剑，有庶人剑。"

王曰："天子之剑何如？"曰："天子之剑，以燕谿石城为锋[41]，齐岱为锷[42]，晋魏为脊[43]，周宋为镡[44]，韩魏为夹[45]，包以四夷，裹以四时，绕以渤海，带以常山[46]，制以五行[47]，论以刑德[48]，开[49]以阴阳，持[50]以春夏，行以秋冬。此剑，直之无前[51]，举之无上，案之无下，运之无旁，上决[52]浮云，下绝地纪。此剑一用，匡[53]诸侯，天下服矣。此天子之剑也。"

文王芒然自失，曰："诸侯之剑何如？"曰："诸侯之剑，以知勇士为锋，以清廉士为锷，以贤良士为脊，以忠圣士为镡，以豪桀士为夹。此剑，直之亦无前，举之亦无上，案之亦无下，运之亦无旁；上法圆天，以顺三光[54]；下法方地，以顺四时；中和民意，以安四乡[55]。此剑一用，如雷霆之震也，四封之内，无不宾服而听从君命者矣。此诸侯之剑也。"

王曰："庶人之剑何如？"曰："庶人之剑，蓬头突鬓，垂冠，曼胡之缨，短后之衣，瞋目而语难。相击于前，上斩颈领，下决肝肺。此庶人之剑，无异于斗鸡，一旦命已绝矣，无所用于国事。今大王有天子之位而好庶人之剑，臣窃为大王薄[56]之。"

王乃牵[57]而上殿。宰人上食[58]，王三环之。庄子曰："大王安坐定气，剑事已毕奏矣。"于是文王不出宫三月，剑士皆服毙[59]其处也。

注释：

1. 昔：过去，从前。赵文王：赵惠文王，名何。喜剑：喜欢剑术。

2. 夹门而客：客居宫门左右。

3. 好（hào）：喜好。

4. 谋：谋图。之：赵国。

5. 悝（kuī）：赵惠文王的太子名悝。

6. 募：募集，召募。左右：指左右幕僚。

7. 说：说服。王：赵惠文王。

8. 当能：能做到。

9. 奉：送给，给予。

10. 弗受：不接受。

11. 币从者：犒劳随从。

12. 臣：庄子自称，我。逆：违逆。

13. 不当太子：有负太子的委任。当：合。

14. 尚：还。安：何。事：用。

15. 蓬头：蓬乱的头发。突鬓：鬓毛突出。

16. 垂冠：帽子低倾，表示威武。

17. 曼胡：粗实。缨：冠缨，盔缨。

18. 短后之衣：后身短、便于起坐的衣服。

19. 瞋（chēn）目：发怒时睁大眼睛。语难：愤怒之气郁结于胸，致语声艰涩。

20. 说：通"悦"。

21. 事必大逆：此事必然不顺。

22. 治剑服：制作剑士的服装。

23. 脱白刃：拔出利剑。

24. 殿门：宫殿的门。不趋：不快走。

25. 寡人：赵惠文王自称。

26. 使太子先：先让太子推荐。

27. 禁制：制服。

28. 十步一人：十步杀一人。

29. 为剑：用剑。

30. 示之以虚：示人以虚空不能测。

31. 开之以利：用剑叫人不及提防。

32. 后之以发：发动在后。

33. 休：休息。

34. 就舍：住在旅馆。

35. 戏：试剑术。

36. 校：较量。

37. 敦剑：对剑。

38. 望：期待。

39. 所御杖：所用剑。杖：剑，兵器的总称。

40. 所奉：所用的剑。奉：通"捧"，用。

41. 燕谿：燕国的地名。石城：北方的山名。锋：剑端。

42. 岱：泰山。锷：剑刃。

43. 脊：剑背。

44. 镡：剑环，剑鼻。

45. 夹：通"铗"，剑把。

46. 常山：恒山。

47. 五行：水火木金土。

48. 刑德：刑罚德化。

49. 开：指开合变化。

50. 持：把握。

51. 直：伸。无前：前面无挡。

52. 决：劈断。

53. 匡：匡正。

54. 三光：日、月、星。

55. 四乡：四方。

295

56. 薄：鄙薄。

57. 牵：带，引。

58. 宰人：主管家务的人。上食：奉上食物。

59. 服毙：自杀。服，通"伏"。

这是一个有点纵横家、有点侠骨的庄子形象。这故事很有趣，说当年赵文惠王喜好剑术，所以击剑的人蜂拥而至门下，有三千多人。这些人在赵王面前日夜比试剑术，搞得赵王那里像个擂台，每年死伤的剑客都有百余人。而赵王呢？乐此不疲。于是太子请来庄子说剑，即劝说赵文王摒弃对剑的沉迷。

庄子以天子剑、诸侯剑、庶人剑喻治政的方法，说天子可以统治诸侯，诸侯可以称霸，但都不是长久的统治方法，而庶人剑也只是一种世俗斗鸡之儿戏，不能达到统治的目的，进而委婉地指出赵文王的所为实际上是庶民之剑，而希望他能成为天子之剑。庄子将剑术理论融入治国、安邦和做人之中，富有哲理而耐人寻味。尤其是说天子剑这段，实可谓高屋建瓴："天子之剑，拿燕溪的石城山做剑尖，拿齐国的泰山做剑刃，拿晋国和卫国做剑脊，拿周王畿和宋国做剑环，拿韩国和魏国做剑柄；用中原以外的四境来包扎，用四季来围裹，用渤海来缠绕，用恒山来做系带；靠五行来统驭，靠刑律和德教来论断；遵循阴阳的变化而进退，遵循春秋的时令而持延，遵循秋冬的到来而运行。这种剑，向前直刺一无阻挡，高高举起无物在上，按剑向下所向披靡，挥动起来旁若无物，向上割裂浮云，向下斩断地纪。这种剑一旦使用，可以匡正诸侯，使天下人全都归服。这就是天子之剑。"

还有就是当庄子见到文王时，说自己的剑法"十步一人，千里不留行"，文王大喜，说"天下无敌矣"。庄子接着说出了他的剑道理论："夫为剑者,示之以虚,开之以利,后之以发,先之以至。"这五句话二十个字对击剑用武理论进行了高度的概括。

《说剑》一文借剑喻理,阐述作者的治世之道的。文中所提出的关于三种剑的言论,目的是说明治国安邦的道理。但是"三乘剑术"理论的提出,启迪了中国武术精神,为武侠文学的恣肆驰幻提供了先兆,却是当之无愧的。更为重要的是文中所提出的"后发先至"理论至今仍被武术界奉为圭臬,影响了武术思想的发展。特别是"庄子"在论述天子之剑时提出了"制以五行""开以阴阳"的问题,明确地以"五行""阴阳"立论,开后世运用"阴阳""五行"等哲学概念诠释武术理论之先河。

列御寇

本文可分为五个部分：

开篇至"虚而敖游者也"为第一部分。通过伯昏瞀人与列子的对话，告诫人们不要显迹于外，无所求的人才能虚己而遨游。

第二部分至"而不知大宁"，通过对贪天之功以为己有的人的批评，对照屠龙技成而无所用，教导人们要顺应天成，不要追求人为，要像水流一样"无形"，而且让精神归于"无始"。

第三部分至"唯真人能之"，嘲讽了势利的曹商，批评了矫饰学伪的孔子，指出给人们精神世界带来惩罚的，还是他自身的烦乱不安和行动过失，而能够摆脱精神桎梏的只有真人，即形同槁木、超脱于世俗之外的人。

第四部分至"达小命者遭"，先借孔子之口大谈人心叵测，择人困难，再用正考父做官为例，引出处世原则的讨论，这就是态度谦下，不自以为是，不自恃傲人，而事事通达，随顺自然。

其余为第五部分，进一步阐述处世之道。连续写了庄子的三则小故事，旨意全在于说明一无所求的处世原则。最后又深刻指出，不要自恃明智而为外物所驱使，追求身外的功利实是可悲，应该有所感才有所应。

一

列御寇之齐[1]，中道而反[2]，遇伯昏瞀人[3]。伯昏瞀人曰："奚方而反[4]？"曰："吾惊[5]焉。"曰："恶乎惊？"曰："吾尝食于十浆[6]，而五浆先馈[7]。"伯昏瞀人曰："若是，则汝何为惊已[8]？"

曰："夫内诚不解[9]，形谍[10]成光，以外镇人心，使人轻乎贵老[11]，而齑[12]其所患。夫浆人特为食羹之货，无多余之赢，其为利也薄，其为权也轻，而犹若是，而况于万乘之主[13]乎！身劳于国而知尽于事，彼将任我以事而效我以功，吾是以惊。"伯昏瞀人曰："善哉观乎！女处已，人将保女矣！"

无几何而往，则户外之屦满矣。伯昏瞀人北面而立，敦杖蹙之乎颐，立有间，不言而出。宾者以告列子，列子提屦[14]，跣而走，暨乎门，曰："先生既来，曾不发药乎？"曰："已矣，吾固告汝曰人将保汝，果保汝矣。非汝能使人保汝，而汝不能使人无保汝也，而焉用之感豫出异也！必且[15]有感，摇而本才，又无谓也。与汝游者，又莫汝告也。彼所小言[16]，尽人毒[17]也。莫觉莫悟，何相孰[18]也！巧者劳而知者忧，无能[19]者无所求，饱食而敖游[20]，泛[21]若不系之舟，虚[22]而敖游者也。"

注释：

1. 列御寇：人名，人称列子。郑国人，列子贵虚，为先秦道家学派的先驱。

2. 中道：中途。反：通"返"，返回。

3. 伯昏瞀（mào）人：人名，楚国的贤人，隐者。

4. 奚方而反：为什么刚去就返回来。

5. 惊：惊异。

6. 浆：米汤，指卖米汤的店铺。十浆，十家浆铺。

7. 馈：馈赠，赠给。

8. 已：通"矣"。

9. 内诚：内心真诚。不解：有症结没有融化。

10. 形谍：指没有融化的症结从外表上流露出来。谍：通"渫"，泄。

11. 贵：指爵位高。老：指年老。

12. 赍（jī）：招致。

13. 万乘之主：诸侯王。

14. 屦（jù）：麻葛鞋。

15. 必且：必将。

16. 小言：琐碎的言论，作甜言蜜语解亦通。

17. 尽人毒：尽是害人的东西。

18. 孰：通"熟"，熟悉。

19. 无能：无所能而能，指无为而得道。

20. 敖游：不受外物的束缚，自由自在地游荡于虚无的境界。

21. 泛：漂流不定，漫无目的。

22. 虚：内心空虚无目的，指无应无不应。

　　这个列御寇就是著名的列子，他也是道家的著名人物，在《庄子》中经常出现。这个故事是说，他去齐国，中途又返回来，遇到了楚国的贤士伯昏瞀人，问列子刚去就返回来的原因。列御寇说啊，他曾在十家浆铺饮浆，而有五家先馈赠，所以他惊异。列子讲出的理由是："内心真诚而有症结不化，由外表流露出来形成光彩，以此镇服人心，使人轻视权贵和老人，从而招致祸患。那些卖米浆的人，只是做些饮食买卖，残余的赢利，得的利润甚少，所得权势也轻微，还要如此，何况是万乘之军的君主呢？身躯操劳于国事而智慧耗尽于政事，他将委任我以政事而要我达成功效，因此我感到惊异。"伯昏瞀人说："观察得很好呀！你在家等着吧，人们会归附你了！"

没过几天呢，这伯昏瞀人又到列子住处，门外的鞋摆满了。伯昏瞀人在门口站了一会儿，没有说话就走了。列子追上问他：既然来了，给我说点药石之言吧。伯昏瞀人就对他说：你现在有点张扬了，违背了道，来你家里的与你交往的那些人只是奉承你，又能告诉你什么道理呢？有技巧的人操劳而智慧的人忧虑，无所能而能的人无所追求，吃饱饭的人而不受外物拘束地遨游，飘飘然像没有拴住的船只，内心空虚而遨游。

伯昏的这句"不系之舟"，也常作虚，是以没有束缚和缆绳捆绑的船，比喻无拘无束的生活，表达虚己游世的道家境界。当然，这不系之舟也被用来表示漂泊不定的生活，只是有了庄子的影子，却另有一番在漂泊中也能虚己而游的淡定从容的味道。比如酷喜庄子的东坡有云："心似已灰之木，身如不系之舟。问汝平生功业，黄州惠州儋州。"

这是苏轼晚年回首人生所作，应该是比喻自己漂泊一生，也蕴含着"天涯踏尽红尘，依然一笑作春温"的庄子之韵。

二

郑人缓[1]也，呻吟裘氏[2]之地。祗[3]三年而缓为儒，河润九里，泽及三族[4]，使其弟墨。儒、墨相与辩，其父助翟[5]。十年而缓自杀。其父梦之[6]，曰："使而子为墨者予也。阖胡尝视其良[7]，既为秋柏[8]之实矣？"

夫造物者之报人也，不报其人而报其人之天。彼故使彼[9]。夫人以己为有以异于人[10]，以贱其亲[11]，齐人之井饮者相捽[12]也。故曰今之世皆缓也。自是，有德者以不知[13]也，而况有道者乎！古者谓之遁天之刑[14]。圣人安其所安[15]，不安其所不安；众人[16]安其所不安，不安其所安。

庄子曰："知道易，勿言难[17]。知而不言，所以之天[18]也；知而言之，所以之人也。古之人，天而不人[19]。"

朱泙漫学屠龙于支离益[20]，单千金之家[21]，三年技成而无所用其巧。

圣人以必不必[22]，故无兵[23]；众人以不必必之，故多兵。顺于兵，故行有求[24]。兵，恃之则亡。

小夫之知，不离苞苴竿牍[25]，敝精神乎蹇浅[26]，而欲兼济道物[27]，太一形虚[28]。若是者，迷惑于宇宙，形累不知太初[29]。彼至人者，归精神乎无始[30]，而甘冥乎无何有之乡[31]。水流乎无形，发泄乎太清[32]。悲哉乎，汝为知在毫毛而不知大宁[33]！

注释：

1. 缓：人名。

2. 裘氏：地名。

3. 祇（zhī）：适，正好。

4. 三族：父族、母族、妻族。

5. 翟（dí）：本为墨子名，此以墨子名为"缓"之弟弟名字。

6. 之：指缓。

7. 良：一作壤，坟墓。

8. 秋柏：皆为良材树木。秋，楸。

9. 彼：他，指缓弟。彼：指成墨者的事。

10. 异于人：不同于别人。

11. 贱其亲：指责、贱侮他的父亲。

12. 相捽：抓着头发互相殴打。

13. 不知：不知自以为是，即不知有德。

14. 遁天之刑：违背自然的刑罚。

15. 安其所安：安于自然无为。

16. 众人：一般人，普通人。

17. 勿言难：默不作声而成之者困难。

18. 之天：合于自然。之，合。

19. 古之人：古时的至人、真人、圣人。天：天道自然。不人：不合人为。

20. 朱泙（pēng）漫：人名。屠龙：屠龙之术，喻为道。支离益：人名，复姓支离，名益。

21. 单：殚、尽。家：指家产。

22. 必不必：必可用而不用。

23. 无兵：不起纷争。兵，争。

24. 行：行为。求：贪求。

25. 苞苴：草类，古人用来包物，这里指馈赠的礼物。竿牍：简牍，古书，这里指向别人请教书中的疑难问题。

26. 敝：消耗。塞浅：浅陋、短浅。

27. 兼济道物：成道又成物。兼：兼而有之。济：成。

28. 太一形虚：提摄调和有形和虚无。太一，调和。

29. 太初：指道的本体。

30. 归：复，回。无始：万物还没产生的时代。

31. 甘冥：甜睡。冥，通"瞑"，眠。无何有之乡：指虚无的境界，《逍遥游》

有"何不树之于无何有之乡"。

32. 太清：太虚清静无为的自然之道。

33. 大宁：极端宁静的境界。

  这个故事是说郑国有一个名叫缓的人，在裘氏这个地方读书，三年他就成为一个儒者，像河水一样滋润九里，恩泽三族。他呢，又让他的弟弟学墨。兄弟二人以儒墨观点相互辩论，他父亲帮助翟。十年后缓气愤自杀了，怨气不散，所以给他父亲托梦说："让你儿子成为墨者的是我。为什么你不来看看我的坟墓？我已经变成秋柏结成果实了。"

  庄子则批评缓说：你看造物者给予人的，不是给予人力而是给予人的天然本性。翟的天性使他成为墨者。缓是如此自以为是，以为自己与众不同而贱侮他父亲，就像齐民凿井以为造泉而相互殴打一样。所以说，现在社会上的人都像缓那样自以为是。有德的人不认为有德，何况是有道的人呢！古时候认为像缓这样自以为是的人是违背自然刑罚的人。圣人安于自然天性，不安于人为自是；一般人安他所不安，为自是，不安于他所当安的自然天性。庄子这段话很尖锐，也很击中要害。在《人间世》中，曾借孔子之口讲过"德荡乎名，知荡乎争"，像缓这样为名、为知而争死尚不息，正是很多儒者的大病啊！

  庄子进一步阐述《老子》大象无形、善贷且成的道理："认识道容易，默不作声而成道困难，认识道而默不作声，才合于自然；认识道而说出来，这是合于人为。古时候的至人上合于天道自然而下合于人道人为。"

  这完全是《老子》"上德不德，是以有德"和"光而不耀"的思想。庄子举了一个"屠龙之术"的例子：朱泙漫跟支离益学屠龙，花尽了千金的家产，三年学成技术却无处使用。圣人以必可用而不去用，所

304

以没有争端；一般人以不必用而必去用它，所以引起许多纷争；顺从于争端，所以行为有贪求。面对纷争，依靠它就会什么也得不到。世人的智慧，离不开苞苴竿牍，把精神消耗在短浅的小事上，而想成道又成物，一贯形虚。像这样，会为宇宙所迷惑，为形体劳累而不知道的本体。那种至人，把精神归属于万物产生之前，而甜睡于虚无的境地。水流于无形，发泄于太虚清静的自然。可悲啊，列子所为，把智慧放在毫毛的小事上，而不知道大的宁静的境界。正如钱锺书《管锥编》所引宋·陆九渊《语录上》："铢而称之，至石必谬；寸寸而度之，至丈必差。"

意思是一铢一铢地称东西，这样称出的一石与一次称足的一石必定有出入；一寸一寸地量东西，这样量出的一丈与一次量足的一丈必定有误差，不分事之大小，简单相加，只能歪曲事物的原貌。

三

宋人有曹商者，为宋王使秦。其往也，得车数乘。王说[1]之，益[2]车百乘。反于宋，见庄子曰："夫处穷闾陋巷[3]，困窘织屦[4]，槁项黄馘[5]者，商之所短也；一悟[6]万乘之主而从车百乘者，商之所长也。"

庄子曰："秦王有病召医，破痈溃痤[7]者得车一乘，舐痔[8]者得车五乘，所治愈下[9]，得车愈多。子岂治其痔邪，何得车之多也？子行[10]矣！"

鲁哀公问乎颜阖曰[11]："吾以仲尼为贞干[12]，国其有瘳乎[13]？"

曰："殆哉圾乎[14]！仲尼方且饰羽而画[15]，从事华辞[16]，以支为旨[17]，忍性以视民而不知不信[18]，受乎心[19]，宰乎神[20]，夫何足以上民[21]！彼宜女[22]与？予颐与？误而[23]可矣。今使民离实学伪[24]，非所以视民也。为后世虑，不若休[25]之。难治[26]也。施于人[27]而不忘，非天布[28]也，商贾不齿[29]。虽以事[30]齿之，神者弗齿[31]。为外刑[32]者，金与木[33]也；为内刑[34]者，动与过也[35]。宵人之离外刑者[36]，金木讯[37]之；离内刑者，阴阳食[38]之。夫免乎外内之刑者，唯真人能之。"

注释：

1. 说：通"悦"。

2. 益：增加。

3. 穷闾：贫穷僻里。阨巷：狭巷。

4. 困窘：贫苦。织屦：织鞋，做鞋。

5. 槁项：干枯的脖子。馘（xù）：脸。

6. 一：一旦。悟：使……觉悟。

7. 痈：脓疮。痤（cuó）：痤疮，粉刺。

8. 舐（shì）：舔。痔：痔疮。

9. 下：卑下。

10. 子：你。行：走。

11. 鲁哀公：春秋末年鲁国国君。见《德充符》《让王》。颜阖：鲁国的贤人，见《人间世》《达生》《让王》诸篇。

12. 贞干：古代筑墙的工具。立两端的为帧，坚两侧的为干。指以孔子为国家重臣的意思。贞，通"桢"。

13. 瘳（chōu）乎：可治吗。瘳，病愈。

14. 殆：危险。圾：通"岌"，危险。

15. 饰羽而画：用画装饰有文彩的羽毛。羽：羽毛。

16. 华辞：浮华的言辞，花言巧语。

17. 以支为旨：把荒谬之言当作真理。支，支辞，比喻荒谬的言语。旨，真理。

18. 忍性：矫饰性情。视民：教育民众。视，通"示"。知：通"智"。信：可信，信实。

19. 受乎心：受心指使。

20. 宰乎神：以精神为主宰。

21. 上民：居于人民之上。

22. 彼：指仲尼。宜：适宜。女：指鲁哀公。

23. 而：就，则。

24. 实：朴实。伪：虚伪的华辞，此处指礼。

25. 休：停止。

26. 难治：不可以治理。

27. 施于人：施于民。

28. 天布：天行布施。

29. 商贾（gǔ）：买卖人，商人。不齿：不愿相提并论。

30. 事：事务。

31. 神：思想。弗：不。

32. 外刑：体外的刑罚。

33. 金与木：金属与木制的刑具。

34. 内刑：内心的刑罚。

35. 动：内心计较。过：忧愁后悔。

36. 宵：通"小"。离：通"罹"，遭受。

37. 讯：刑讯审问，问罪。

38. 食：通"蚀"，剥蚀，腐蚀，蚕食。

这是《庄子》中的著名故事，可以说是小故事，大道理！说宋国有个叫曹商的人，为宋王出使秦国。刚去时，获得几辆车子。秦王喜欢他，增加车子百辆。曹商返回宋国后，得意扬扬地四处炫耀。见到庄子，就挖苦庄子，说：看你多惨，住在穷里狭巷，贫苦地靠织鞋而生，搞得面黄肌瘦。看我看我，一旦使万乘之君主觉悟，随从的车子就增加了百乘，怎么样？羡慕我吧？

庄子对曹商这种小人得志的狂态极为反感，他不屑一顾地回敬曹商说："曹商啊，我听说一事，秦王在生病的时候召来了许多医生，对他们当面许诺：凡是能挑破粉刺排脓生肌的，赏车一辆；而愿意为其舐痔的，则赏车五辆。治病的部位愈卑下，所得的赏赐愈多。我想，你大概是用自己的舌头去舔过秦王的痔疮，而且是舔得十分尽心卖力的吧？不然，秦王怎么会赏给你这么多车呢？你这肮脏的东西，还是快点给我走远些吧！"

看，曹商用丧失尊严作代价去换取财富，不以为耻，反以为荣，他必然会招致庄子这种高士的痛斥。这则寓言对于社会上某些不择手段追逐名利之徒，也不失为一面警醒的明镜啊！因为现在这种无耻之徒依然还是很多的。

下面这个故事是鲁哀公和颜阖的对话。鲁哀公要把仲尼作为辅相，问颜阖：这样国家就会得到治理了吧？没想到颜阖却说：这样很危险啊！因为仲尼喜欢文过饰非，办事花言巧语，以枝叶代替旨美，矫饰性情以夸示民众而不智不诚。受心指使，以精神为主宰，让民众离开朴实而学虚伪，不足以教育民众。为后世考虑，不如停止这件事。不可以让他治理国家！然后颜阖说：如果治理国家的人，他施恩于民众而不忘其功，这不是天然的布施。比如商人是人们不愿相提并论的，虽然因事务不得不与他们打交道，但思想上仍不愿与他们相提并论。

世俗对人体外形动用的刑罚，是斧子和棍棒。自然对人类精神上的惩罚，是躁动和失误。小人在外形上受罚是被刑具拷问，内在受罚是为阴阳郁结所残蚀。只有真人才能够同时超脱内外的刑罚。

不难看出，这一段大部分是继续对孔子和儒家思想进行尖锐的批判，无甚新意。新意在后面这句，讲真正的得道真人，不但能摆脱精神上的困扰，也一定能远离身体上的刑罚和折磨。他告诉我们，高境界的道家人物，一定都是人生过得酣畅快意，天下有难事，万物作焉而不辞，拥有传奇人生，成就难以完成的功业，然后又能功遂身退，有个善终之结局，这才是能无为而治的真人。

四

孔子曰："凡人心险[1]于山川，难于知天[2]。天犹有春秋冬夏旦暮之期[3]，人者厚貌深情[4]。故有貌愿而益[5]，有长若不肖[6]，有顺懁而达[7]。有坚而缦[8]，有缓而釬[9]。故其就义若渴者[10]，其去义若热[11]。故君子远使之而观其忠[12]，近使之而观其敬[13]，烦使之而观其能[14]，卒然问焉而观其知[15]，急与之期而观其信[16]，委之以财而观其仁[17]，告之以危而观其节[18]，醉之以酒而观其侧[19]，杂之以处而观其色[20]。九征至[21]，不肖人得矣[22]。"

正考父一命而伛[23]，再命而偻[24]，三命而俯[25]，循墙而走[26]，孰敢不轨[27]！如而夫者[28]，一命而吕钜[29]，再命而于车上儛[30]，三命而名诸父[31]，孰协唐许[32]！

贼莫大乎德有心[33]而心有睫[34]，及其有睫也而内视[35]，内视而败[36]

矣。凶德有五[37]，中德[38]为首。何谓中德？中德也者，有以自好也而吡[39]其所不为者也。

穷有八极[40]，达有三必[41]，形有六府[42]。美、髯、长、大、壮、丽、勇、敢，八者俱过人也，因以是穷[43]。缘循[44]，偃佚[45]，困畏[46]不若人。三者俱通达。知、慧外通[47]，勇、动多怨[48]，仁、义多责[49]。达生之情者傀[50]，达于知者肖[51]，达大命者随[52]，达小命者遭[53]。

注释：

1. 险：阴险，险恶。

2. 知：认识，了解。天：自然界及其规律。

3. 旦暮：早晚。期：限定的时间。

4. 厚貌深情：貌虽忠厚而其情感深藏难以观测。

5. 愿：谨愿，指谦虚谨慎，端庄老实。益：通"溢"，骄溢自满。

6. 长（cháng）：善，指有良好的才智，一说指优良的品德。不肖：不似，指没有才智。

7. 愃（xuān）：性急，急躁。达：通达。

8. 坚：坚强。缦：濡缓，涣散，软弱。

9. 缓：和缓。釬（hàn）：通"悍"，急。

10. 就义：趋义，追求正义。若渴：如饥似渴，甚急。

11. 去义：逃避正义，抛弃正义。若热：如逃避热火一样快。

12. 远使之：派到远处去做事。观：考察。忠：忠贞，不二。

13. 近使之：派在身边做事。敬：恭敬不怠。

14. 烦：烦杂，复杂。能：治乱的能力。

15. 卒（cù）：通"猝"，突然。知：通"智"，此处指清醒与否。

16. 急：急迫，紧迫。期：约。信：信用，指不背信弃义。

17. 委：委托。财：钱财。仁：仁德，不贪。

18. 危：危急，危险。节：节操。

19. 侧："则"字之误，仪则，规则，规矩。

20. 杂：混杂。色：面色不慌。

21. 征：征验，检验。至：做到。

22. 不肖人：指内外终始不如一的人。得：发觉。

23. 正考父：孔子的七世祖，宋国的大夫，曾连事戴、武、宣三公。一命：指任命为士。命，任命，委任。伛（yǔ）：曲背。

24. 再命：指任命为大夫。偻（lóu）：弯腰。

25. 三命：指任命为卿。俯：俯首，身子近地。

26. 循墙而走：顺着墙根走路，不敢走正路。

27. 孰：谁。不轨：不效法。轨，法。

28. 而夫：你们这种人，指当时在位的人，贬辞。

29. 吕矩：脊骨强大，指不能曲背弯腰，引申为高傲自大。吕：通"膂"，脊骨。矩：通"巨"，强大。

30. 于车上儛（wǔ）：指骄傲到极点而忘形，得意而忘形。儛，通"舞"。

31. 名诸父：直接叫伯父、叔父的名字，指无礼傲慢到极点。名，呼，叫。诸父，伯父，叔父。

32. 协：同，比。唐：唐尧。许：许由。

33. 贼：害。德：得。有心：私心。

34. 睫：为"眼"字之误。

35. 内视：主观意识。

36. 败：失败。

37. 凶德有五：指耳、眼、鼻、舌、心五者之欲。

38. 中德：指心。

39. 呲（pǐ）：说人坏话，引申为责难。

40. 穷：穷困。八极：指下文的"美、髯、长、大、壮、丽、勇、敢"。

41. 达：通达顺利。三必：指下文的缘循、偃佒、困畏。

42. 形有六府：集聚六种危害的地方，指下文的"知慧、处通、勇动、多怨、仁义、多责"。形，通"刑"，即内刑、外刑的刑，危害。府，集聚处。

43. 穷：穷困。即是穷有八极的穷。

44. 缘循：因循，顺着。

45. 偃佒：通"偃仰"，即俯仰从人，随俗应付。作偃寋解非是。

46. 困畏：懦弱。

47. 知：通"智"。外通：通外，通于外物。

48. 勇、动：勇猛妄动。多怨：多结怨恨。

49. 仁、义：行仁施义。多责：多责难。

50. 傀（guī）：傀伟，不平凡。

51. 肖：小，渺小。

52. 大命：天命。随：随顺自然的运化。

53. 小命：人命。遭：安于自己的遭遇。

　　这个故事一开始就是借孔子之口说了一句名言，就是"人心险于山川"。意思是人心比山川险恶。还有呢？比知天困难。你看那天还有春夏秋冬早晚时间的限定，人却容貌敦厚而性情深沉。所谓知人知面不知心啊！有的人呢，外貌谨慎而思想骄溢，有的人呢，外表精明而内心愚蠢，有的外貌温顺而内心暴躁，有的外表坚强而内心懦弱，有的外表和缓而内心急躁。所以要经受考验。怎么考验呢？庄子提出了一套对人性考察至微的思想体系，将人放在九种情境中观其表现，察其人品，识其能力，从而完成对人才的综合考察，这就是著名的

"九征"：

让他到远处做事考验他的忠诚，让他在近处做事考验他的恭敬，给他烦杂的任务考验他的能力，向他突然提出问题考验他的心智，给他急促的期限来观察他的信用，把钱财委托他考验他的清廉，告诉他危险考验他的节操，让他酒醉看他的仪则，混杂相处而看他的面色。这就是著名的"九征"。九种征验做到，不肖的人就可看得出来了。这九种考察策略都是基于对人性的深刻认知之上的，全面且有针对性。

第二段故事是说孔子的先祖正考父被三次任命的事，其讲的是地位越高越谦逊的道理。他一被任命为力士时曲背，再被任命为大夫时则弯腰，三被任命为卿时俯身，则顺着墙根走路。所以庄子就说，若是凡夫俗子啊，一被任命为士就会自高自大，再被任命为大夫就会在车上跳舞，三被任命为卿就会叫他叔伯父的名字，若如此，谁能成为唐尧、许由这样谦逊的人呢？

《老子》第四十六章有云"咎莫大于欲得"，在《庄子》这一段里得到了说明与发挥，即"贼莫大乎德有心而心有睫，及其有睫也而内视，内视而败矣"。意思是：最大的祸害莫过于有心眼来培养德行，有了心眼就会以意度事、主观臆断，而主观臆断必定导致失败。

细分下类：招惹凶祸的官能有心、耳、眼、舌、鼻五种，其中的"中德"，也就是内心有意为德的谋虑则是祸害之首。什么叫作内心谋虑的祸害呢？所谓内心谋虑的祸害，是指自以为是而诋毁自己所不赞同的事情。这正是老子讲的"欲得"啊！为什么"咎莫大于欲得"呢？不正是这内心的欲念一定会顺我则是、逆我则非，就一定会有痛苦、烦恼和不安啊！这就是众生的咎与苦呀！所以，真正的苦海不是外面的境界，不是外面的所谓五浊恶世，而是我们"自我"内心深处抓取和逃避的境界。

可以看出,《庄子·杂篇》的长项在于讲故事,至于议论部分多是发挥《老子》之说,有时话有些杂多。比如下面这一段,其实讲的就是《老子》的"四不":不自见、不自是、不自伐、不自矜。说的就是自见、自是、自伐、自矜导致的失败。《庄子》认为,困厄窘迫源于以下八个方面的自恃与矜持,顺利通达基于以下三种情况的必然发展,就像身形必具六个脏腑一样。貌美、须长、高大、魁梧、健壮、艳丽、勇武、果敢,八项长处远远胜过他人,于是依恃傲人必然导致困厄窘迫。只有因循顺应、俯仰随人而又态度谦下,三种情况都能遇事通达。这就是《老子》第二十二章"曲则全"的道理!如果自恃聪明炫耀于外,勇猛躁动必多怨恨,倡导仁义必多责难。

虽然《庄子·杂篇》概括能力远不及《老子》和内七篇,但与庄子的达观思想还是一脉相承的。以道指引,通晓生命实情的人心胸开阔,通晓真知的人内心虚空豁达,通晓长寿之道的人随顺自然,通晓寿命短暂之理的人也能随遇而安。

五

人有见宋王者,锡[1]车十乘,以其十乘骄稚[2]庄子。庄子曰:"河上有家贫,恃纬萧而食者[3],其子没于渊,得千金之珠。其父谓其子曰:'取石来锻之[4]!夫千金之珠,必在九重之渊而骊龙颔下[5]。子能得珠者,必遭[6]其睡也。使骊龙而寤[7],子尚奚微之有哉!'今宋国之深[8],非直[9]九重之渊也;宋王之猛[10],非直骊龙也。子能得车者,必遭其睡也。使宋王而寤,子为齑粉[11]夫!"

或[12]聘于庄子,庄子应其使曰:"子见夫牺牛[13]乎?衣以文绣,食以刍叔[14]。及其牵而入于大庙[15]，虽欲为孤犊[16]，其可得乎？"

庄子将死，弟子欲厚葬之。庄子曰："吾以[17]天地为棺椁，以日月为连璧[18]，星辰为珠玑[19]，万物为赍送[20]。吾葬具岂不备[21]邪！何以加此！"弟子曰："吾恐乌鸢[22]之食夫子也。"庄子曰："在上为乌鸢食，在下为蝼蚁[23]食，夺彼与此[24]，何其偏[25]也！"

以不平平[26]，其平也不平；以不征征[27]，其征也不征。明者唯为之使[28]，神者[29]征之。夫明之不胜[30]神也久矣，而愚者恃其所见入于人[31]，其功[32]外也，不亦悲乎！

注释：

1. 锡：赐。

2. 骄稚：骄矜，炫耀。

3. 恃纬萧而食者：以编织芦苇为生的人。

4. 锻：锤破。之：代珠。

5. 九重：极深。骊龙：黑龙。颔（hàn）：下巴。

6. 遭：遇。

7. 使：假使。寤：醒。

8. 宋国之深：宋国危机的深重。

9. 非直：不但，不止。

10. 猛：凶猛。

11. 齑（jī）粉：粉身碎骨。

12. 或：有人，指楚成王派使者以厚币聘庄子为相。

13. 牺牛：祭祀用的纯色牛。

14. 食：喂养。刍：草。叔：大豆。

15. 大庙：太庙，帝王的祖庙。

315

16. 孤犊：无人豢养的牛犊。

17. 以：把。

18. 连璧：两块并连起来的玉璧。

19. 珠玑：珍珠。圆的为珠，不圆的为玑。

20. 赍（jī）送：送葬品。

21. 备：齐备。

22. 吾：我们。恐：恐怕。乌：乌鸦。鸢（yuān）：老鹰。

23. 蝼蚁：蝼蛄和蚂蚁。

24. 彼：指乌鸦和老鹰。此：指蝼蛄和蚂蚁。

25. 偏：偏心，私心。

26. 平：公平。

27. 征：征验，引申为可信。

28. 明者：自以为聪明的人。之：它，指天道。

29. 神者：自然天性。

30. 不胜：不及。

31. 所见：偏见。入于人：溺于人事。

32. 功：功劳。

    第五部分由两个故事构成。这第一个故事是说，有个人拜见宋王，宋王恩赐他十辆车子，他也像那个曹商一样把这十辆车子向庄子夸耀。庄子的冷言妙语又来了！他说啊，河边有个家庭贫困靠编织芦苇为生的人，有一天他的儿子潜入深渊，得到价值千金的珍珠。他的父亲却对他的儿子说：快快快，快拿石头来锤破它！这值千金的珍珠，一定在九重深渊骊龙的颔下，你能得到珍珠，定是偶然遇到龙在睡觉。假使龙醒着，儿子你想想，你还能得到什么呢！

故事讲完了，庄子对炫车的人说："现在宋国危机的深重，不止于九重的深渊；宋王的凶猛，不止于骊龙。你能得到车子，一定遇到他在睡觉。假使宋王醒着，你就要粉身碎骨了！"

接着的故事在《庄子》中曾经出现过，放在这个故事后面倒也顺理成章，在如探骊龙之珠般危险的官场，庄子是有着清醒的认识的，所以他拒绝了楚王的聘请。楚国有人来聘请庄子。庄子回答使者说："你见过祭祀的牛吗？披着纹彩锦绣，喂着饲草大豆，等到把它牵入太庙去，要想做只无人豢养的牛犊，怎能办得到呢！"

这第二段故事，最能体现庄子对待生死的达观思想。我们权且把这段当作庄子将要死时，在现场的弟子的记录。他的弟子们打算为他厚葬。乐观的庄子笑着对弟子们说："我庄子把天地当棺椁，把太阳和月亮当连璧，把星星当珍珠，把万物当陪葬品。你们看啊，我的丧葬用品还有什么不齐备的呢？还有什么比这更好的呢？"他的弟子们说："老师啊，我们害怕乌鸦和老鹰吃掉你呀！"庄子说："你们啊，天葬让乌鸦和老鹰吃，土葬让蝼蛄和蚂蚁吃，从乌鸦、老鹰那里夺过来给蝼蛄、蚂蚁，为什么你们这样偏心呢！"

庄子这段话太精彩了！可以认为是中国哲学中对待死亡的最富哲理的话。中国人历来回避谈死亡，庄子的这段话实在是难得。

下面这段话，也是很有庄子风格的，意思是：用不公平来公平，这种公平不能公平；用不征验来征验，这种征验不能征验。自认聪明的人唯有被人支使，神人可以验证。聪明人不及神人很久了，而愚蠢的人还依靠他的偏见溺于人事，他的功劳建筑于外物，不也是可悲吗！

总结：《庄子·列御寇》虽然可以分为五部分来讲，但依然会感到比较凌乱，这是文章本身凌乱所造成的。其实读《庄子》外杂篇，并不一定要划分为几个部分，而是注意其核心观点以及表达这核心观点的故事。关于这篇文章的核心,其实就是《老子》的几句话,有些故事和主题联系紧密,有些故事则有些游离,这是《庄子》一书的特点。若强行用统一刻板的方法解读《庄子》所有文章,无疑削足适履。

渔父

一般认为,《杂篇》并不代表庄学的主流思想,但是这篇《渔父》却是例外。为什么呢?在中华文化中,渔父形象是一个非常重要的文化符号,在文学、音乐、绘画等领域,其影响都非常之大。渔父形象出现后,渐渐成了清高孤洁、避世脱俗、笑傲江湖的智者、隐士的化身。渔父形象的确立,和两篇文章关系非常密切。

一篇是《楚辞》里边的《渔父》。在《楚辞》的《渔父》里,出现了一个世外高人,他曾经劝过屈原,让屈原"与世推移",也就是与时俱进。这篇《渔父》还留下了一首著名的《沧浪歌》:"沧浪之水清兮,可以濯吾缨,沧浪之水浊兮,可以濯吾足。"这两句诗充满道家"和光同尘"的味道,所以在《楚辞》里这位渔父也被认为是一个代表着道家智慧的高人。

另一篇就是我们要讲的《庄子》里的《渔父》。苏东坡有《庄子祠堂记》一文,说《庄子·杂篇》中的《盗跖》《渔父》是真正来诋毁孔子的,又说像《杂篇》中的《让王》《说剑》浅陋不入于道。他认为《盗跖》《渔父》《让王》《说剑》不是庄子所作,这引起了后来学者对《庄子·杂篇》的普遍怀疑。然而,1977年在安徽阜阳双古堆汉墓中出土了《庄子》竹简,确有《让王》这篇;1988年在湖北江陵张家山汉墓再次出土了庄子竹简,也有《盗跖》这篇,这说明这些篇章在战国时期确实已经广泛流传。我们呢，还是把这个《庄子·渔父》作为能够和庄子的思想相关联的一篇文章来做讲解。

庄子的《渔父》中有两个主要人物，一个是代表道家思想的渔父，另一个是儒家的创始人孔子。全文通过渔父对孔子的批评，指斥儒家的思想，并借此阐述了"慎守其真"、还归自然的道家主张。全文依然是形散神不散，有一以贯之的思想主线。

孔子游乎缁帷之林[1]，休坐乎杏坛[2]之上。弟子读书，孔子弦歌鼓琴。奏曲未半，有渔父者，下船而来，须眉交[3]白，被发揄袂[4]，行原[5]以上，距陆而止，左手据膝，右手持颐以听。曲终，而招子贡、子路，二人俱对。

客指孔子曰："彼何为者也？"子路对曰："鲁之君子也。"客问其族[6]。子路对曰："族孔氏。"客曰："孔氏者何治也？"子路未应，子贡对曰："孔氏者，性服[7]忠信，身行仁义，饰礼乐，选人伦，上以忠于世主，下以化于齐民[8]，将以利天下。此孔氏之所治也。"又问曰："有土[9]之君与？"子贡曰："非也。""侯王之佐与？"子贡曰："非也。"客乃笑而还行，言曰："仁则仁矣，恐不免其身；苦心劳形以危其真。呜呼，远哉其分于道也！"

注释：

1. 缁帷之林：林名。缁，黑色。帷，帷幕。

2. 杏坛：泽中高处曰坛，因多杏树，故谓杏坛。

3. 交：俱，全。

4. 揄：挥。袂（mèi）：衣袖。

5. 行原：沿着高平的岸边行走。

6. 族：姓。

7. 服：信服。

8. 齐民：平民。

9. 土：土地，指国家。

开头"游乎缁帷之林"，是说孔子带着学生游学，走到缁帷之林这个地方。累了，就"休坐乎杏坛之上"。水边高出来的一块地方有杏树，故称作杏坛。"弟子读书，孔子弦歌鼓琴"，是说孔子弦歌不辍，一边弹琴，一边唱诵。这一小段里"杏坛"一词，后世常被作为神圣的教坛，在孔府里边也建了杏坛。最早的出处，就在庄子的这篇文章里。弦歌不辍的孔子在杏坛教学呢！哪里有老师，哪里就是讲坛。

曲子还未奏完一半，有个捕鱼的老人下船而来，胡须和眉毛全都白了，披着头发，扬起衣袖，沿着河岸而上，来到一处高而平的地方便停下脚步，左手抱着膝盖，右手托起下巴，听孔子弹琴吟唱。曲子终了，渔父用手招唤子贡、子路，两个人一起走了过来。他问孔子的学生子路、子贡："弹琴者谁？"

子路回答说："他是鲁国的君子。"渔父问孔子的姓氏。子路回答："姓孔。"渔父问孔氏精通什么学问。子路还未作答，子贡说："我老师这个人，心性敬奉忠信，亲身实践仁义，修治礼乐规范，排定人伦关系，对上来说竭尽忠心于国君，对下而言施行教化于百姓，打算用这样的办法造福于天下。这就是孔氏钻研精习的事业。"渔父又问道："孔氏是拥有国土的君主吗？"子贡说："不是。"渔父接着问道："是王侯的辅臣吗？"子贡说："也不是。"渔父于是笑着背转身去，边走边说道："仁则仁矣，恐不免其身。"这很能代表道家对儒家的看法。意思是说孔子讲仁爱这个东西，倒是挺高妙的，对世界也充满仁爱之心，但是自己恐怕都不免受其拖累。这正是为道家的虚静无为之境张目。细读就会发现，其实打鱼老翁的言论还是纯为善意，并非像《盗跖》篇一样对孔子恶意辱骂。

对于渔父的这番说辞，孔子是如何反应呢？

子贡还，报孔子。孔子推琴而起曰："其圣人与！"乃下求之。至于泽畔，方将杖拏[1]而引其船，顾见孔子，还乡[2]而立。孔子反走[3]，再拜而进。

客曰："子将何求？"孔子曰："曩者[4]先生有绪言而去，丘不肖，未知所谓，窃待于下风[5]，幸闻咳唾之音[6]，以卒相丘也。"

客曰："嘻！甚矣子之好学也！"孔子再拜而起曰："丘少而修学，以至于今，六十九岁矣，无所得闻至教，敢不虚心！"

客曰："同类相从，同声相应，固天之理也。吾请释吾之所有而经子之所以。子之所以者，人事也。天子、诸侯、大夫、庶人，此四者自正[7]，治之美也，四者离位而乱莫大焉。官治其职，人忧其事，乃无所陵[8]。故田荒室露，衣食不足，征赋不属，妻妾不和，长少无序[9]，庶人之忧也；能不胜任，官事不治，行不清白，群下荒怠，功美[10]不有，爵禄不持，大夫之忧也；廷无忠臣，国家昏乱，工技不巧，贡职不美，春秋后伦[11]，不顺天子，诸侯之忧也；阴阳不和，寒暑不时，以伤庶物，诸侯暴乱，擅相攘伐，以残民人，礼乐不节[12]，财用穷匮，人伦不饬，百姓淫乱，天子有司之忧也。今子既上无君侯有司之势，而下无大臣职事之官，而擅饰礼乐，选人伦，以化齐民，不泰多事乎！且人有八疵，事有四患，不可不察也。非其事而事之，谓之摠[13]；莫之顾而进之，谓之佞；希意[14]道言，谓之谄；不择是非而言，谓之谀；好言人之恶，谓之谗；析交离亲，谓之贼；称誉诈伪以败恶人，谓之慝[15]；不择善否，两容颊适[16]，偷拔其所欲，谓之险。此八疵者，外以乱人，内以伤身，君子不友，明君不臣。所谓四患者：好经大事，变更易常，以挂[17]功名，谓之叨[18]；专知[19]擅事，侵人自用[20]，谓之贪；见过不更，闻谏愈甚，谓之很；人同于己则可，不同于己，虽善不善，谓之矜[21]。此四患也。能去八疵，无行四患，而始可教已。"

注释：

1. 桡（ráo）：通"桡"，船篙。

2. 乡：通"向"。

3. 反走：往后退走，表示虔敬。

4. 曩（nǎng）者：刚才。

5. 下风：风向的下方。比喻卑下的地位。

6. 咳唾之音：意为咳唾成珠，代指尊者之言。

7. 自正：谓各守职分。

8. 陵：通"凌"，凌乱。

9. 无序：没有尊卑之别。

10. 功美：功劳和美誉。

11. 后伦：谓排在同类诸侯之后。

12. 不节：不合节度。

13. 摠：通"总"，滥，这里指管事太多。

14. 希意：揣度人意。

15. 慝（tè）：邪恶。

16. 两容颊适：是说善恶都能容，颜貌调适。

17. 挂：谋取。

18. 叨（tāo）：贪婪。

19. 专知：专用私智。知，通"智"。

20. 自用：刚愎自用。

21. 矜：自以为贤能。

　　子贡回来，把跟渔父的谈话报告给孔子。孔子推开身边的琴站起身来说："恐怕是位圣人吧！"于是走下杏坛寻找渔父，来到湖泽岸边，渔父正操起船桨撑船而去，回头看见孔子，转过身来面对孔子站着。孔子连连后退，再次行礼上前。

　　渔父说："你来找我有什么事？"孔子说："刚才先生留下话尾而去，我实在是不聪明，不能领受其中的意思，私下在这里等候先生，希望能有幸听到你的谈吐，以便最终有助于我！"

　　渔父说："咦，你实在是好学啊！"孔子又一次行礼后站起身说："我少小时就努力学习，直到今天，已经六十九岁了，没有能够听到过真理的教诲，怎么敢不虚心请教！"

　　渔父没有辜负孔子的姿态，一番高论，逻辑严密，深刻有气势。

　　渔父先说："同类相互汇聚，同声相互应和，这本是自然的道理。"然后，他表达了对孔子作为的看法："你所从事的活动，也就是跻身于尘俗的事务。天子、诸侯、大夫、庶民，这四种人能够各自摆正自己的位置，也就是社会治理的美好境界。四者倘若偏离了自己的位置，则会引起社会动乱，没有比这再大的了。官吏处理好各自的职权，人民安排好各自的事情，就不会出现混乱和侵扰。所以，田地荒芜，居室破漏，衣服和食物不充足，赋税不能按时缴纳，妻子、侍妾不能和睦，老少失去尊卑的序列，这是普通百姓的忧虑。能力不能胜任职守，本职的工作不能办好，行为不清白，属下玩忽怠惰，功业和美名全不具备，爵位和俸禄不能保持，这是大夫的忧虑。朝廷上没有忠臣，都城的采邑混乱，工艺技术不精巧，敬献的贡品不好，朝觐时落在后面而失去伦次，不能顺和天子的心意，这是诸侯的忧虑。阴阳不和谐，寒暑变化不合时令，以致伤害万物的生长，诸侯暴乱，随意侵扰征战，以致残害百姓，礼乐不合节度，财物穷尽匮乏，人伦关系未能整顿，百姓淫乱，这是天子和主管大臣的忧虑。如今你上无君侯主管的地位而下无大臣经办的官职，却擅自修治礼乐，排定人伦关系，从而教化百姓，不是太多事了吗？

"而且人有八种毛病，事有四种祸患，不可不清醒明察。不是自己职分以内的事也兜着去做，叫作总；没人理会也说个没完，叫作佞；迎合对方顺引话意，叫作谄；不辨是非巴结奉承，叫作谀；喜欢背地说人坏话，叫作谗；离间故交挑拨亲友，叫作贼；称誉伪诈败坏他人，叫作慝；不分善恶美丑，好坏兼容而脸色随应相适，暗暗攫取合于己意的东西，叫作险。有这八种毛病的人，外能迷乱他人，内则伤害自身，因而有道德修养的人不和他们交往，圣明的君主不以他们为臣。所谓四患：喜欢管理国家大事，随意变更常规常态，用以钓取功名，称作贪得无厌；自恃聪明专行独断，侵害他人刚愎自用，称作利欲熏心；知过不改，听到劝说却越错越多，称作犟头犟脑；跟自己相同就认可，跟自己不同即使是好的也认为不好，称作自负矜夸。这就是四种祸患。能够清除八种毛病，不再推行四种祸患，方才可以教育。"

渔父所说的八种毛病、四种祸患很有哲理。老子讲"四不"——不自见、不自是、不自伐、不自矜，孔子讲"四毋"——毋意、毋必、毋固、毋我，佛家讲"四无"——无人相、无我相、无众生相、无寿者相，道理都是一样的，都是针对人性的弱点和问题。《庄子·渔父》篇里渔父的八种毛病、四种祸患讲得更具体，值得深读。

听了这段话，孔子会有什么说辞呢？

孔子愀然[1]而叹,再拜而起曰:"丘再逐于鲁,削迹于卫,伐树于宋,围于陈、蔡。丘不知所失,而离[2]此四谤者何也?"

客凄然变容曰:"甚矣,子之难悟也!人有畏影恶迹而去之走者,举足愈数[3]而迹愈多,走愈疾而影不离身,自以为尚迟,疾走不休,绝力而死。不知处阴以休影,处静以息迹,愚亦甚矣!子审仁义之间,察同异之际,观动静之变,适受与[4]之度,理好恶之情,和喜怒之节,而几于不免矣。谨修而身,慎守其真,还以物与人,则无所累矣。今不修之身而求[5]之人,不亦外[6]乎?"

孔子愀然曰:"请问何谓真?"

客曰:"真者,精诚之至也。不精不诚,不能动人。故强哭者,虽悲不哀;强怒者,虽严不威;强亲者,虽笑不和。真悲无声而哀,真怒未发而威,真亲未笑而和。真在内者,神动于外,是所以贵真也。其用于人理[7]也,事亲则慈孝,事君则忠贞,饮酒则欢乐,处丧则悲哀。忠贞以功为主,饮酒以乐为主,处丧以哀为主,事亲以适为主。功成之美,无一其迹矣。事亲以适,不论所以矣;饮酒以乐,不选其具矣;处丧以哀,无问其礼矣。礼者,世俗之所为也;真者,所以受于天[8]也,自然不可易也。故圣人法天贵真,不拘于俗。愚者反此。不能法天而恤[9]于人,不知贵真,禄禄[10]而受变于俗,故不足。惜哉,子之蚤湛[11]于人伪而晚闻大道也!"

孔子又再拜而起曰:"今者丘得遇也,若天幸[12]然。先生不羞而比之服役[13],而身教之。敢问舍所在,请因受业而卒学大道。"

客曰:"吾闻之,可与往者与之,至于妙道;不可与往者,不知其道,慎勿与之,身乃无咎。子勉之!吾去子矣,吾去子矣!"乃刺船[14]而去,延缘[15]苇间。

326

注释：

1. 愀（qiǎo）然：既惊又愧的样子。

2. 离：通"罹"，遭受。

3. 数：速。

4. 受与：接受和给予。

5. 求：苛求。

6. 外：务外。

7. 人理：人伦。

8. 天：自然。

9. 恤：忧，担心。

10. 禄禄：随从的样子。

11. 蚤：通"早"。湛（dān）：熏染。

12. 幸：天赐幸运。

13. 役：弟子，门人。

14. 刺船：撑船。

15. 缘：沿着。

孔子凄凉悲伤地长声叹息，再次行礼后站起身来，说："我在鲁国两次受到冷遇，在卫国被铲削掉所有的足迹，在宋国遭受砍掉坐荫之树的羞辱，又被久久围困在陈国、蔡国之间。我不知道我有什么过失，遭到这样四次诋毁的原因究竟是什么呢？"

渔父悲悯地改变面容说："你实在是难于醒悟啊！有人害怕自己的身影、厌恶自己的足迹，想要避离而逃跑开去，举步越频繁足迹就越多，跑得越来越快而影子却总不离身，自以为还跑得慢了，于是快速奔跑而不休止，终于用尽力气而死去。不懂得停留在阴暗处就会使影子自然消失,停留在静止状态就会使足迹不复存在,这也实在是太愚蠢了!你仔细推究仁义的道理,考察事物同异的区别,观察动静的变化,掌握取舍的分寸,疏通好恶的情感,调谐喜怒的节度,却几乎不能免于灾祸。认真修养你的身心,谨慎地保持你的真性,把身外之物还与他人,那么也就没有什么拘系和累赘了。如今你不修养自身反而要求他人,这不是本末颠倒了吗?"

渔父又是一番深刻道理,而且用了很形象的比喻,孔子于是追问什么叫作真。

渔父回答:"所谓真,就是精诚的极点。不精不诚,不能感动人。"然后,举了勉强啼哭的人并不哀伤,勉强发怒的人并不威严,勉强亲热的人并不和善等例子,说明真心的情感在心中并不外露,而神情则流露在外。紧接着,将上述道理用于人伦关系:"侍奉双亲就会慈善孝顺,辅助国君就会忠贞不渝,饮酒就会舒心乐意,居丧就会悲痛哀伤。忠贞以建功为主旨,饮酒以欢乐为主旨,居丧以致哀为主旨,侍奉双亲以适意为主旨。功业与成就目的在于达到圆满美好,因而不必拘于一个轨迹;侍奉双亲目的在于达到适意,因而不必考虑使用什么方法;饮酒目的在于达到欢乐,没有必要选用就餐的器具;居丧目的在于致以哀伤,不必过问规范礼仪。礼仪,是世俗人的行为;纯真,却是禀受于自然,出自自然,因而也就不可改变。所以圣哲的人总是效法自然看重本真,不受世俗的拘系。愚昧的人则刚好与此相反。不能效法自然而忧虑世人,不知道珍惜真情本性,庸庸碌碌地在流俗中承受着变化,因此总是不知满足。可惜啊,你过早地沉溺于世俗的伪诈而很晚才听闻大道。"

虽然渔父批评得有点狠,但此文中的孔子,是个好学之人,想拜渔父为师学习。孔子又一次深深行礼后站起身来,表达愿意受业门下的渴望。渔父当然没有答应,留下了一番意味深长的说辞,就撑船而去,他说：" 可以迷途知返的人就与之交往，直至领悟玄妙的大道；不能迷途知返的人，不会真正懂得大道，谨慎小心地不要与他们结交，自身也就不会招来祸殃。你自己勉励吧！我得离开你了！我得离开你了！"

颜渊还[1]车，子路授绥[2]，孔子不顾，待水波定，不闻拏[3]音而后敢乘。

子路旁[4]车而问曰："由得为役久矣，未尝见夫子遇人如此其威也。万乘之主，千乘之君，见夫子未尝不分庭伉礼[5]，夫子犹有倨敖之容。今渔父杖拏逆立，而夫子曲要磬折[6]，言拜而应，得无太甚乎？门人皆怪夫子矣，渔人何以得此乎？"

孔子伏轼而叹曰："甚矣，由之难化也！湛于礼义有间矣，而朴鄙之心至今未去。进，吾语汝！夫遇长不敬，失礼也；见贤不尊，不仁也。彼非至人，不能下人[7]，下人不精[8]，不得其真，故长[9]伤身。惜哉！不仁之于人也，祸莫大焉，而由独[10]擅之。且道者，万物之所由也，庶物失之者死，得之者生，为事逆之则败，顺之则成。故道之所在，圣人尊之。今渔父之于道，可谓有矣，吾敢不敬乎！"

注释：

1. 还：通"旋"，调转。

2. 授绥：把登车时拉的绳索交给孔子。

3. 拏：船篙。

4. 旁：通"傍"，靠。

5. 伉礼：以彼此平等的礼节相待。

6. 要：通"腰"。磬折：弯腰如磬，表示恭敬。

7. 下人：善于处下、使人谦下。

8. 精：精诚。

9. 长：常常。

10. 独：偏偏。

看着渔父消失的背影，孔子师生做何反应呢？

颜渊掉转车头，子路递过拉着上车的绳索，孔子看定渔父离去的方向头也不回，直到水波平定，听不见桨声方才登上车子。

子路最耐不住性子，首先发问："我能够为先生服务已经很久了，不曾看见先生对人如此谦恭尊敬。大国的诸侯，小国的国君，见到先生历来都是平等相待，先生还免不了流露出傲慢的神情。如今渔父手拿船桨对面而站，先生却像石磬一样弯腰鞠躬，听了渔父的话一再行礼后再作回答，恐怕是太过分了吧？弟子们都认为先生的态度不同于往常，一个捕鱼的人怎么能够获得如此厚爱呢？"

弟子们平时看惯了外人对老师的尊敬，包括老师对待一些大人物的不以为然，何以对一个打鱼老者执礼甚恭呢？学生疑窦丛生，看老师如何解惑。

《渔父》中的孔子是十分谦逊好学的，他叹息说："你实在是难于教化啊！你沉湎于礼义已经有些时日了，可是粗野卑下的心态时至今日也未能除去。上前来，我对你说！但凡遇到长辈而不恭敬，就是失礼；见到贤人而不尊重，就是不仁。他倘若不是一个道德修养臻于完善的人，也就不能使人自感谦卑低下。对人谦恭卑下却不至精至诚，定然不能保持本真，所以久久伤害身体。真是可惜啊！不能见贤思齐对于人们来说，祸害再没有比这更大的了，而你子路却偏偏就有这一毛病。况且大道，是万事万物的根源。"

孔子不仅对子路的问题做了解释，而且表达了对渔父的心悦诚服，礼拜有加。当然，此文也有借孔子之口抬高道家的意思，但一是谦下的孔子依然形象伟大，二是所描述的渔父形象，已经渐渐地深入到我们的文化之中。在《楚辞》的《渔父》中，那个打鱼的老翁，也是一个代表着道家智慧的高人，在庄子文章中的这个渔翁当然更是如此，本来应该用"渔夫"这个词，有意无意被称为"渔父"，这不仅代表着年纪大，更代表着一种较高的智慧与境界。

还有一事值得琢磨：为什么一听子贡介绍渔父的形象以及他的语言做派，孔子就作出判断，说这是圣人、高人呢？进一步可以追问：为什么在中国文化里渔翁渐渐成了一个隐士高人的代表呢？这跟在庄子文章之前的文化背景也密切相关，比如说《诗经》里也有垂钓之风，《诗经·卫风·竹竿》："籊籊竹竿，以钓于淇。岂不尔思？"这是很美的意象：拿着长长的竹竿在淇水边钓鱼，难道他没有别的思量吗？难道他只是在那淇水边钓鱼吗？他到底在干吗呢？这似乎也隐含了某种朦胧的情趣。这大概就是渔父的雏形，《诗经》里就有这种垂钓之风。

还有呢？打鱼、钓鱼终归都是在水边，道家认为"水善利万物而不争"，在我们文化中，水有多种多样的情趣和意韵。把一个高人置于水边，水和他就成了一种相互的映衬，可谓是相得益彰的事情。渔父身边总会有一只船，也就是我们说的舟，而且这个舟必须是小舟，所谓"一苇"或"一叶扁舟"是也。东坡的《前赤壁赋》就有这样的语句："纵一苇之所如""驾一叶之扁舟"。只有这个小舟，才能获得一种随波飘游，与世同波的感觉。要是如姜子牙一般渭水边垂钓，这个"钓"，更有一种隐者静静等待机会的意韵。这些文化的意涵，落实到最好是有着白发苍苍的一个老者的身上，那么它就成了我们文化意象中高人的形象。在《汉书·艺文志》里边，班固就把这个姜太公，列到道家的序列里边，说"吕望为周师尚父，本有道者"。总之，有《诗经》、姜太公这样的文化脉络，难怪文中的孔子听子贡一说，便有这样的想法：这是高人！当然，更重要的还是上文渔父的那些高论。

纵观渔父所言，可以看到四个方面的内容：一是"能去八疵，无行四患"；二是"谨修而身，慎守其真"；三是借对"真"的阐释，提出"法天贵真，不拘于俗"的原则；四是"可与往者与之，至于妙道；不可与往者，不知其道，慎勿与之，身乃无咎"的传道原则，其论可谓道家的智慧妙语。

高哉孔子之语，妙哉庄子《渔父》，借孔子之口塑造了一个高大上的渔父形象，再加上《楚辞》的《渔父》也是以渔父为隐者的象征，从而更经典化了后世文学艺术中渔父的意象。这一特殊中心人物形象，以独特的视角，映射出以道家文化为背景的古代隐士的风范。中国文化强调儒道互补，无论居庙堂之高，还是处江湖之远，往往与隐逸结下不解之缘，而渔父的意象恰是最经常触发其情思的文学艺术原型之一。

我们来举一些具体的例证：

一

陶渊明的桃花源。《桃花源记》，武陵人打鱼为生，结果走进桃花源里边，这里的人都是什么样？不知有汉，无论魏晋，生活得怡然自乐。一说到桃花源，那么这个渔父的形象便在。

二

李白的《宣州谢朓楼饯别校书叔云》。李白的诗大家都熟，也都非常喜欢。因为他自由飘逸，天马行空。来看原文："弃我去者，昨日之日不可留；乱我心者，今日之日多烦忧。长风万里送秋雁，对此可以酣高楼。蓬莱文章建安骨，中间小谢又清发。俱怀逸兴壮思飞，欲上青天揽明月。抽刀断水水更流，举杯消愁愁更愁。人生在世不称意，明朝散发弄扁舟。"

又是一个要去做渔父的！浪漫于江湖之间，逍遥于江湖之间，飘游于天地之间，自由于天地之间。

三

真正地把渔父作为最核心的内容来描述的是一个道士，这个人就是张志和，道号玄真子，又号烟波钓徒。张志和写了很多渔父相关的诗和词，这人很有意思。唐肃宗的时候皇帝对他还是非常敬重的，给他送去两个童仆。他就给这两个人起这个名字，一个叫渔僮，一个叫樵青。

说到这个张志和，大家都知道他的《渔父歌》："西塞山前白鹭飞，桃花流水鳜鱼肥。青箬笠，绿蓑衣，斜风细雨不须归。"

意象很美：西塞山下，坐着一个老翁，下雨了也不回家，戴着这个斗笠，穿着蓑衣在水边钓鱼。江水是桃花季，江两边桃花盛开，老翁呢？青箬笠，就是颜色青青箬笠，绿色蓑衣，斜风细雨中在安闲钓鱼，其实也在审美。他的词轻描淡写地就绘就了一幅超凡绝尘的胜景。渔人既在垂钓，又在审美。这江两边的桃花流水景致太美了，人与自然的关系是那么和谐！也许只有超然于世外的烟波钓徒才有这样的心境、这样的话语吧。尤其是"斜风细雨不须归"，不必要回去，只是一点小雨而已，这更增加了这样的一种美景胜境。

四

关于这渔翁，有人喜欢写渔翁和自然的这种和谐，有人则喜欢写渔翁在世间的傲然独立，于是我们就说到了柳宗元。张志和去世，和柳宗元的出生时间上是相衔接的，所以把他放到张志和的后面。柳宗元的这首《江雪》也可谓写渔翁的绝唱:"千山鸟飞绝,万径人踪灭。孤舟蓑笠翁,独钓寒江雪。"

多么孤冷傲然的境界!就剩一人和一叶孤舟。不像张志和的渔翁,着青箬笠,披绿蓑衣和自然和谐的画面。而孤舟蓑笠翁呢?戴着斗笠,穿着蓑衣在独钓寒江雪。一幅傲然遗世独立的画面。这就是道家特别是庄子文章的那种傲然独立的得道者的形象,而柳宗元用渔翁渔父来表达自己的情感与心境。

五

说到这渔父,就不能不说苏轼。东坡是我们文化中的重要符号,在他的诗词里边,包括绘画里边也都会出现。客观地讲,苏东坡也是一个非常喜欢渔父形象的诗人,哪怕他认为这《渔父》恐怕不是庄子的文章,那可能是他有更高的要求,也许他觉得在庄子笔下《渔父》恐怕应该讲出更伟大更高深的道理吧!反过来说,在东坡的诗文中,这个渔父的形象也经常出现,而且更为自在、逍遥、伟大。他有一首《临江仙》,其中有云:"小舟从此逝,江海寄余生。"

划条船离开这儿,笑傲江湖去也。当时他在贬谪之中,负责监管他的地方官,以为他真跑了,急匆匆赶来一看,高喊"江海寄余生"的东坡竟鼾声如雷在堂上高卧呢!虽然如此,却在文字中明确体现对渔父那种逍遥的笑傲形象的向往。虽不可至,而心向往之。不过,最能代表东坡渔父题材的,是他关于快哉亭的一首词里渔父的形象,其精神气质就更高出一层。黄州快哉亭是苏轼命名的,他的老朋友张偓佺所建。张偓佺听说他要来了,又把这个地方都重新粉刷了一遍。苏东坡来到这地方非常高兴,写下这首名篇,《水调歌头·黄州快哉亭赠张偓佺》:"落日绣帘卷,亭下水连空。知君为我新作,窗户湿青红。长记平山堂上,欹枕江南烟雨，杳杳没孤鸿。认得醉翁语，山色有无中。一千顷，都镜净，倒碧峰。忽然浪起，掀舞一叶白头翁。堪笑兰台公子，未解庄生天籁，刚道有雌雄。一点浩然气，千里快哉风。"

词里上阕说：记得当年"醉翁"欧阳修的话，"山色有无中"。下阕是他在快哉亭远望的时候，看见了一个什么景象？看到了一个白发渔翁，驾着一叶扁舟，在波涛汹涌中上下出没，所以他一下子就有了非常多的感慨。忽然浪起，本来那水是平静的，他看到的是远方忽然浪起，波浪掀舞一叶扁舟上的白头渔翁，其实这形象的出现似乎有也似乎无，也许只是心中想的。此时他心里想到的又是庄子的文章："堪笑兰台公子，未解庄生天籁，刚道有雌雄。"

兰台公子就是宋玉。宋玉当年跟楚王一起出游的时候，楚王就问他："我身份这么高，和庶人相比，风吹到我们身上，是不是都是一样的？"宋玉善于溜须拍马，就跟楚王说："不一样。大王这叫雄风，庶人那叫雌风。"所以苏东坡就讽刺宋玉，不懂庄子关于风的智慧：非得说有雌有雄，刚道有雌雄。其实坡老讲人生，更强调的是只要心中有那一点浩然之气，那么走到哪里，不管是什么样的风，都会令人感觉到快哉快哉，所谓"一点浩然气，千里快哉风"。

六

渔翁这事有趣，再来给大家说一个人，宋朝的朱敦儒。他词写得很好，喜欢用《好事近》这个词牌，来看他的《好事近·渔父词》："摇首出红尘，醒醉更无时节。活计绿蓑青笠，惯披霜冲雪。晚来风定钓丝闲，上下是新月。千里水天一色，看孤鸿明灭。"

这首词的下阕也写了一种非常美的风景：晚上还在那安闲垂钓，天上是新出现的月，水里也是。哪是在钓鱼呢？等的不就是新月出现，看水天一色，孤雁一会儿闪现，一会儿又鸿飞冥冥？你看，在诗人词客的笔下，渔父的生活总是这样优哉游哉，没有半点为生活而不得不然的辛苦。

七

要说渔父类的压篇之作，那应该是明朝三大才子之一的杨慎了。他的这首《临江仙》，都熟，也不用解读了，放在文学里渔父形象的最后，来压篇总结吧！"滚滚长江东逝水，浪花淘尽英雄。是非成败转头空。青山依旧在，几度夕阳红。白发渔樵江渚上，惯看秋月春风。一壶浊酒喜相逢。古今多少事，都付笑谈中。"

说完文学，再来说艺术。本章开篇说过，渔父形象在音乐绘画中影响巨大，在唐宋时期渔父形象被固定下来，也成了音乐和绘画艺术所钟爱的题材。唐时的张志和、五代的荆浩和宋真宗时的许道宁都绘有渔父图。渔父形象大量出现并形成一种风气是在元代，少数民族入主中原，大量文人都采取了不与统治者合作的态度。在这种社会背景下，渔父清高、避世、逍遥的人生为许多隐退文人所仿效，渔父形象普遍流行。在绘画领域，渔父更成为创作的风气，赵孟頫、管道昇、黄公望、王蒙、吴镇等均有渔父图传世。这其中，吴镇对渔父最为情有独钟，《渔父图》是他一画再画的主题，而且写了不少渔父词。一叶扁舟，一支钓竿，托身烟水间，出入风波里，来去无踪，无牵无挂，无得无失，抱朴守志。当然，这种方式多半是一些文人画家精神上的向往或者言辞上的标榜，真正实践的人并不多，吴镇则将其变成了个人的生活实践：与山水烟岚融为一体，将自己化身成濮水垂钓的庄子，独与天地精神往来的渔父。

最后，我们说一下音乐。我们中华文化的音乐创作中，直到今天，还有大家熟悉的古琴曲《渔樵问答》《醉渔唱晚》，还有古筝曲《渔舟唱晚》，一直悠扬在我们今天的生活中，就像庄子其人其书，就像大鹏、泽雉、椿、蝴蝶……还有庖丁、梓庆、匠石，特别是渔父，都鲜活地留存在我们的文化和生活中一样，永远醇香。

谢谢《庄子》！

谢谢读《庄子》的你！

〔全书完〕

韩鹏杰

学者,西安交通大学人文社会科学学院哲学教授,曾获西安交通大学"教学名师"和陕西省"教学名师"称号。

带领西交辩论队荣获1998年首届全国大专辩论赛冠军和1999年第四届国际大专辩论赛冠军,培养出一大批杰出的华语辩手,是华语辩论界优秀教练之一。

代表作:《道德经说什么》《中国传统文化精义》《古诗观止》等。

庄子说什么

作者_韩鹏杰

产品经理_刘树东　　装帧设计_朱大锤　　产品总监_黄杨健
技术编辑_白咏明　　特约印制_刘　淼　　出品人_王　誉

果麦
www.guomai.cn

以微小的力量推动文明

图书在版编目（CIP）数据

庄子说什么 / 韩鹏杰著. －－ 天津：天津人民出版
社, 2024.4
　　ISBN 978-7-201-20347-8

　　Ⅰ.①庄… Ⅱ.①韩… Ⅲ.①《庄子》—通俗读物
Ⅳ.①B223.5-49

中国国家版本馆CIP数据核字（2024）第066806号

庄子说什么
ZHUANGZI SHUO SHENME

出　　版	天津人民出版社
出 版 人	刘锦泉
地　　址	天津市和平区西康路35号康岳大厦
邮政编码	300051
邮购电话	022-23332469
电子信箱	reader@tjrmcbs.com
责任编辑	燕文青
特约编辑	郭聪颖
产品经理	刘树东
装帧设计	朱大锤
制版印刷	北京盛通印刷股份有限公司
经　　销	新华书店
发　　行	果麦文化传媒股份有限公司
开　　本	710毫米×960毫米 1/16
印　　张	23
印　　数	1—6,000
插　　页	4
字　　数	286千字
版次印次	2024年4月第1版 2024年4月第1次印刷
定　　价	78.00元

版权所有 侵权必究
图书如出现印装质量问题，请致电联系调换（021-64386496）